津村文彦　Tsumura Fumihiko

東北タイにおける精霊と呪術師の人類学

めこん

はじめに

「最近、私の村にはピーポープがよく出る。何人も死んだ」
　ピーポープという悪霊の話を聞いたのはこのときが初めてだった。
　タイ語でピーと呼ばれる精霊の調査をするために、1999年9月、東北タイのコーンケーンにやってきた。日本で準備はしていたものの、いざ来てみると私のタイ語は実用にほど遠く、最初の数ヵ月はコーンケーン大学で集中的に言語を学んだ。午前に2時間と午後に2時間。翌日までの宿題が与えられ、毎夜のように明け方まで辞書と格闘した。授業のあいだ眠気に襲われるが、特別タイ語レッスンの生徒は私ひとり。居眠りなどできるわけもなく、タイ語学習に励んでいた。
　3ヵ月が過ぎたころ、ピーポープの話を聞いた。タイ語レッスンの先生に私の研究関心を話したところ、「ピーのことならソムピットおばさんがいい」と、教室の掃除をしていた女性を紹介してくれた。会話を聞いていたソムピットおばさんは、待ってましたとばかりに、「何人もの村人を喰い殺した」というピーポープの話を、声をひそめながら聞かせてくれた。
　それ以来、ソムピットおばさんの住むNK村が私のフィールドになった。ソムピットおばさんとその夫スッチャイおじさんがキーインフォーマントとなり、彼らの日常生活の空間的な広がりに沿いながら、研究の場を周辺村落に拡大した。モータムという仏法を駆使する悪霊払い師や、モーヤーと呼ばれる薬草治療の専門家など、本書で分析対象とした呪術師モーの多くは、ソムピットおばさんの日々の暮らしのどこかに結びついている。
　本書ではピーについて論じたい。「ピー」は、村の守護神や死んだ家族の霊を指すこともあれば、餓鬼のような存在もピーである。いわゆる「金縛り」もピーが引き起こすとされるし、生きた人間の肝臓を食べてしまうような邪悪なピーもいる。ピーが指すものは多様で、かつ曖昧である。
　当然のことだが、ピーを実際に観察して記録することは難しい。目で見ることはできないながらも、それを人類学の研究対象にするには、ピーの立ち現れ

方を捉えるしかない。ピーは直接に姿をさらすことはないが、たとえば言葉を介して語られることでその存在を顕わにする。

　ピーに関する調査は、語りを収集することに焦点を置かざるを得ない。ソムピットおばさんからもたくさんのピー話を聞かせてもらった。ただし村の中で、ピーのことを語るのと、最近売った牛の値段を話すとは、少し趣が異なる。みんなでわいわいと冗談を飛ばしながら笑顔で話が進むというよりは、あたりをうかがいながら小声でひそひそと語り合う。

　コーンケーン大学の食堂で友人たちとピーの話をしていると、突然気が遠くなってその場に倒れたことがあった。いつもピーの話を聞かせてくれる村人へのお返しのつもりで、「あれはピーの仕業だったのかもしれない」と話したところ、その場が凍りついてしまった。尋常ならざる雰囲気を察した友人が「トゥムラは腹ペコの時に、辛いものを食べて気分が悪くなっただけだよ」と機転を聞かせてくれて、場の空気はもとに戻った。あとで聞くと、村人たちは私にピーが憑いていると本気で心配したらしい。ピーの話は冗談でするようなものではない。声を落としながら、真顔で語るもののようである。本書で取り上げたピーの語りの多くは、そうした村人との張り詰めたやりとりの中で得られたものである。

　タイ語でウィチャーと呼ばれる呪術的な知識については、その情報の多くをタムおじさんという呪術専門家モータムから得ることができた。ピーに起因する病や災厄の対処法について実践的な情報を提供してもらうため、私はタムおじさんに弟子入りを申し出た。タムおじさんは、他の村人とは異なって、ピーを怖れる様子はみじんも見せない。ピーとの武勇伝をたびたび聞かせてくれ、彼が保持する呪文やピーに対処する術を教えてくれた。この研究のもう1人の重要なインフォーマントである。

　本書は、フィールドワークの過程で得られた、東北タイの人びととのあいだの無数の些細なやりとりからできあがっている。ピーに関する言葉だけにはやたらと詳しい奇妙な日本人を受け容れ、いろいろなピーの物語をひそやかに聞かせてくれたソムピットおばさんをはじめとするNK村の人びと、またモータムの師匠であるタムおじさんやその他のすべての人びとの温かい助けによって本書は形作られている。

目次

はじめに……1

図表目次……6／写真目次……7／本書におけるタイ語の表記について……8

第1章 序論 …………………………………………………………… 9

1-1. 目的と方法論……9
1-2. 本書の位置づけ……15
1-3. 全体の構成……26

第1部 物語に表象される精霊

第2章 ナーン・ナークの語るもの ………………………………… 31
──国民国家形成期のタイ仏教と精霊信仰──

2-1. はじめに……31
2-2. ナーン・ナークの物語……33
2-3. ピーと異常死をめぐる信仰……36
2-4. 物語生成プロセスを見る……40
2-5. ナーン・ナークの語るもの……47
2-6. ナーン・ナークの現在……51

第3章 ピーポープの語るもの ……………………………………… 57
──悪霊映画から見る東北タイの表象──

3-1. はじめに……57
3-2. タイ映画におけるピー映画の位置……59
3-3. 映画『ピーポープの村』という物語……63
3-4. 東北タイの歴史：イサーンの多様な意味づけ……67
3-5. 2000年以降のピーポープ映画の変容……76
3-6. ピーポープ映画に見る二重の地域像……85

第2部
精霊を語る人びと

第4章　村落生活と調査の方法 …………………… 93
    4-1. 東北タイNK村の生活……93
    4-2. 調査の方法……110

第5章　善霊と悪霊のはざま …………………… 112
    ――東北タイの村落守護霊をめぐる語り――
    5-1. はじめに……112
    5-2. 東北タイのピー信仰……113
    5-3. NK村でのモータムによる治療儀礼……121
    5-4. NK村での守護霊をめぐる儀礼……125
    5-5. 守護霊チャオプーをめぐる複数の論理……131
    5-6. 善霊と悪霊のあいだ……136

第6章　ピーの語りが伝えるもの …………………… 141
    6-1. はじめに……141
    6-2. ピーポープとモラルの解釈……143
    6-3.「ピーに反する行為」……151
    6-4. 機能主義的理解から逸脱するピー……154
    6-5.「見えない」ピーを「語る」こと……163
    6-6.「理解不能性」と「直接経験」が構築する社会的現実……170

第3部
精霊を統御する呪術師たち

第7章　悪霊を可視化する技法 …………………… 177
    ――モノを媒介にしたピーと呪術の具象化――
    7-1. 知識専門家としてのモー……177

7-2. モータムとは何か……179
7-3.「モータムになる」理由……182
7-4.「モータムになる」過程……189
7-5. 悪霊を可視化する技法……200
7-6. 呪術を可視化する技法……211

第8章　近代医療をまとった薬草師たち　217

8-1.「伝統医療」という問題系……217
8-2. タイにおける伝統医療……220
8-3. 東北タイ村落における病治しの諸相……225
8-4. 調査村におけるモータムと薬草師の類型……231
8-5.「痛風」をめぐる複数の解釈……245
8-6. 薬草師の医療知識の可変性……248
8-7. 相容れない複数の知識の共存……251

第9章　呪術師の確信と葛藤　255
―― 呪術的リアリティの類型論 ――

9-1. 複数の呪術的リアリティ……255
9-2.「不問の呪術師」としてのモータム……258
9-3.「納得の呪術師」としての薬草師……260
9-4. モーパオの葛藤……262
9-5. 非日常性と現実の多様態……272

第10章　結論　275

10-1. これまでのまとめ……275
10-2.〈不調和な共受容〉の現代世界……279

おわりに……285

用語解説……289
参考文献……295
索引……305

● 図表目次

【地図3-1】東北タイの歴史関連地図 ……………………………… 68
【地図4-1】東南アジア大陸部と東北タイ ……………………… 94
【地図4-2】東北タイの関連地図 …………………………………… 95
【地図4-3】コーンケーン県の調査地域周辺地図 ……………… 95
【地図5-1】調査地NK村概略図 …………………………………… 130

【図3-1】タイ映画とピー映画の登録本数 ……………………… 61
【図5-1】NK村のピー信仰概略図 ………………………………… 130
【図6-1】板木の寄せ集めとして見るピーの語りの総体 ……… 173
【図7-1】モータムT氏をめぐる師匠ー弟子関係 ……………… 183

【表2-1】ナーン・ナーク関連年表 ………………………………… 44
【表3-1】タイのピーポープ映画リスト ………………………… 62
【表4-1】NK村の年中行事ヒート・シップソーン ……………… 105
【表8-1】タイの地域別医師数・病床数 ………………………… 231
【表8-2】調査地域のモータムと薬草師 ………………………… 232
【表8-3】調査地域の3種の「痛風」観 ………………………… 247

●写真目次

【写真2-1】路上に置かれた供物 …… 32
【写真2-2】現在のプラカノーン運河 …… 41
【写真2-3】マハーブット寺のナークの祠 …… 52
【写真2-4】祠内部のナーク像 …… 53
【写真2-5】祠近くのタキアンの木 …… 54
【写真3-1】パノムルン遺跡 …… 70
【写真4-1】NK村の田植え …… 98
【写真4-2】NK村の稲刈り …… 99
【写真4-3】リアンピー儀礼の供物台 …… 100
【写真4-4】水牛を用いた耕起 …… 101
【写真4-5】村内で飼養される牛と水牛 …… 102
【写真4-6】ブンバンファイのロケット花火 …… 107
【写真4-7】コーンケーン市内のショッピングセンター …… 110
【写真5-1】サーンプラプーム …… 114
【写真5-2】村の柱ラックバーン …… 118
【写真5-3】NK村のチャオプー祠 …… 126
【写真5-4】カヤ草で作った供物 …… 127
【写真5-5】仕舞い込まれたラックバーン …… 128
【写真6-1】呪文の書かれた石板 …… 146
【写真6-2】廃寺と化したドーンチャオプー寺 …… 147
【写真6-3】通常死の墓 …… 156
【写真6-4】異常死の埋葬地 …… 157
【写真7-1】ピーを取り憑けて占うモードゥー …… 178
【写真7-2】鉄筆を使って貝葉に文字を書く …… 196
【写真7-3】シアンモーで用いられる造花スアイ …… 202
【写真7-4】シアンコーンの呪具 …… 203
【写真7-5】モータムの持つ鉄筆 …… 209
【写真8-1】ワットポー寺院の彫像 …… 221
【写真8-2】テーワダーに供物を捧げる長老 …… 229
【写真8-3】呪具カトゥットを作るモータム …… 233
【写真8-4】T氏の保管する薬草 …… 234
【写真8-5】貝葉を持つ薬草師P氏と家族 …… 236
【写真8-6】KS村のキングコブラショー …… 237
【写真8-7】KS村で販売される薬草 …… 240
【写真9-1】モーパオの治療風景 …… 263

●本書におけるタイ語の表記について

本書では、タイ語のローマ字表記は、タイ学士院(rachabanditsathan)の「音声によるタイ語のローマ字表記規則(lakken kanthot akson thai pen akson roman baep thai siang)」に従った。声調記号を省略し、長母音と短母音の区別はしていない。日本語カタカナ表記では、有声音と無声音の区別はせず、原則としてaとaeは「ア」、uとueは「ウ」、oとoeは「オ」、nとngは「ン」と記した。ただし、地名や人名については、慣例が確立している場合にはそれに従うこととした。

タイ語のローマ字表記

子音			母音	
タイ文字	頭子音 ローマ字	末子音 ローマ字	タイ文字	ローマ字
ก	k	k	อะ อา	a
ข ฃ ค ฅ ฆ	kh	k	รร	an
ง	ng	ng	อำ	am
จ ฉ ช ฌ	ch	t	อิ อี	i
ซ ทร ศ ษ ส	s	t	อึ อื	ue
ญ	y	n	อุ อู	u
ฎ ด ฑ (When pronounced ด)	d	t	เอะ เ-็ เอ	e
ฏ ต	t	t	แอะ แอ	ae
ฐ ฑ ฒ ถ ท ธ	th	t	โอะ อ- โอ เอาะ ออ	o
ณ น	n	n	เออะ เ-ิ เออ	oe
บ	b	p	เอียะ เอีย	ia
ป	p	p	เอือะ เอือ	uea
ผ พ ภ	ph	p	อัวะ อัว -ว-	ua
ฝ ฟ	f	p	ใอ ไอ อัย ไอย อาย	ai
ม	m	m	เอา อาว	ao
ย	y	–	อุย	ui
ร	r	n	โอย ออย	oi
ล ฬ	l	n	เอย	oei
ว	w	–	เอือย	ueai
ซ ศ ษ ส ทร	s	t	อวย	uai
ห ฮ	h	–	อิว	io
			เอ็ว เอว	eo
			แอ็ว แอว	aeo
			เอียว	iao
			ฤ (When pronounced รื)	rue
			ฤ (When pronounced ริ)	ri
			ฤ (When pronounced เรอ)	roe
			ฦ ฦๅ	lue

第1章
序論

1-1. 目的と方法論

1-1-1. 本書の目的

　ピーとは何か。それが本書の問いである。

　タイ語のピー (*phi*) は、一義的には「霊」一般を表す。死んだ人間の霊を指すこともあれば、村の守護霊や自然環境に棲む霊、また特定の機会に発生する悪霊まで含まれる。ひとまずはこれらを一括して「精霊」と呼ぶ。本書では、「精霊」とはタイの「ピー」のことである。

　東北タイの村落で調査を始め、ピーについて訊ねると、村人は自身の経験や知人から聞いた話を次々と語って聞かせてくれる。村で起こった同じ事件について異なる立場から言及することもあれば、まったく独立して語られる小さな逸話もある。とにかくピーについての語りは尽きない。ピーの語りは、ほかの四方山話とは異なった雰囲気を持っている。村人が4、5人集まったところでピーの話をするとき、語り手はたいてい声を落として真顔で語る。まわりの村人は不安げな表情で話を聞き、感想めいたことを言い合う。特定の型はなく、何の慣習的な強制もないが、ピーの語りにはこうした傾向がある。

　なぜ東北タイの人びとはこれほどまでピーについて語るのか。私がタイのピーに関心を持ったのは、タンバイア (S. J. Tambiah) の研究に触発されてのことだった [TAMBIAH 1970]。私の調査地コーンケーン県 (changwat Khonkaen) の北隣ウドーンターニー県 (changwat Udonthani) を主たるフィールドとしたタンバイアによると、ピー信仰は、村の守護霊祭祀や仏教とともに村落の秩序だった宗教体系の1つを構成するとされた。だが筆者の調査村の人びとは、ピーを語るのと同程度に、仏教について語ることはない。仏教のあるべき姿をめぐって議論する

ことはないが、ピーは日常の会話の中に頻繁に登場する。果たして、仏教とピー信仰を同レベルの要素として並列に捉えるタンバイアの「精霊信仰（spirit cult）」という枠組みは妥当なのだろうか。ピーについて考える際に、他の宗教要素との関係に迂回することなく、もっと直接に問うことはできないのだろうか。そもそもピーとは何なのか。

　ピーについての直接の語りに加えて、メタレベルの語りにもしばしば直面する。「ピーについて研究している」と自己紹介をすると、多くの場合インフォーマントから次のように聞かれる。

　「ピーは本当にいるのか（phi mi ching rueplao）」

　この問いを投げかけられると、私は次のように答えてしまう。

　「『いるか、いないか』はわかりません。信じているなら『いる』だろうし、そうでないなら『いない』のでしょう。いくら調べてもそれはわかりません。私はそれよりもなぜ人びとがピーのことを信じているかに関心があるのです」

　だが私の答えに彼らが納得しているようには見えない。そもそもこのやりとりはうまく嚙み合っていない。こうした会話は調査の中でいくども繰り返してきたが、「ピーは本当にいるのか」という彼らの問いかけはその見かけよりも深刻な問題を内包しているだろう。

　第1に、同じく村落の宗教要素を構成するものとして挙げられる「仏教」に関して、同種の問いがなされることはまずない。たとえばブッダの教えである仏法（thamma）についてその正統性を問うたり、積徳行（thambun）において蓄積される善徳（bun）の存在可能性を懐疑したりすることは考えられない。ピーに関してのみ上の問いが成立すること自体、ピーをめぐる信仰と仏教とのあいだの質的な違いを示している。

　第2に「本当にいるのか」という問いかけも重要な問題を含む。「本当にいる」とはいったい何を指しているか。調査村で多くの人びとがピーについて日常的に語ることを考えれば、この問いが、「ピーの話をする人間は嘘を言っているのではないか」という単純な疑念の表明とは考えにくい。むしろ「これほど多くのピーの話があるのは事実だが、本当にこの世界にピーというものは存在するのだろうか」というような、どっちつかずの立場の苦悩の表出ではないか。ピーの話がたくさん語られるような日常を生きながら、同時に霊魂や悪霊など

目に見えないものは存在しないと言われる。「近代」や「科学」が生活世界を覆いつつある中で、自分自身がどちらの立場からピーと関わればよいのか決めかねている、そういった状況の現れではないだろうか。

　調査村で、ピーの存在論をめぐるやりとりが始まると、私は同時に次のように問い返す。「ではあなたはどう思っていますか。ピーは本当にいると思いますか」。すると、多くの人びとは次のように答える。

　「わからない、でも怖い (*mai rue tae klua*)」

　この答えはピーをめぐる認識のある重要な断片を提供する。「本当かどうか」を問題にしながらも、その真相は「わからない」。だが、ただ「怖い」という自分自身の体験、感覚だけは、そこにあると明確に表明する。

　真偽不明の対象に対してどう振る舞うべきかを決めかねながらも、自己の体験や感覚を強力な根拠としながら、その対象を理解し、それに対して行動するということは、ピーに限った話ではない。たとえば本書で論じる、呪術的な行為についても同様であろう。取り憑いた悪霊を針で突いて身体の外に追い出したり、毒蛇に咬まれた傷口を呪文と聖水を吹きかけることで治療したり、病いに対して呪文を唱えながら薬草を与えたりといった呪術的な行為を第3部で詳細に論じる。それぞれの行為をめぐる認識の様式は異なりながらも、どの行為についても次の点が共通する。

　つまり、いずれの場合も、ある対象の「いる／いない」や「ある／ない」をめぐって絶対的な確信は持てないまでも、ある種の観念や行為や物質を含みもつ呪術を経由することで、その不確信が受容可能なものへと変換され、その対象が現実世界の中に配置されるという点である。

　より広い文脈に位置づけるなら、本書は「現実」についての人びとの「理解」の様式について論じるものである。ある種の事象について、真偽を明らかにすることが困難な状況は珍しいものではない。そもそも真偽に関心を持たないこともあれば、真偽を考えてもよくわからないという意味での不確信、「わからなさ」が真偽判断の困難を生む場合もある。だが人びとはそうした事象を受け容れる、または理解することで、日常世界の現実を成立させている。ここでの理解も、「無条件の受け容れ」から、「異種の知識を動員しての受け容れ」まで多様なかたちがあり得る。現実世界を生きる中で、いくつかの理解のかたちを同

時に受け容れる様子が、本書で取り上げるさまざまな事例を通して明らかになるだろう。

　本書が主題化したいのは、ピーや呪術などの「わからなさ」に充ち満ちた事象を、人びとがいかにして受容可能なものへと変換し、それによって彼ら自身が日常生活の「現実」をいかに捉えているかである。ここでの「現実」は、もはや物質的な実在ばかりではない。社会的・文化的なさまざまな行為や観念を含みこんで出来上がった「現実」である。その意味では、昨日の夢に出てきた祖母の霊も「現実」であるし、爪先の痛みの原因とされる数十年前に咬まれたクモの毒も同時に「現実」である。当事者にとってすら真偽のつまびらかでない多様な事象が、いかにして彼らにとっての「現実」を作り出しているのか、その多様な「現実」の理解の様式について検討するのが本書の目指すところである。

1-1-2. 本書の方法論

　次に、問題関心が形成された過程を概観しながら、本書の方法論を説明したい。1999年に開始した現地調査は、タイでピーと呼ばれる「精霊」に注目したものであった。仏教を主要な宗教とする社会空間の中での、周縁的な宗教実践のありかたを検討するため、ピーをめぐる信仰を研究対象とした。だが死者の霊や村落守護霊、また悪鬼のような存在でもあるピーは、人間の目で見ることができない。観察することは困難であり、ピーそのものを調査対象とすることは容易ではない。

　そこで、私が特に注意を払ったのは、ピーポープ (*phi pop*) という悪霊であった。ピーポープは「人に取り憑いて病や死を引き起こす生き霊」である。ある人が何かに取り憑かれたような様子を示すと、家族やまわりの村人が、ピーポープが原因かもしれないと疑い、確かめるためにモータム (*mo tham*) などの呪術師を訪ねる。モータムは呪術的な行為によって、ピーポープが取り憑いたかどうかを判定する。場合によっては、ピーポープの本体は誰か、誰に由来するピーポープかを占ったのち、取り憑いたピーポープを祓除する。この一連の過程には、生きた人間が直接に関与する。取り憑かれた人、それに気づいたまわりの人、取り憑かれたかどうかを判定する人、またピーポープの本体とされる

人。ピーポープを問題とすることで、ピーを対象にしながらも、生身の人間を軸に置いた議論が可能になる。

　ピーポープに関わる人間の中では、呪術師モータムの存在が重要である。ある人の異常な状態が、「ピーポープの仕業かどうか」を判定するのはモータムであり、モータムがいなければピーポープは存在し得ないとすら言える。またピーポープの発生も、モータムの持つ特殊な知識が関与している。そのため、ピーを論じるにあたっては、特殊な知識を持つ呪術専門家モーを取り上げざるを得ない。

　そこで呪術師モータム、またより広く知識専門家モーへと視野を拡大した。本書では、モーと呼ばれる伝統的な知識を用いた専門家を「知識専門家」と呼び、知識専門家のうち、特に呪術的な実践をもっぱら執り行なうものを「呪術師」と呼ぶ。主に薬草を用いる知識専門家の中には呪術的実践を行なわない者もおり、彼らを「呪術師」とは呼べない。そのため、呪術師を含む広義の伝統的な知識の専門家モーを「知識専門家」と表記する。調査村周辺では、モータム、占い師（*mo du*）、毒吹き消し師（*mo pao*）、薬草師（*mo ya samunphrai*）などの多種の知識専門家が活発に活動を行なっており、彼らの知識と実践に着目することで、ピーという存在が、日常世界の中に理解可能なかたちで配置される様子を見ることができるだろうと見通しを立てた。

　だが知識専門家について調査を進めると、専門家とそうでない人びととのあいだの「理解」のズレが垣間見えた。ピーについての理解のズレ、知識専門家の特殊な力についての理解のズレ、病いの症状についての理解のズレである。また知識専門家どうしでも、「理解」の度合に大きなズレが見られる。知識の社会的配分という観点から見ると、これまで論じられてきたような、専門家と非専門家の格差だけでなく、専門家の中にも多様な理解のかたちがあることにも注意が必要である。ある種の「完全な理解」と「全くの不理解」の二極のあいだのどこかに、多様な知識専門家と一般の人びとを位置づけるような見立てが不可欠であろう。

　本書の基本的な問題関心はこのように段階的に構築されてきた。第1段階として、ピー、とりわけピーポープへの注目、第2段階として、ピーポープに関わりのあるモータムの知識と実践、第3段階として、モータム以外の知識専門

家と、非専門家である一般の村人を含めた村落における知識と実践の複層的な状況へと問題を展開させることを想定した。

　だがデータを収集しても、目論んだようには議論が構築できなかった。第1段階では、より容易に調査対象になりうるだろうとの見通しから、生身の人間を媒介とするピーポープを取り上げた。しかしピーの全体を視野に入れるなら、ピーポープを論じるだけでは不十分であった。当初、ピーの語りを収集する際にはピーポープに注目して、多くのメモを取るようにしていた。しかし、改めてフィールドノートを見返してみると、ノートに書き留めたものは、ピーポープでないその他のピーの話が多くを占めていた。そうしたピーについての記録は、雑多なピーについての、けっして体系的とは言えない、個別のエピソードの寄せ集めにすぎない。しかし、雑多さこそがピーについての語りの重要な本質であるかもしれず、そうしたエピソード群を無視することはできない。そこで、ピーポープに限らない、ピーについての議論の再構築の必要に迫られた。

　また第2段階と第3段階においては、モータムとピーとの関わりに限定すれば、それほど困難ではなかったのかもしれない。しかし、より広い文脈で、知識専門家モーという括りにすると、知識専門家の知識と実践の形、あるいは理解の様式の多様さが見過ごせなくなった。本書では、モータムによるピーをめぐる「現実」との関わり（第7章）、薬草師による薬草治療をめぐる「現実」との関わり（第8章）、毒吹き消し師による毒蛇咬傷の治療をめぐる「現実」との関わり（第9章）の3つを取り上げたが、いずれの事例においても、「現実」とは、ある種の「わからなさ」を受容可能にすることで構築された日常世界を意味し、それぞれの知識専門家モーは異なった「現実」との関わり方を持つ。もはやピーだけに話を留めることはできず、複数の知識専門家が行なう、治療に関わる呪術的実践をも視野に入れることになった。こうして当初の見通しから問題設定を徐々に拡張することとなった。

　繰り返しになるが、本書の関心は、真偽の判断の難しい事象について、人びとがそれをいかに理解することで、現実を認識し構築しているかである。そもそもは、ピーポープという悪霊とそれに対処する呪術師モータムの知識と実践から読み解くつもりであったが、もう少し入り組んだ論法を取ることになった。ピーポープに限定できないピーをめぐる語りが溢れ、またそこに生きる人々が

みな異なった世界の理解を持つという現実に立ち戻って、フィールドノートに忠実に丁寧な描写を行ないながら、議論を少しずつ展開させていきたい。

1-2. 本書の位置づけ

1-2-1.「現実」をめぐる問題群

　高い位置から俯瞰するなら、本書は「現実（reality）」の認識論をめぐる問題系に関わるもので、バーガー（Peter Berger）とルックマン（Thomas Luckmann）以来の「現実の社会的構成」論［バーガー＆ルックマン 1977］の系譜に位置づけられる。知識社会学あるいは現象学的社会学の潮流を受けて展開された「現実の社会的構成」論では、日常生活における社会的相互作用によって、「現実」の概念が定着化していく機構が明らかにされた。本書では、そのメカニズムの、よりミクロな部分について読み解くことを目指す。

　バーガーらの知識人類学において、現実とは、日常生活の中で互いに矛盾を抱えながらも、社会全体を包括する1つの世界観によって統合されうるものである［バーガーほか 1977: 11-15］。世界とは、客観的にあるものと主観的な意味とのあいだの相互作用から成り立ち、日常生活の中で両者の関係性が編まれ、個々の生活世界が形作られ、そこに日常的な現実が生まれるという。

　知識人類学では、現実の構築において、言葉による対象化と、対面的状況での会話が果たす役割を重視する。言葉で対象化されたものが個人の意識の対象になるとともに、会話の中で言葉をやり取りすることで、他者同士が1つの現実を構築する［バーガー＆ルックマン 1977: 259］。ここに見られる言葉への注目は、本書の方法論とも関連する。

　本書で問題化するのは、真偽の判定が難しく、確信が持てない事象をめぐる現実である。東北タイの日常世界を研究対象とするが、こうした「よくわからない事象」は東北タイにおける「日常」の、そのまた外側の「非日常」に位置するわけではない。そもそも「日常」をはるかに逸脱した「非日常」は本書の射程の及ぶところではない。

　ピーをめぐるさまざまな語り、呪術を用いた癒しの技法など、私たちの目か

ら見ると「非日常」に思える事象も、そこでは日常生活の構成物として存在する。個人の生活の中では、多様な日常性と非日常性が入り混じりながら存在しており、非日常が時に日常化し、逆に日常が非日常に転ずることもあるだろうが、総体としては地続きの1つの生活世界と言うことができる [cf. 山田 2010: 102-104]。

　ニューギニアのバクタマン社会 (Baktaman) における儀礼や宗教について考察したフレドリック・バルト (Fredrik Barth) によると、彼らにとって「神秘 (mystery)」はけっして知識の不在に由来するのではない [BARTH 2002: 4]。神秘は、無知によって生じるのではなく、哲学的に洗練して作り上げられた構築物だという。

　日常世界の中には、ありきたりの日常とそうでない日常がある。ルーティーン化した日常と、個別的に特異な日常と言い換えてもよいし、または日常の中の正常さと日常の中の異常さでもよい。本書で対象とする「よくわからない事象」は、それぞれ異なった経路で受容可能なものへと翻訳されるという意味では「日常」の事象であり、それらが「現実」を構成する。言い換えるなら、「理解可能」な事象や個別のエピソードが人びとにとっての「日常」または日常経験であり、それが彼らにとっての「現実」の構築物となる。

　自己の経験を対象化することができる言葉は日常生活に基礎を持っており、言葉で表現されることで経験は日常性の中に再編される。つまり、非日常経験を日常生活の現実の中に翻訳することを可能にするのが、言葉である [バーガー&ルックマン 1977: 42-43]。本書においても、ピーや呪術をめぐって、語りに注目して分析を行なうが、これは言葉によってピーや呪術の「現実」が作り出されるからにほかならない。

　たとえば、頭痛が続き、病院に行って検査を受けても原因がわからず、知り合いのモータムを頼って聖水を吹きかけてもらったとする。原因不明の頭痛が続くということは「異常」な事態ではあるが、その状況はもちろん理解されており、その意味で日常的な事象で、その場にいる人びとの「現実」を構成する。あるいは占いを行なったモータムによって、その頭痛が、死んだ祖母の霊によって引き起こされたことがわかったとする。通常は生者で構成されているこの世界に、死者が割り込んできたという意味では「異常」な事

象ではあるが、まったく彼らの想像力すら及ばない事態ではなく、あるレベルで受け容れ可能な話であり、それもまた日常生活の一部として「現実」を作り出す。

本書での「現実」は、日常生活の中で理解された事象が蓄積することで作り上げられるものである。そこでの現実は、客観的事実の蓄積としての世界とは独立して存在する。あるいは客観的事実なるものの位置づけが、問題視されるべきであろう。

たとえば、呪術的治療を行なって、治療師が患者の痛む足の爪先に、針を刺して血を排出したとする。針を刺した先からは赤黒い血が流れ出した。このことについて、治療師が「この血は患者が20年前にクモに噛まれた時の毒で、現在の痛みの原因だ」と説明したとする。また痛む足を抱える患者も、その患者を連れてきた家族も、この説明を受け容れたとする。その場合、患者の爪先を染める赤黒く見える液体は、もはや単なる静脈血ではなく、「20年前のクモ毒」として認識される。クモ毒は、その場にいる人びとが共有して認識する「客観的事実」と言えるだろう。

「現実」は、主観から独立した事象群によって成立しているのではなく、「日常」として生きる主体によって受け容れられた経験の積み重なりである。個々の日常経験は独立して存在するのではなく、そこを生きる主体を結節点としながら互いに関わり合い、支え合いながら成立する。時にいくつかの経験や状況は互いに相容れないこともある。だがそうした一見相容れないように見える複数の理解を同時に受け容れる状況が見られる。そうした状況を、本書では〈不調和な共受容 (inharmonious co-acceptence)〉と呼ぶ。

「現実」は1つとは限らず、主体ごとにそれぞれ異なった「現実」が構成されている。同じ環境で、似たような日常生活を送っているかぎり、そこに生きる主体のあいだでの「現実」が大きく異なることはないだろうし、大部分は共通すると想像できる。だがある種の人びとは異なった「現実」を描く。その最たる例が知識専門家モーである。

知識専門家は、ピーの祓除や、病治し、占いなど、特殊な知識を身に付けて実践する。彼らは知識を持たない多くの人びと、非専門家とは異なった日常経験を持たざるを得ない。多かれ少なかれ、彼らの構成する「現実」は他の人び

ごと異なったものになる。とはいえ、他の人びとも、知識専門家の「現実」から遠く離れておらず、知識専門家とも頻繁に接触する。日常的な語りで彼らの「現実」を伝え聞くし、治療儀礼や悪霊払いなど儀礼の現場で彼らの「現実」を体感する。非専門家である多くの人びとも接触の程度に応じて、「知識専門家」から影響を受け、それぞれの「現実」が改変されてゆく。

　本書では、現実の社会的構成について、ある社会の中で、どのように「現実」が構築されているかを静態的に示すのではなく、そこでの「現実」が個々の主体の多様な知識と経験に基づきながら、〈不調和な共受容〉という状況の中で、いかにして生成されるかを問題化する。それによって、「わからなさ」を内包する日常経験が「現実」を生成する多様な様式を描き出すことが可能になるであろう。

1-2-2.「知識」をめぐる問題群

　続いて、本書の主要な論点である「知識（knowledge）」をめぐる問題群について、議論を整理したい。前節で述べたように、本書は日常性に基づく「現実」の生成を問題化する際に、知識専門家を議論の核としながら、その他の人びとも視野に入れて議論を進める。その際に、知識専門家とその他の人びとを区別するものは、特定の「知識」との関わりの程度の違いである。本節では、従来の「知識」をめぐる人類学的な議論を簡単に俯瞰した上で、本書が対象とする村落の日常的な「知識」について概観を提示する。

　「知識」をめぐっては、学問領域ごとに定義が異なり、人類学の内部においても意味するところは多様である。そこで、ひとまずは「体系化されていない一時的な知識から専門化された特殊な知識（たとえば科学的知識）まで」［小池 1990: 193］を含むもので、「人々が確信を持って保持し、それで日々の生活を送っている諸信念から成り立つもの」［ブルア 1985: 3-4］とできるだけ広義に定義づけたい。分析哲学では「ある集団の中で真とみなされる信念」を知識と定義するが、本書では「真とみなす」基準が不明確なものをも対象とするため、個人的な信念やある集団の中で必ずしも全体的に是認されていない信念をも含めて知識と呼ぶ。

　「知識」という言葉を使う際に、それを何らかの実体的な「信念」とみなすこ

とは避けねばならない。あたかも何らかの情報の束が頭の中にあるかのように知識を見るのではなく、行為や実践との関連のもと知識を位置づけることの重要性はこれまでにも指摘されてきた［浜本 2001: 377-378］。つまり、知識を行為の中に見出す試み、たとえば「獲得する」「保持する」「活用する」「伝達する」などの動詞によって知識の断面を取り出す試みが本書においても必要となる。

人類学において「知識」を対象にした研究には多くの蓄積が見られる。「文化」や「信仰」を扱った研究まで含めると、人類学は常に知識を問題化してきたとさえ言えるだろう。中でも、社会科学として知識を明示的に論じることを可能にしたのは、「知識社会学」を打ち立てたマンハイム（Karl Mannheim）の業績が大きい。

マンハイムは知識が「存在に制約を受けていること」に着目し、思考様式の社会的な「存在拘束性」「被制約性」を研究の主題とした［マンハイム 1973: 152］。彼は知識を内在的に把握するのではなく、「社会的場面に外在化して捉え、知識外にある社会的要因との関連で把握」しようと試みた。いわば「知識の状況依存性」「現実の社会構成性」を初めて主題化した［バーガー＆ケルナー 1987: 86-87, 伊藤 2000: 100］。

1970年代に入ると知識社会学は新たに展開する。社会構造よりも個人や言語に注目し、実践知や土着の知識などの日常知をも対象化した。知識を構築し普及させる集団単位である知識共同体の日常的実践を重視し、ジェンダーや空間的関係のもとで知識を位置づけるような試みが現れた［バーク 2004: 19-21］。特定の限られた個人が持つ「知識」観が拡張されて、ある集団の中に分散して存在する「知識」を動態的に捉える視角である。

こうした知識社会学の視角は、ある集団での多層的な知識を扱う人類学でも有効である。「知識の社会人類学」をレビューした小池誠によると、人類学で知識を対象にすることの意義は大きく2つ挙げられる［1990: 194］。第1に、知識を論じることで、社会を多元的に捉えることが可能になる。個々の成員の知識は均質で一様ではなく、社会を構成する諸個人が互いに異なる知識の体系を持つ状況を問題化できる。第2に、従来の人類学で焦点化されなかった「調査者」の立場を最前面にあぶり出すことができる。

後者については、1980年代後半以降に活発に議論されてきた「文化を書く」

ことをめぐる問題系である [cf. クリフォード&マーカス (編) 1996]。フィールドにおいて「知識」はインフォーマントによる調査者への語りとして記録されるが、調査者とインフォーマントの二者関係が複雑な政治性をはらむことを批判的に論じる立場である。民族誌的実践そのものを問い直す試みであり、フィールドワークという方法論に重大な問題を提起するものではあるが、東北タイにおける日常的知識の現代的状況を描くという本書の目的とは関心を共有するものではないので、本書では深く立ち入らない。

本書は、小池が指摘するうちの前者の部分、つまり「知識の社会的配分」、「理念と現実の不一致」と関心を重ねる。「知識の社会的配分」は、バーガー、ルックマンらの知識社会学で取り上げられた古典的な問題系である。ある社会の知識の総体は、社会全体にとって有意味なものと、特定の役割にとってのみ意味を持つ知識とに二分できるとされるが [バーガー&ルックマン 1977: 203]、逆に言えば、ある個人が社会に位置を占めるには、直接に役立つだけではなく、間接的にも役立つような知識体系を習得する必要がある。ピーや呪術をめぐる人びとの知識は、直接的どころか、間接的にも役立つようには見えないかもしれない。しかし、そうした知識がある個人や社会にとって「現実」を受け容れる際の重要な要素であることは疑い得ないだろう。

知識は社会の中で不均等に散在しながらも、それを行為との関連から読み解くという本稿の立場は、フレドリック・バルトの知識論に近い。バルトは「知識の人類学」という論考で、「人が世界を解釈し、世界で行為をするときに用いるもの」[BARTH 2002: 1] と知識を定義づけた。知識とは「私たちが経験し、理解することができる現実を作り上げるために用いられる理解 (understanding) のあらゆる手段」であり、それによって予期できない世界を理解可能なものとして解釈できる。バルトは「知識」の3つの特性を指摘した [BARTH 2002: 3]。第1に、多数の言明と思想の集成であること、第2に何らかのメディアによって表現、伝達されるということ、第3にある特定の社会関係の中で作用するということ。こうした捉え方は、知識を行為との関連で捉え、その知識との関わりの中で現実が生成するという本稿の知識観と共通するものである。

本書の各章で扱うのはピーについての語り、呪術的な実践、伝統的な医療実践などであり、いずれも東北タイ農村における、日常性と結びついた「知識」

の状況を描いたものである。本書における「知識」に関する問題設定はきわめてシンプルである。抽象的で理念的な「知識」の構造を明らかにするのではなく、ある農村における日常的な「知識」の配置状況を吟味することで、ある種の「現実」が生成される経路がいかなるものかを、ピーと呪術を素材に描き出す。

1-2-3.「精霊信仰」をめぐる問題群

　「現実」と「知識」が本書の縦軸であるならば、横軸に当たるのが「精霊信仰」である。東北タイでは、ピーと呼ばれる存在が、人類学で伝統的に「精霊（spirit）」と呼んできたものに当たる。精霊信仰をめぐる研究は、19世紀末の人類学の勃興期より見られる古典的な問題領域である。タイラー（Edward B. Tylor）の「精霊についての信仰（belief in spirit beings）」というアニミズム（animism）のテーゼは、そもそも宗教の原初的な形態についての検討から導き出されたものである。タイラーの議論は、その主知主義的解釈が批判されて以降、アニミズムという言葉で正面から精霊信仰を論じるものは少なくなったが、「精霊」を対象にする研究はその後も人類学の宗教研究の一大分野を占めてきた。

　「祖霊」を焦点化して祖先崇拝や親族観念を論じたり、「憑霊」という宗教実践における相互行為を描き出したり、さまざまなやり方で「霊的存在（spiritual beings）」を対象化してきた。機能主義以降の文化人類学では、「霊的存在」についての信仰を、フィールドにおける土着信仰の一形態とみなし、そこから社会関係や世界観の抽出が試みられてきた。

　本書も「霊的存在」を対象にする点では、こうした宗教人類学的な研究と関心を同一にするものであり、ピーの語りや関連する呪術的な実践が形成する日常的世界を中心に議論する。ただし、タイのピーを「精霊」と呼ぶことが含みもつ問題点については、あらかじめ指摘しておかねばならない。

　本書において、タイ語の「ピー」を「精霊」と呼ぶことの第1の意図は、訳語としてのわかりやすさからである。「ピー」は多様な超自然的存在を指す。死んだ親族の霊、村落守護霊、餓鬼のような存在、吸血鬼のような悪霊など、多様なものを含む。タイ語の「ピー」は、こうした多様さ、曖昧さを包含する概念だが、単にカタカナで「ピー」と表示してもその意味するところは把握できない。だからといって「霊」と訳すと、日本語では「死んだ人間の霊的な顕現」と

しての含意が強すぎる。そこで日本語で先入観の少ない「精霊(せいれい)」をピーの訳語として採用した。日本の民俗世界では「みたま」「死者の霊魂」としての「精霊(しょうりょう)」という言葉もあるが、日本語で「妖怪」や「霊」と呼ぶよりは、「精霊」の方が日常的含意が少なく、より抽象度が高いだろう。そのため、「ピー」という言葉が含みもつ、多様な形態の超自然的存在をまとめあげるカテゴリー概念として、ピーを時に「精霊」と便宜的に表記することにした。

　第2に、「精霊」または英語の「spirit」という言葉を用いると、当該社会独自の概念ではなく、研究者の持つ概念枠組みに引きずられて、ある現象や事象を捉え損なってしまうという懸念もあるだろう。しかし、タイ語の「ピー」はいくつかの具体的な霊的存在を含みこむカテゴリー概念でもあるので、集合的な概念として「ピー」を「精霊」と逐語的に言い替えることは可能である。一方、「ピー」の下位カテゴリーである、個別のピー、たとえばピーポープやピープラーイ（phi phrai）については、それらを「ポープの精霊」や「プラーイの精霊」と呼ぶと、ピーの個別の特性が薄れてしまうので、ピーの下位カテゴリーについては「精霊」の訳語を与えないようにした。

　さて、文化人類学全体を見渡すと、「霊的な存在」を対象とする研究は、前述の通り、学問の勃興期以来、絶えることなく続いてきた。タイに関して言えば、上座仏教を第1の宗教としながらも、ピー信仰、バラモン－ヒンドゥー教、イスラム教、キリスト教、華人の信仰が複合的に見られることは定型的な語り口となっている。国家宗教としての上座仏教が地方村落においても圧倒的に優勢で、その他の宗教要素は付随的なものとして位置づけられることが多い。だがそうした捉え方は宗教の制度的側面を重視したものであり、日常生活の宗教実践では、仏教以外の周縁的な宗教要素、特にピーをめぐる信仰は人びとの宗教生活の大きな部分を占めている。

　これまでのタイのピー信仰を対象とした研究は、大きく分けて3つのアプローチに整理できる。第1は、精霊の類型論である［IRWIN 1907, ANUMAN 1986, 岩田 1991］。「タイ民俗学の父」と称されるアヌマーン・ラーチャトン（Anuman Rajadhon）に見られる、百科全書的にピーを分類し記述する試みである。善霊（phi di）と悪霊（phi rai）に分けた上で、善霊の中に自然界に棲むピー（水のピー phi nam、森のピー phi pa など）や祖先霊（phi banphaburut）を、悪霊にはピープラーイ、ピ

ープレート (*phi pret*) など個別のカテゴリーを成すピーを数え上げる。こうした類型論は、ただ研究者のみのものではなく、当事者である村落の人びとも同様の語り口をすることには留意すべきであろう。だが、たとえば一般的に住民を守護するとされる村落守護霊が、仏教の地方への浸透過程において、村人に災厄を及ぼしたとして悪霊として追放されるなどの事例が見られるように [Phongphit & Hewison 1990: 121]、ピーを善霊と悪霊に分ける分類手法は、曖昧で流動的なピーの現実にはそぐわない。霊的存在の類型論は世界観・宗教観を分析する一助とはなるが、固定的なものとしてみなすべきではなく、常に当事者の実践の場において分析するべきである。

第2に、仏教と非仏教の関係をめぐる議論が挙げられる。仏教要素と非仏教要素を切り離して構造機能主義的に分析する手法は、タンバイアによる精霊信仰、スパイロ (Melford E. Spiro) による超自然主義 [Spiro 1967]、カーシュ (Thomas A. Kirsch) によるシンクレティズムの分析 [Kirsch 1977] などに見受けられる。中でも東北タイのウドーンターニー県で調査を行なったタンバイアは、ラオ系村落の宗教体系を4つの要素に分類して分析した [Tambiah 1970]。(1) 仏教 - 僧侶、(2) 霊魂 - 招魂儀礼師 (*mo sukhwan, phram*)、(3) 守護霊 - 守護霊司祭 (*cham, thiam*)、(4) 悪霊 - 悪霊祓除師 (*mo tham*) といった要素のそれぞれが村落社会で果たす機能を明示的に記述した。だが構造機能主義的な手法は、伝統的で静態的な村落宗教を前提としており、本書が対象とするような現代的状況、つまりピー信仰を取り巻く社会的条件が変容し、認識の様態が可変的である社会環境を射程に含むことは難しい。構造と機能への着目は、通時的変化への関心がしばしば希薄になり、村落社会における精霊信仰の流動的な現実を見落としかねない。また描き出された構造は研究者自身の分析枠組みの投影であり、当事者である村人の多くが構造への意識を共有していないという批判もあるだろう。さらに村落内における宗教専門家と非専門家である一般の村人とのあいだの宗教意識のズレ、知識の分布の程度の差は、構造機能主義的な切り口からは明らかになりづらいという難点も挙げられる。

第3のアプローチは、近代の仏教化の中での精霊信仰の衰えを描く視角である [林 2000]。19世紀末以降のシャムでは、西欧列強の植民地化の脅威を受けながら、ラーマ4世・5世の治下にさまざまな近代化の方策が採られた。宗教に

関しては、サンガへの加入儀礼の統一、サンガ組織の国家による統制、仏教教育の国家的カリキュラムの作成などが行なわれ、国教としての仏教が地方村落に浸透した。西欧のキリスト教と対等な「宗教」としての仏教を国家が作り出し、「宗教」の枠内に収まらない精霊信仰を排除したのが、タイにおける宗教の近代化である。全国規模で仏教化が進行する過程で、在来の精霊信仰と仏教とが葛藤した様子はこれまでにも指摘されており［田辺 1993b: 39-52, Phongphit & Hewison 1990: 121, Chatthip 1999: 38-43］、ピー信仰の歴史的展開を把握する上で重要な論点を提供する。だが、近代国家形成期における歴史性に着目した研究で抜け落ちるのは、宗教知識の多層性である。僧侶などの特定の宗教専門家を対象とするならば、仏教の国教化を軸として村落信仰の変化を描くことは可能であろうが、現実の村落の信仰生活に目をやると、村人による「宗教」の理解は一様ではあり得ない。仏教と精霊信仰との単純な二項対立とは限らず、仏教と精霊信仰それぞれの中にも複数のかたちがありうるはずである。マクロな歴史的展開を背景としながらも、村落生活における仏教の卓越を過度に強調しすぎないよう注意が必要で、そのためにも精霊信仰をめぐる現実を詳細に描くことが求められるであろう。

　田辺繁治による北タイのコン・ムアン社会の精霊をめぐる研究［2013］は、本書が目指すところと同じく、「精霊とは何か」を正面から論じたものである。田辺は精霊を「力であり、力として存在するもの」［田辺 2013: 6］と実在論的に位置づける。精霊を実在する力とみなすことで、〈魂－身体〉関係である人格や村コミュニティ、ムアン国家との関係を論じ、さらにそれらの内部に変動をもたらすメカニズムを明らかにする。精霊の力が働きかけることで、人やコミュニティと世界との関係が組み替えられていくという、「精霊の力のポリティクス」を描出した。だが、田辺の研究対象は、儀礼の中で立ち現れる精霊に限られる。しかし、前述の通り、タイの日常世界にはもっと多くの、些細な精霊に関わるエピソードがあふれているはずであり、そうした日常的なピーをめぐる体験について中心的に論じることが不可欠であろう。

　本書では、ピーに関連するこれらの既存の研究を踏まえて、ピーが人びとの日常生活の中に立ち現れる現場に着目し、語りや治療儀礼の検討を通じて、ピーについての知識専門家と、一般の人びととのあいだの知識のグラデーション

に留意しながら、人びとがピーをいかなるものとして理解しているのかについて考察したい。

1-2-4. むすび

　本書が対象とするのは、まずはピーであり、ピーへの対処法としての呪術的な実践であり、さらにそうした実践を行なう知識専門家とそれ以外の人びとが持つ日常性の認識の様態である。

　ピーにことさらに注目して研究を行なうことは、近年あまり見られない。何らかの宗教的実践の検討の中で、ピーについて言及することはあっても、ピーを問題の中核に位置づけて検討することはあまりなされてこなかった。ある意味、忘れ去られた領域とすら言える。

　それはなぜか。もはや「精霊信仰」などは古くさい研究対象にすぎず、同時代的な問題を考えるのに適さないという思いからだろうか。または「精霊」は非現実的な信仰にすぎず、その断片的な語りをいくら集めたところで、体系的な分析が困難だという思い込みからか。あるいは1980年代以降の人類学内部における他者表象についての自己批判の延長上で、あまりにナイーブな信仰や世界観を描くことへの警戒感からか。いずれにしても、「精霊信仰」を中心的に論じることは、もはや「時代遅れ」な感があるのかもしれない。

　しかし、人類学が自らの学的枠組みを越えて、より広い社会に対して持っていたアカデミックな強みは、まさに「精霊信仰」などに見られる日常的な信仰や実践の緻密な描写から発していたはずである。「精霊」に関連する信仰や実践は、人類学の最初期から当該社会の本質を明らかにするために分析され、そこで描き出された人びとの生々しい信仰のすがたは、人類学内部のみならず、他の学問領域や、社会全体に対しても大きな知的インパクトを与えてきた。[1] 精霊やそれに関わる呪術的な諸実践がある種の人びとの日常の基底をなしており、彼らの日常と調査者の日常の間に生じる強烈な違和感を出発点として発言することが、文化人類の使命の一部分をなしていただろうし、また現在でもその

---

[1]　人類学の草創期で言えば、タイラーの『古代社会』[2010]、フレイザーの『金枝篇』[1951] やモルガンの『古代社会』[1958] などの著作に見られる日常的な信仰の緻密な記述が、人類学のみならず、広く人文社会科学にもたらした知的インパクトは言うまでもないだろう。

使命は失われていないと考える。

1-3. 全体の構成

　本書は3部構成を取っている。「第1部　物語に表象される精霊」では、タイにおける精霊信仰を、物語の中での描き方から検討する。第2章では、「ナーン・ナーク」というバンコクにおける著名な悪霊譚を題材に、20世紀初頭におけるタイの国民国家形成期での上座仏教と精霊信仰との対立関係について考察し、第3章では、ピーポープに関する複数の映画を取り上げ、1960年代以降の東北タイの歴史とその表象の変遷について考察する。物語やメディアにおけるピーの描かれ方を、タイの歴史と関連させて記述することで、ピー信仰をめぐる歴史的・社会的背景を描出することが第1部の狙いである。
　第2部以降が、東北タイ村落でのフィールドワークに基づいた記述である。「第2部　精霊を語る人びと」では、村落でのピー信仰の現実を、人びとの語りに基づいて分析する。第4章で、調査村とその周辺の全体的な状況を紹介したのち、第5章では、村落の守護霊信仰に焦点を当てる。複数の人々による「守護霊」についての理解のズレを分析することで、村落における仏教と守護霊信仰との質的な相違を浮上させる。続く第6章では、ピーとは何かについて、ピーをめぐる語りから考察を行なう。ピーについての語りが、とりとめのないエピソード群のまとまりのない蓄積を構成することの意味について検討する。
　「第3部　精霊を統御する呪術師たち」では、ピーについて対処を行なう呪術師モータムやその他の治療儀礼に関わる専門家を中心に論じる。第7章では、目に見えない存在であるピーが「現実」として受け容れられる過程について検討を行なう。モータムの宗教実践では、物質を媒介にすることで、呪術師の特殊な力が、ピーを現実化する契機となっていることを明らかにする。第8章では、薬草を与えることで治療を行ないながら、同時に呪文や聖水をも駆使する薬草師をめぐって考察する。第9章では、毒蛇咬傷を呪文とその吹きかけによって治療する毒吹き消し師の事例を取り上げる。第7章で論じたモータム、第8章で論じた薬草師と、毒吹き消し師を比較しながら、3種の知識専門家のあ

いだの異なった現実との関わり方を検討し、近代医療の浸透した現代世界における知識専門家のあり方について考察する。

　物語での表象を通したピー信仰の歴史性に始まり、東北タイ村落でのピーと知識専門家の実践の検討を通じて、「わからなさ」を内包する事象が理解可能なものに変換される機序の検討を行ない、最後に、近代性と呪術が身体という舞台で衝突する医療の領域において日常性の理解のあり方を検討する。これら全体を通じて、現代の東北タイ村落における日常理解の様式の多様さが持つ特性を明らかにしたい。

第 1 部
物語に表象される精霊

第2章
ナーン・ナークの語るもの
―国民国家形成期のタイ仏教と精霊信仰―

　第1部では、タイ王国におけるピー信仰の歴史的・社会的背景を描き出す。ピーは人びとの語りの中に姿を現すが、物語やメディアを通じてその語りは増幅して表現される。とりわけ、映画を通してピーは繰り返し表象されている。第3章で詳述するが、タイでは1920年代末より映画制作が始まり、初期よりピーを題材とした映画が作られてきた。1960年代後半より映画産業は一時低迷するが、2000年ごろを境に再び活況を呈し、現在ピー映画は一大ジャンルをなして人気を集めている。本章では、まず2000年代におけるピー映画の隆盛の先駆けとなった映画『ナンナーク』の物語を取り上げ、そこに描かれたバンコクにおける悪霊譚を、近代国家形成期の歴史と関連させて論じ、次章では、東北タイに特徴的な悪霊ピーポープをめぐる物語をめぐって、タイ国内における東北部の位置づけの変遷と並行させて検討する。

2-1. はじめに

　タイの最大の宗教は上座仏教である。国民の94%が仏教徒であり、また国王は仏教徒でなければならないと歴代の憲法に定められている[2]。国家と仏教の結びつきは密で、仏教は事実上の国教と言える。だが実際のタイ人の宗教生活はそれほど単純ではない。王室儀礼にはバラモン教の要素が反映されているし、日常生活のいたるところに精霊ピーの信仰が見られる。一般の人びとの宗教生活に限って見ると、ピー信仰と上座仏教の2つの要素が顕著で、両者は分

---

[2] たとえば仏暦2550年タイ王国憲法第9条（国王と宗教）に「国王は仏教徒であり、宗教の擁護者である」と規定されている。

【写真2-1】路上に置かれた供物

離不可能なほどに入り混じっている。

　こうした混淆した宗教状況を単に「シンクレティズム」と名指すだけでは、何の分析にもなり得ない。ある宗教行為に複数の「大伝統」を見出し、その要素を分析するという「シンクレティズム」のアプローチでは、日常生活の中で人びとが繰り広げる宗教的実践の動態を対象化することはできない。ただ単純に複数の要素が融解して1つの宗教コスモスを形成するのでなく、現前するのは常にその場で編まれ行為された宗教であり、問題とすべきはその宗教実践の現実とそれが構築された歴史性である［田辺 1993a: 4-8］。

第2章　ナーン・ナークの語るもの　　　　　　　　　　　　　　　33

　本章では、19世紀末から20世紀初頭に成立したある幽霊譚を題材として、物語の形成過程を文化的・歴史的な視点から分析する。ナークという幽霊が表象するピー信仰と国家宗教たる仏教の関係を再考することを通じて、物語成立の背景にタイの近代国家の形成プロセスの特性を見出す。

2-2. ナーン・ナークの物語

　「ナーン・ナーク」あるいは「メー・ナーク・プラカノーン (Mae Nak Phrakhanong)[3]」の物語は、もともと口頭伝承として生成したものである。現存する複数のバージョンを比較すると、登場人物の名前や出来事の細部に多くの異同が見られる。だがどのバージョンにも共通するモチーフがあるのも事実であり、議論の前に物語のあらすじを概観しておきたい。本節では、クームズの記述 [COOMBS 1994: 131-138] をベースに、ソムバットの記述 [SOMBAT 1990: 47-57, 62-71] や映画『ナンナーク』(1999年，ノンシー・ニミブット Nonsree Nimibutr 監督) を参考にしながら、物語の全体像を提示する。

　【ナーン・ナークの物語】
　　その昔、タイの都バンコクの東部、プラカノーン地区[4]にナークという女性が住んでいた。裕福な家庭の生まれで、容姿端麗なナークのもとには、多くの男たちがこぞって訪れ、ナークの気を引こうと画策した。ナークにはたくさんの求婚者がいたが、彼女は自分の夫になるべき人を決めていた。男の名はマーク (Mak) である。

3　「ナーン・ナーク」の「ナーン (nang)」は英語のMrs.にあたり、既婚女性を呼ぶ時に名前の前に付ける敬称である。一方、「メー・ナーク・プラカノーン」では、「母」を意味する「メー (mae)」という語が用いられる。「メー」は「ナーン」と同じく子を持つ女性に冠して用いる語で、「プラカノーン地区のナークかあさん」の意である。1999年のノンシー・ニミブット監督版が日本で公開されたときの邦題は「ナンナーク」であった。そのためノンシー版の映画は「ナンナーク」と表記するが、それ以外のものについては、タイ語の発音と「ナーン」が敬称であることを踏まえ、「ナーン・ナーク」あるいは「ナーク」と表記する。
4　プラカノーン地区 (khet Phrakhanong) はバンコク東部の地区名である。現在のバンコク市内を走るスカイトレイン (BTS) スクンビット線プラカノーン駅からオンヌット駅周辺がプラカノーン地区である。映画の舞台となったマハーブット寺はオンヌット駅近くのスクンビット通りソイ77に位置する。

マークは気だての優しい男であった。あまり頻繁にナークのもとを訪ねはしないが、彼女のもとに来た時は誰よりも長く留まり、自分の考えを包み隠さず彼女に話した。ナークはマークを愛し、マークもナークを愛していた。やがて2人は結婚した。

　2人の結婚生活には何の問題もなかった。互いのことを疎ましく思うことなく、いつまでも語り合い、またいつまでも言葉なしに身を寄せ合った。2人は自分たちの幸せを分かち合う子どもができるのを心待ちにしていた。結婚して1年ほど経ってナークは身ごもった。2人の距離はさらに縮まった。ナークもマークも幸福に満たされていた。

　そんなある日、マークのもとに徴兵の知らせが来た。マークはナークにしばらく家を離れなければならないと告げた。涙を流して悲しむナークを、マークは強く抱きしめた。「もうすぐ新しい家族が生まれるというのに、死んだりするわけないじゃないか。きっと帰ってくる」。ナークは涙を流しながら夫に微笑んだ。ナークは夫を常に信じていた。彼が「帰ってくる」と言うなら、きっとそうなるはずと信じていた。だがそれでも出発の瞬間までナークは泣き続けた。マークはすがりつくナークをやさしく押しやり、同じく徴兵された親友トゥイとともに出発した。

　半年が過ぎ、ナークの夫を想う気持ちは日増しに強まった。一晩中、枕に語りかけて朝を迎える、そんな日が幾日も続いた。出産の時は近づき、ナークは準備に追われ、夫のことだけでなく、将来のことにも想いをめぐらせた。子どもの名前は何にしよう。子どもはこれからどんな風に成長していくのだろうか。ナークは自分の体に宿った新しい命が生まれ出ようとしているのを感じていた。

　やがて陣痛が始まり、友人も来て出産を手伝った。しかし大変な難産で、赤ん坊もナークもともに死んでしまった。ナークの遺体はただちにマハーブット寺（Wat Mahabut）のタキアン（*takhian*）の木の下に埋葬された。このときマークの親友トゥイは兵舎を抜け出し、プラカノーンに戻ってきていた。彼は親友の妻ナークの埋葬を手伝った。

　その夜、モーピー（*mo phi*）と呼ばれる呪術師がナークの墓にやって来た。産褥死した母親の遺体から惚れ薬のプラーイ油（*namman phrai*）を採るためである。

墓場を掘り起こし、呪文を唱えるとナークの遺体は起き上がり、呪術師の前に座り込んだ。呪術師は蠟燭を死体の顎にかざし、惚れ薬を採ろうとしたが、怒ったナークの霊は呪術師の首を絞め殺した。

それ以来、マハーブット寺のタキアンの木の下で、子守歌を悲しげに歌うナークの声や赤ん坊の泣き声がしばしば耳にされた。また夫を想うあまり、ナークの霊は、マークの兵舎にも姿を現した。マークはナークが寂しさのあまり訪ねてきたものと思っていたので、プラカノーンから戻ってきた親友トゥイがナークの死を伝えても、マークは信じようとはしなかった。

さらに1年以上が経ち、マークはプラカノーンに帰還した。雨の降る夜によ うやく我が家に辿り着いた。妻と子どもに会えるのを心待ちにしていたマークは急いで階段を駆け上った。寝室に向かうと、そこではナークが子どもを床に遊ばせていた。ナークはマークに微笑みかけ、彼はそのまま彼女を抱きしめた。

それから数日、マークは家で妻子と共に過ごした。「ナークは既に死んでいる」と村人に言われても、マークは耳を貸さなかった。ある時、ナークが作ったナムプリック(namphrik)[5]にライムを搾ると、器の中にウジ虫がうごめいているように見えた。だがマークは幻覚だと思いこみ、まだナークの死など信じることはできなかった。

あるとき、ナークがナムプリックを作っていると、手が滑ってライムが床下に落ちてしまった。何気なくマークが見ていると、ナークは腕をひょろひょろと長く床下に伸ばしてライムを拾い上げた[6]。マークは驚いた。そしてようやく妻がピーであることを確信した。

彼は家から飛び出し、親友トゥイとともに逃げた。ナークに追いつかれそうになったが、ピーの嫌うナート(nat)の木の茂みに隠れてなんとか逃れることができた。マハーブット寺の住職コン師が2人を寺に連れ帰り、他の僧と共に悪霊払いの準備をした。聖糸(sai sin)と聖水(nam mon)を用意しマークのまわりに僧侶を座らせ、皆で経文を唱えた。ナークがその場に現れ、聖糸の結界を破壊し

---

5 「ナムプリック」はナムプラー、ニンニク、唐辛子、ライムなどで作った食べ物で、野菜や魚、ご飯に付けて食べる。タイの家庭料理として不可欠なものである。
6 物語のバージョンによっては、床下に落ちるのがライムでなく杵やナイフのこともあるが、基本的な展開は変わらない。それを見たマークが「妻はピーだ」と気づく。手が長く伸びるというのはナークのピーの特徴であり、他のピーにこうした特技を持つものはいない[Wanich 1999: 68]。

ようとしたが、籐の棒でナークの手を打つとナークは退いた。だがナークはそのまま寺の周囲を徘徊した。寺の裏の僧坊で見習い僧トーンを見つけて近づいた。腕を伸ばして摑まえようとしたとき、トーンは刀を取ってその腕を断ち切った。ナークは怒り狂った。トーンは慌ててコン師のもとに助けを乞うた。コン師はトーンを水甕に隠し、呪文を描いた布で封をしたが、ナークには何の効き目もなかった。トーンは水甕から引きずり出され、首の骨を折って殺された。

夫が家に戻らなくなり、ナークはひどく悲しんだ。マークが二度と帰ってこないと思うと、悲しみは声にならなかった。悲嘆に満ちた嗚咽は村中に響きわたった。ナークは寝室の隅に座り込んだ。そこはマークが帰ってきて初めて彼女を抱きしめた場所であった。彼女は何日もマークの名を呼び続けた。

村人たちはナークの霊を恐れて逃げ出した。マハーブット寺の僧侶も逃げ出し、住職コン師だけが寺に残った。他の僧侶や呪術師がマハーブット寺を訪ねては、ナークの霊を調伏しようとしたが、いずれも失敗に終わった。最後にバンコクから高僧トー師が見習い僧チャルーンとともにナークの墓を訪ねた。トー師はナークの霊と語り合い、これ以上村人を煩わせないように説得した。調伏のしるしにナークの額の骨を切り取り、ベルトのバックルに作り替えて、片時も離すことなく持ち歩いた。この後、バックルは幾人かの手に渡ったが、現在の在処はわかっていない。

以上がナーン・ナークの物語のあらすじである。バージョンによって登場人物の名前や出来事にはいくらか違いはあるが、大抵は同様の展開を踏む[7]。この幽霊譚はいったい何を物語るものか。

2-3. ピーと異常死をめぐる信仰

前節で紹介したナーン・ナークの物語は、100年以上も前から現在まで語り

---

[7] 他のバージョンでは、最終的にナークを壺に閉じ込め呪文を描いた布で封をし、壺を川に流すが、下流の漁師がその封印を解いてしまい、以前にも増して凶悪になったナークが再婚したマークに襲いかかるというものもある[GUELDEN 1997: 78]。

継がれ、タイ人なら誰もが知っている幽霊譚である。ある幽霊譚がこれほどまでに人びとの心を引きつけてやまないのは、民俗的素地、文化的背景が物語の周辺を取り巻き、そこにある種のリアリティが付与されているためであろう。本節では、タイの人びとがこの物語に共感を覚える舞台背景としての、民俗・文化的要素に焦点を絞り、ナーン・ナークの物語を考察する。

2-3-1. ターイホーンとターイタンクロム

　タイでは通常の死 (*tai thammada*) に対して、異常死を表す「ターイホーン (*tai hong*)」という言葉がある。交通事故死や殺人、自殺、産褥死や悪霊に殺された場合、すなわち病死や老衰など自然死でない場合は、ターイホーンとみなされる。通常の死とは異なって、ターイホーンでは、死者の霊が現世に未練を持つとされる。死者の霊は凶暴な悪霊ピーターイホーン (*phi tai hong*) に変化し、親族や村落に災難をもたらすとして恐れられる [津村 2000: 49]。葬儀も通常の死と異なり、死後直ちに墓地に埋葬される。葬儀に積徳行としての意味づけは見られない。死体は3ヵ月から2年のあいだ地中に埋められ、異常死の危険な力が排除されたと考えられると、遺体が掘り返され火葬される。ようやく通常の葬儀の形式をとり、死者に徳 (ブン *bun*) を送るために供物が捧げられる。異常死の霊ピーターイホーンの中でも最も恐れられているのが、出産時に死んだ若い女性の霊とされている [GUELDEN 1997: 52-54]。

　ナークの死は言うまでもなくターイホーンである。しかも出産途中に母子が共に死んでしまうという最も凶悪な部類のターイホーンであった。この種の産褥死は、「ターイタンクロム (*tai thang klom*)」と呼ばれる。タンは「両方」、クロムは「完全に」を意味し、「母と子が両方ともに死ぬこと」を指す。ターイタンクロムは凶悪なピーを生成するとされ、遺体の処理にはとりわけ注意が払われる [ANUMAN 1987: 27]。

　胎児が生まれ出る前に母子ともに死亡した場合、村の呪術師モーピーが埋葬前に母親の腹を裂いて胎児を取り出す。母子を別々に埋葬し、悪霊ピープラー

8　輪廻転生の死生観を持つタイでは、通常死の場合、速やかなより良い生まれ変わりを促すため、遺族たちは葬儀の前後に、短期出家や徳を積むための儀礼を行なうことが一般的である。

イ (*phi phrai*) が発生するのを防ぐ。胎児の遺体は素焼きの壺に入れられ[9]、呪文の描かれた護符 (*phayan*) で封印される。壺は墓地に埋めたり、川に流したりした。この死産児の処理の仕方は、モーピーが悪霊を捕らえた時と同様で、死んだ胎児は悪霊のように扱われる [GUELDEN 1997: 57]。

　ターイタンクロムで死んだ霊は、ピープラーイになるという。妊婦が死ぬと胎児はピープラーイに変質し、妊婦の血を吸うと言われる[10] [ANUMAN 1986: 114]。ターイタンクロムの時に、母親の遺体から胎児を取り出さないで母子を一緒に埋葬すると、死んだ胎児がピープラーイとなり、出産時の妊婦や大けがをした人などの血を飲みあさる。こうして分娩時の大量出血はピープラーイに帰せられ、ピープラーイ払いの儀礼が行なわれる [TAMBIAH 1970: 320]。

　ナーン・ナークの物語には、ピープラーイは登場しない[11]。物語の重点が子どもよりも母親ナークに置かれているためであろう。実際、ナークの子どもが凶暴な悪霊として描かれているバージョンはあまりない。ただプラーイ油は多くの物語の中で言及される。埋葬されたナークを掘り起こした呪術師が入手しようとしたのがプラーイ油である。

　プラーイ油は妊娠中や出産中に死亡した若い女性の死体から採れるという。ターイタンクロムの死者が出ると、プラーイ油を狙う呪術師は夜中に遺体が埋葬された墓地に向かう。聖糸を周囲に廻らして結界を作り、呪文を駆使して死者を呼び出す。墓場から起きあがった死者は、手を前に突き出して呪術師を抱えるように座り込む。呪術師は蠟燭を死体の顎にかざし、熱せられて流れ出す油を瓶に集める。十分な量を集めると、今度は蠟燭の火を死体の肘にかざす。そうすると死者は呪術師を抱え込んでいた手を離して、自ら墓場に戻っていく。集められた油は素焼きの壺の中に入れ、呪文を描いた護符で封印する。壺は家の高い棚に置かれ、一日に2度の食事を供える。これを怠ると腹を空かせたピーが逆に呪術師を襲い、内臓を食べてしまうと信じられている [ANUMAN 1986:

9　地域によっては、胎児の死体は埋葬され、その霊のみを壺に封じ込めて川に流すという。赤ん坊が死んだ場合には一般的に火葬を行なわない [TERWIEL 1994: 237]。
10　東北タイのコーンケーン県の筆者の調査村では、堕胎をして大量の血が流れると、その血からピープラーイが生じるとされる。在俗の呪術専門家モータムによると、ピープラーイは胎児に由来するのではなく、血に由来する。ピープラーイは東北部ではピーポープと並んで恐れられる悪霊である。
11　タイの民俗文化に詳しいアヌマーン・ラーチャトンによると、出産前に死んだ場合に「ターイタンクロム」と呼び、出産後に死んだ場合は「ターイプラーイ (*tai phrai*)」と呼ぶ [ANUMAN 1987: 27]。

113-114, GUELDEN 1997: 118-119]。このプラーイ油は惚れ薬である。この油を塗られたり、食事に混ぜられたりすると、その人は呪術師の思い通りに恋に落ちる。またこの油を使ってピープラーイを操り、敵を攻撃したり、敵に憑依させたりすることもできるという [IRWIN 1907: 23]。

2-3-2. 呪術専門家としてのモーピー

　ナーン・ナークの物語では、呪術師はプラーイ油の採取を目論んだものの、逆にナークに取り殺されてしまう。ここで頻繁に言及される呪術師は、タイ中部では「モーピー (*mo phi*)」と呼ばれる。伝統的な村の宗教専門家であり、通常は病治しや占いなどのサービスを村人に提供する。モーピーは、映画『ナンナーク』(1999年) では、長髪に白髭を生やしたバラモンのような姿で描かれ、仏教に対置するピー信仰の専門家、正統な仏教とは相容れない存在として表象されている。

　モーピーはナークを調伏しようと試みるが、うまくいかずに逆襲に遭う。ピー信仰の専門家たるモーピーが匙を投げたナークを最終的に調伏したのは、仏教僧侶のトー師であった。ピーへの対処はモーピーだけではなく、仏教もまた人びとの不安・苦悩に対処するための呪的サービスを提供してきた。プラパリット (*phra parit*) と呼ばれる護呪の詠唱、聖水の撒布、聖糸の囲繞、プラクルアン (*phrakhrueang*) と呼ばれる小仏像の護符の提供などを仏教僧侶が行なう [石井 1975: 42-47]。これらは呪術の範疇にありながらも、超自然性は仏教に由来する。また東北タイの呪術師モータム (*mo tham*) には、その知識と技術を高位の僧侶から得たと主張する者が多い。呪術師の師匠が僧侶で、その僧侶自身が有名な治療師であり悪霊払いであった [TAMBIAH 1970: 324]。呪的信仰と仏教とのあいだには、相互補完的な関係が存在する。

　ピー信仰は、現代まで人びとに広く受け容れられているが、それは俗人だけに広がるものではなく、モーピーなど民間の宗教職能者や仏教僧侶にまで及ぶ。ナーン・ナークの物語はそうしたピー信仰の社会的広がりを表現している。異常な死 (ターイホーン) である産褥死 (ターイタンクロム) からナークの悪霊が発生し、プラカノーンの村人を激しく煩わせる。モーピーや村の僧侶 (民間の信仰・宗教) でもナークの霊は平定できなかったが、最後に首都バンコクからやって

来た高僧（国家宗教たる仏教）が調伏に成功する。このストーリーは、悪霊ナークあるいはモーピーに対する僧侶の優越、もしくはピー信仰に対する国家仏教の最終的な勝利を物語っているように見える。ナーン・ナークの物語成立の歴史的背景に目をやると、この点がさらに明らかになる。

2-4. 物語生成プロセスを見る

　現在語り継がれているナーン・ナークの物語に多くのバージョンが存在することは既に述べたが、そこには一定の共通性を指摘できる。ターイタンクロムに始まるナークの悪霊の発生、夫マークの帰還と葛藤、高僧トー師による最終的なナークの調伏など、おおよそのストーリー展開は共通するし、主要な登場人物の名前も現在では一貫している。物語の細部はフィクションによるところが多く、20世紀初頭以降の詩・演劇・映画などで再生産され、固定化されてきた。とはいえすべてがフィクションではなく、もともとは物語の題材となる何らかの事件が存在したと思われる。つまり、バンコクのプラカノーン地区にナークと呼ばれる女性がかつて居住し、その女性が出産時に死亡して、幽霊譚として語られたというのはおそらく事実であろう。幽霊が実在したかどうかはともかく、こうしたピーの信仰はタイでは社会的リアリティを構成している。本節ではナーン・ナークの物語の生成プロセスを分析し、リアリティと虚構のあいだで、現在までいかに物語が語り継がれてきたかを追跡する。

2-4-1. プラカノーンとマハーブット寺

　舞台となるプラカノーン地区が文献に初めて登場するのは、タイ人研究者ソムバット [Sombat 1990: 20-28] によると1837年のことである。この年にプラカノーン運河の交通の負担を軽減するため、北側で新たな運河の掘削工事を始めたという記述が残されている。当時のタイ（シャム）はカンボジアへの支配を強めており、そのための物資調達の便を図っての交通網の整備であった。これに従うなら、プラカノーン運河はさらに古く掘削されたもので、おそらくサムットプラカーン県（changwat Samutprakan）のサムローン運河（khlong Samrong, 1498年には

【写真 2-2】現在のプラカノーン運河

既に存在）などと同年代のものと推測される。プラカノーン運河は、バンコク東部のプラカノーン水門からサムットプラカーン県のプラプラデーン地区（Phrapradaeng）までの運河を指す。

　物語の主要な舞台であるマハーブット寺はプラカノーン運河のほとり、現在のスクンビット通りソイ77（soi Onnut）に位置する。プラカノーン地区を訪れた僧侶マハーブットによって1762年に建てられたとされるが［SOMBAT 1990: 29］、マハーブット寺にも公式の記録は残っていない。[12]

　1895年、チュワン（Nai Chuang）によって書かれたこの運河の紀行詩［SOMBAT 1990: 28］では、マハーブット寺が常駐する僧のない廃寺として紹介されているが、ナーン・ナークの話には触れられていない。1899年のクラープ（K. S. R. Kulap, 1834～1921年）の記述［SOMBAT 1990: 31］では、寺を作ったマハーブット師をタークシン王の王子の1人ヌーカオ（Nu Khao）と同定しているが、タークシン王の子息にヌーカオという名前は見当たらない。一方、ナーン・ナークの物

12　2001年4月のマハーブット寺での筆者による僧侶への聞き取りによる。

語に関心を持ったアマラルッディ（Phra Amararudi）[13]によると、寺は当時マハーブットと呼ばれていたスワン寺（Wat Suwan）の住職シーソムポート師（Phra Sisomphot）の手で、ラーマ2世治下に建立されたとある［SOMBAT 1990: 32］。

　このようにマハーブット寺の歴史は19世紀末まで幾分混乱しているが、その後の歴史は明らかである［SOMBAT 1990: 29-32］。19世紀末に一時荒廃したものの、以後は僧侶が常駐した。1912年には本堂と僧の坐臥所を修復し、1916年にはラーマ6世によって寺院建設のための地所が下賜され、現在まで人びとの信仰を集めている。

2-4-2. 事件の年代確定の試み

　ナークに関するもっとも古い記述は、1899年の雑誌『サヤーム・プラペート（Sayam Phraphet）』の編集者クラープのもの［ANAKE 2000: 23-24, SOMBAT 1990: 75-79］である。マハーブット寺を建てた僧侶シーソムポートがパラマーヌチットチノーロット法親王（Paramamuchit-chinorot, 1790〜1853年）に「アムデーン・ナーク・プラカノーン[14]」について語った記録である。それによると、プラカノーンに住んでいた女性ナークは郡長クンシー（Khunsi）の娘だという。夫の名前はチュム・トットガン（Chum Thotkan）で、2人のあいだにはたくさんの子どもがおり、裕福な家庭であった。ナークが出産時に死亡したあと、遺体はマハーブット寺の墓地に埋葬された。ナークの子どもたちは父親が再婚して財産が義母の手に渡るのを恐れた。そのため、子どもたちは母親ナークの幽霊を装って、プラカノーン運河やマハーブット寺周辺に出没し、人びとを怖がらせ、父親の再婚を妨害した。[15]この記録に従うなら、ナークの物語が生まれたのはラーマ3世（在位1824〜51年）以前の時代ということになる。実際、ダムロン親王（1862〜1943年）が、1880年ごろに王宮周辺で行なった簡単なアンケート調査［SOMBAT 1990: 30][16]

13　アネーク［ANAKE 2000: 34］によると、アマラルッディの本名は、当時王宮官吏であったナート・ブンキアット（Nat Bunkiat）と同定されている。
14　「アムデーン（amdaeng）」は一般の女性の名前に冠して付けられた敬称。ラーマ6世時代に英語のMrs.に相当する「ナーン」に改められた。
15　この話はのちに出家したナークの息子ベーン（Baen）が僧侶シーソムポートに語ったものだという［ANAKE 2000: 24］。
16　アンケートの実施は、ダムロン親王が陸軍少尉であった時期と推定されるので、1877〜88年のあいだと推定される。

によると、「イー・ナーク・プラカノーン」[17]は既に多くの人に知られていたようである。

　1905年には当時王太子であったラーマ6世がペンネームで「ナーン・ナーク・プラカノーン第2部」を著したが、これはその内容から『サヤーム・プラペート』のクラープの記述に着想を得て創作したものと思われる。さらに1912年にはナラーティップラパンポン親王（Naratippraphanphong）が「イー・ナーク・プラカノーン」の戯曲を執筆し、プリーダーライ劇場（Pridalai）で上演され、大変な人気を博した。この劇でナークの夫の名として初めてマークが用いられた。

　1924年に「メー・ナーク・プラカノーン」の詩がプラパーシー（Praphasi）の名前で出版されたが、作者の本名は明らかではない。同じ詩は1931年、1938年にも再版されている［Anake 2000: 32-33］。1928年には、プラカノーン地区の区長クンチャーナカディー（Khunchanakhadi）がロップリーラーメート元内務大臣（Lopburiramet）に前年に語った話が『バンコク・ガーンムアン（*Bangkok Kanmueang*）』紙に紹介された［Anake 2000: 34-35］。そこでは、ナークは郡長クンシーの娘で、夫の名はマークとされている。ナークは出産時に死んでピーになったあと、プライ油を取りに来たモーピーを襲ったのを皮切りに、運河沿いの人びとを脅かした。最終的には僧侶プッタジャーン師（Phutthachan, 別名トー師To, 生年不明～1872年）によって調伏されたとする。

　1930年に、外務省官吏ティップコーサー（Thipkosa, 1861～1943年）がプッタジャーン師を記念する冊子を著している［Anake 2000: 35, Sombat 1990: 82-85］。ナークのピーは夫マークが再婚するのを邪魔したうえ、プラカノーン運河を通る人を怖がらせた。ナークの霊を最後に調伏したのはプッタジャーン師であり、彼は呪術ではなくナークと語り合うことで平定した。その後、師はナークの額の骨をベルトのバックルにして絶えず身につけた。だがナークはその後も見習い僧のチャルーン（Charoen, のちの僧侶プットコーサージャーン師Phuthakhosachhan, 1857～没年不明）を煩わした。プッタジャーン師が年老いてからは、別の僧侶プッタバートピラン師（Phuthabatpiran）にバックルと弟子のチャルーンを託したと伝えられている。

17　「イー（*i*）」は親しみを込めて女性の名前の前に付けて用いる語。

【表2-1】ナーン・ナーク関連年表

王朝	西暦	事項
アユタヤ朝	1498	サムローン運河の拡張工事。
	1762	一説によるマハーブット寺の建立
トンブリー朝	1767	タークシン王、トンブリー朝を開く（〜1782）
ラーマ1世	1782	ラーマ1世、ラタナコーシン朝を開く（〜1809）
ラーマ2世	1809	ラーマ2世即位（〜1824）
		一説によるマハーブット寺の建立（1809〜24）
ラーマ3世	1824	ラーマ3世即位（〜1851）
	1837	年代記にプラカノーン運河についての最初の記述
ラーマ4世	1851	ラーマ4世即位（〜1868）
	1857	プッタコーサージャーン師（見習僧ジャルーン）が生まれる
ラーマ5世	1868	ラーマ5世即位（〜1910）
	1870	プッタコーサージャーン師が見習僧として出家
	1872	プッタジャーン（トー）師が死去
	1874	身分制度の撤廃が段階的に始まる
		ロッタリー形式の政府宝くじが開始
	1880	ダムロン親王によるアンケート実施？
	1888	太陽暦の制度化
	1895	ナーイ・チュワンのプラウェート運河旅行記
	1899	『サヤーム・プラペート』にグラープのナークに関する記述
	1902	サンガ統治法の公布
	1905	ラーマ6世が『ナーン・ナーク・プラカノーン第2部』を偽名で発表
	1908	徴兵制が施行
ラーマ6世	1910	ラーマ6世即位（〜1925）
	1912	マハーブット寺の僧房と本堂を再建
		ナラーティップラパンポン法親王が『イー・ナーク・プラカノーン』の脚本を執筆し上演。夫の名としてマークが用いられる。
	1916	マハーブット寺が国王から土地を賜る
	1917	現在の3色旗の国旗が採用
	1921	初等教育法により義務教育が始まる
	1924	プラパーシー作の詩「メー・ナーク・プラカノーン」が出版
ラーマ7世	1925	ラーマ7世即位（〜1935）
	1927	このころから「ナーク」の綴り方が変化
	1928	クンチャー中でのナーンナークの話が『バンコク・ガーンムアン』紙に掲載（〜1929）
	1930	ティップコーサー氏がトー師の話を出版
	1931	プラパーシー作の詩が『サヤームラット』紙で再版
ラーマ8世	1935	ラーマ8世即位（〜1946）
	1936	最初の映画『ナーン・ナーク・プラカノーン』が公開
	1937	映画『ナーク・プラカノーン』が公開。
		プラパーシー作の詩がソンクラー県で再版
	1939	政府宝くじ事務所が新設
ラーマ9世	1946	ラーマ9世即位（〜現在）
	1958	マハーブット寺にメー・ナークの祠が建造
	1959	映画『メー・ナーク・プラカノーン』が上映
	1959	ラジオ局トゥムマーノンのインタビューでナーンナークの話
	1964	映画『メー・ナーク・プラカノーン2』が上映
	1971	マハーブット寺のメー・ナークの祠が改築・メー・ナークの像が造られる
	1990	ソムバットの『タームローイナーンナークプラカノーン』が出版
	1998	約80年ぶりに『イー・ナーク・プラカノーン』が上演
	1999	映画『ナーン・ナーク』公開、大ヒットを記録。同時にナーン・ナークのTVドラマが3チャンネル・7チャンネルで放送。

（[Anake 2000, Sombat 1990] より筆者作成）

さらにバックルはチュムポーン・ケートゥドムサック親王（Chumphon Khetudomsak）の手に渡ったあと、バンコクの旧ナーンルーン宮の王族ティアップ・ウタイウェート（Thiap Uthaiwet）のもとに渡ったが、その後の足取りはわからない。チュムポーン親王の祠に収められたのち、ワットポー寺（wat Pho）に移されたと伝えられているが、現在その所在は不明である［Anake 2000: 36］。

最初期の『サヤーム・プラペート』（1899年）の記述と『バンコク・ガーンムアン』（1928年）、ティップコーサー氏の記述（1930年）を比べてみると、両者のあいだに、さまざまな相違が見られる。ナークの父親とされる郡長の名前クンシーと、ナークの名前は一致するが、それ以外の登場人物は夫の名前にいたるまで食い違っており、もとの事件の時期を確定するのは非常に困難である。

物語を詳細に分析したソムバット［Sombat 1990: 90-92］は、プッタジャーン師に付き添った見習い僧チャルーンの年齢から、事件の年代を推定している［表2-1 ナーン・ナーク関連年表］。チャルーンは1857年の生まれで、13歳の時に髷落としと同時に見習い僧として出家したとされるが、2年後の1872年には師匠のプッタジャーン師が亡くなっている。とするならば、事件はラーマ5世治下の出来事で、1869年から1871年のあいだに起きたと推測できる。だがこれではクラープのラーマ3世治下とする説とは矛盾する。そのためソムバットは、ナーン・ナークの事件は、およそ1824年から1868年に起こったと推定する。[18]

2-4-3. 書かれ、演じられるナーン・ナーク

初期の語りにはバージョンごとに相違が見られたが、それも徐々に解消されていく。たとえばナークの夫の名前を見ると、『サヤーム・プラペート』ではチュム、ラーマ6世の『ナーン・ナーク・プラカノーン第2部』ではパンチョート（Phanchot）とされていた。だが1912年のナラーティップブラパンポン親王の戯曲『イー・ナーク・プラカノーン』で初めてマークの名が用いられ、人気を博したその劇の上演以後、ナークの夫の名としてマークが詩でも演劇でも映画でも用いられるようになった。一方のナークの名にしても「nak」と無気音のk

---

[18] もっと古く1700年代半ばと推定する人もいる［Guelden 1997: 78］。歴代の区長の氏名の記録を見ても同定できる人物はおらず、正確なところは不明である。だがナーン・ナーク事件の発端は19世紀半ばと推定するのがもっとも妥当であろう。

(ຯ) を用いる場合と、「nakh」と有気音のkh (ข) を用いる場合の2通りの表記法がある。このうち前者のナークは「金や銀など価値あるもの、吉祥・瑞祥」を表し、『サヤーム・プラペート』や『イー・ナーク・プラカノーン』の脚本でも用いられていた。一方、後者のナークは、詩歌で親しまれている書き方であり、この場合は「大蛇・竜王 (ナーガ)、象」を表す。また仏教の出家式で新たに出家する者も同じ文字を使って「ナーク」と呼ばれる。そのために僧侶や詩人らによって後者が「誤って」用いられるようになったとソムバット [Sombat 1990: 41-43] は推測する。実際に、初期には前者が用いられていたが、1927年ごろを境に、後者の「ナーク」がより頻繁に用いられるようになった [Anake 2000: 23]。

　1912年に最初の演劇が上演されたのち、戯曲や映画が数多く作られた。最初にナーン・ナークの映画が撮られたのは、1936年の『ナーン・ナーク・プラカノーン』で、翌1937年には『ナーク・プラカノーン』が作られた。1959年の『メー・ナーク・プラカノーン』、1964年の『メー・ナーク・プラカノーン2』など、これまでに映画だけで少なくとも20本以上が作られている[19]。また、詩歌やラジオドラマ、TVドラマ、ビデオ・VCD、漫画などさまざまなメディアで物語が再生産されている。普通のタイ人は一生のうちにこの物語を少なくとも2度は見るとも言われている [Parinyaphorn 1999: C1]。

　また単にストーリーが繰り返されるのみならず、そこに新たなフォークロアが生み出される。1999年の映画『ナンナーク』では、呪術師がナークの頭蓋骨を粉砕しようとするシーンの撮影時に、大型の送風機が突然動かなくなった。何度試みても同じく原因不明に故障したので、監督は一時的に撮影を中止せざるを得なかったという [Parinyaphorn 1999: C1]。また20年ほど前、パタニーのある映画館で、ナーン・ナークの映画の上映前に、映画館の支配人はナークの霊に供物を捧げるのを怠った。すると怒り狂ったナークの霊がスクリーンに現れ、客席にまで手を伸ばしてきたと語られている。観客は映画館から大挙して逃げ出し、以後その映画館は閉鎖されたままだという[20] [Guelden 1997: 79]。この

19　ほかにも『メー・ナーク、東京に突撃！』や『アメリカのメー・ナーク』という題名の映画まであり [Songyot 1999: 67]、タイを代表するピー映画として表象されてきた様子がうかがえる。
20　筆者も東北部コーンケーン県ムアン郡の村落で同様の話を聞いた。20年ほど前、野外劇場でナーン・ナークの映画を上映しようとしたところ、突然突風が吹いてスクリーンが吹き飛ばされ、何度試みても上映することはできなかったという。その村は村落守護霊チャオプーを篤く信仰する村で、守

ように再生産されたナーン・ナークの物語は、新たなフォークロアを紡ぎながら、さらに後世に語り継がれていく。

2-5. ナーン・ナークの語るもの

　前節でナーン・ナークの物語の生成過程を分析した結果、ほぼ19世紀半ば以降に物語が生起し、いくつもの語りが繰り返されるなか、20世紀初頭のラーマ6世治世初期までに物語が固定化し、新たなエピソードを生み出しながら現在まで継承されている様子がうかがえた。本節ではナーン・ナークの物語がこの時代に生成したことの意味を政治的な脈絡から考察する。

2-5-1. タイの近代国家編成プロセス

　19世紀末から20世紀初頭にかけての時期、シャムでは多くの新しい制度が導入され、近代的な国民国家としての体裁が整えられていく。特にラーマ5世の治下（在位1868〜1910年）は、ヨーロッパ列強による厳しい植民地化の脅威にさらされながらも、国の近代化を推進することで国家主権の存続に努め、植民地化の危機を回避した時代である。具体的には、身分制度の廃止（1874年から段階的に実施）や教育制度の整備から、軍隊の近代化と徴兵制の導入（1908年）[21]、太陽暦の制度化[22]（1888年）、鉄道・道路・電信・郵便などの交通通信網の整備など、広い分野で国の近代化が推進された。

　近代化の過程で上座仏教にもまた国家にとっての重要な役割が付与された。1902年のサンガ統治法を基盤として、僧侶組織サンガは地方行政制度と並行

護霊チャオプーがナークのピーを拒否したのだろうと説明されている。
21　ナーン・ナークの物語では、マークが兵役に出るが、当時近代的な徴兵制度は存在しなかった。前近代においては、18歳から20歳の男性は徴兵局の名簿に登録され、所属する連隊が腕に入れ墨で記された。マークのようにバンコク近郊に居住する者は、バンコクで一年あたり3ヵ月の労役に服し、この期間、日当あるいは月給を国から受け取った。現代のような徴兵制度は1908年以降のことである [SOMBAT 1990: 49-50]。
22　1888年にラーマ5世が4月1日に始まる太陽暦を制度化した。当時は4月1日が公的な新年とされたが、民間では4月13〜15日のソンクラーン（タイ正月 songkran）が新年として祝われた。1951年に公的な新年は4月1日から1月1日に移された [ANUMAN 1961: 92]。

して整備され、1920年代半ばまでに中央集権体制を確立させた。具体的には、(1) サンガへの加入規制の強化：サンガ加入儀礼の執行者と場所に対する規制、(2) サンガ官僚制の成立：近代官僚制に特徴的な官職・位階・給与による職務執行、(3) 正統的教理の確立：教理教科書の編纂と教理試験制度の導入が挙げられる [石井 1975: 156-162]。村落の僧侶は中央に連なるサンガ組織の中で位階化され、仏教とサンガ組織を通じて中央国家の影響力が村落の宗教生活にまで深く浸透した。さらにラーマ6世 (在位1910～25年) は、国家の結束が王国の独立維持に不可欠と考え、国家・宗教・国王という3本の柱からなる国民性 (nationhood) の概念を発展させた。仏教への国民の関与を強めるため、毎日の祈りを学校・警察署・兵舎・政府官庁などに導入したり、国王、宗教、民族の3つの象徴からなる国旗を採用したりした。

こうした国家形成の過程で、仏教の位階的優位が確立し、村落の信仰体系において仏教卓越の傾向が進行した。ここに見られる動きを林行夫 [1989: 9-12] は「仏教化」、「国教化」の過程と呼ぶ。それはタイ国の近年の「呪術の退潮と忌避」にも一致する過程だという。村落を行政的に国家の末端に組み入れると、国家は同時に村落への仏教イデオロギーの浸透を図った。仏教浸透の主要な目的は王権の正統性を確立させることにあったが、土着の精霊信仰とのあいだでいくつかの葛藤を生み、結果的に周縁的な土着信仰をも仏教化したのである [CHATTHIP 1999: 38-43]。

また仏教の卓越に伴う呪術的信仰の相対的な弱体化のみならず、国家が積極的に呪術的信仰を制限する動きもあった。たとえばラーマ1世が集成した『三印法典』には、多くの呪術的行為に対して罰則が規定されている [GUELDEN 1997: 96]。惚れ薬を他人に飲ませたものは、棒で60回打たれたのち、3日間さらし者にされる。モーピーを雇って呪術を行ない被害者が死んだ場合は、革の鞭で90回打たれたのち処刑される。注目すべきは、法システムが呪術や精霊を対象として記述している点であり、ピーの存在は国家にとっても社会を構成する要素の1つであった。

仏教の卓越や呪術の制限といった潮流は1930年代以降に東北タイでモータムが輩出されたこととも重なり合う。中部タイの呪術師モーピーに似たものに、東北タイでは「モータム」と呼ばれる宗教専門家がいるが、両者のあいだには

明確な概念的区別がなされている[23]。モーピーは超自然的力の源泉を呪力やピーに求めるのに対し、モータムの呪力は仏法 (*thamma*) の力に由来する。モータムは仏法を背後に主張することで、国教化されつつあった仏教の枠組みに留まりながら、国教と矛盾することなく、呪的サービスを提供し続けたのである [林 1989: 96]。

サンガ組織を利用して中央集権化を行ない、仏教を1つの柱としたナショナリズムを展開することで、19世紀末から20世紀初頭にかけての時期に近代国家の編成がなされた。このまさに同時期にナークの幽霊譚が生起し語られた。ナーン・ナークの物語は、タイの近代国家編成プロセスと、時期的にも概念的にも並行して捉えることができる。

2-5-2. 近代化プロセスにおけるナーン・ナーク

マイケル・ライト [WRIGHT 1989: 35] は、「ナーク」という語の意味に立ち返ってナーン・ナークの物語を分析する。「有気音の kh (ค)」を使って「ナーク nakh (นาค)」と記述した場合、大蛇・龍神を意味する「ナーガ」と読み替えが可能で、それは豊穣性を象徴するという。ライトは、古代から伝わる大地への信仰の残存形態、あるいはタイ人の集合心性に根ざした神話としてナーン・ナークの物語を捉える。ナークを若い男 (マーク) の命を求める「Virgin/ Mother/ Lover/ Murderess」と同定し、生命を犠牲にすることで新たな生命を獲得するという農耕民の循環的な再生の物語が基盤にあると考える。そうしてライト [1990: 49] は、ナーガは前仏教的な信仰の中での大地母神の象徴と解読する。大地母神であるナーガ=ナークは血の供犠を要求し、それによって大地が満たされると、農耕での豊穣が約束される。ナークの夫「マーク」も、その名前が「たくさん」を意味することから、豊穣性の象徴であり、大地母神に捧げられる人間供犠の犠牲として位置づけられるという。

だが物語は妙な展開をたどる。産褥死したナークはマークの命を欲するが、

---

23 東北タイのコーンケーン県における筆者の聞き取りによると、多くの村人は両者の違いを単なる地域的偏差として説明する。他の地方で「モーピー」と呼ばれているものが、東北部では「モータム」と呼ばれるのだと多くの村人は解説する [cf. 林 2000: 238]。だが、両者の相違をフィールドで経験した林行夫は、モータムはモーピーの変種というよりは、東北部に典型的に見られるモーウィサー(「知識」に通じた専門家)の系譜にあると論じる [林 2000: 277-280]。

マークは結局死を免れるのである。豊穣性を約束する供犠であるならば、犠牲は死なねばならず、その死こそが新たな生命を招き、豊穣が再びもたらされる。そして豊かさを取り戻したナークが再び新たな犠牲を探し求め、この円環構造は永遠に循環されねばならない。[24]

しかし、ナーン・ナークの物語では、この再生の循環は1人の僧侶により切断される。この僧侶の出現こそが仏教の到来を表象する。仏教により呪術的な人間供犠は禁じられ、人の代わりに鶏や水牛などの動物を犠牲として用い、最終的には供犠そのものが否定されたとライト [1989: 38-39] は推定する。伝統的な信仰体系に根ざした供犠儀礼に代わって、徳を積む積徳行が導入され、徐々に古来の生と死の概念体系を変貌させていったというのである。

だが、このライトの見解にはいくらかの問題点が指摘できる。第1に、ナークは歴史的に本来「無気音のk (n)」を用いて「nak (นาก)」と表記されている。その場合は「ナーク＝ナーガ」という同定が困難であるし、ナークの夫の名前にはさまざまな変異があったことから、「マーク＝豊穣性」とする推測もいささか無理がある。また〈大地母神の神話〉からの類推というユング心理学的解釈にはいささか歴史的根拠が薄い。さらにタイの農耕において豊穣性を約束するための人身供犠が行なわれていた考古学的証拠も見られない。

ただし、伝統的な供犠を中心とする信仰体系が仏教との邂逅の中変容したというライトの歴史的展開への言及は無視できない。北タイのコン・ムアン社会における動物供犠についての事例 [田辺 1993b, CHATTHIP 1999: 14] を見ても、儀礼の中で仏教と精霊信仰が葛藤する様子が描かれており、王権の正統性の象徴である仏教の広がりのもと土着の精霊信仰が生きながらえている姿もうかがえる。[25]

おそらくナークが象徴するものは、蛇神ナーガや豊穣性というよりは、物語

---

24 この意味で、ライトはナークにギリシア神話のデーメーテール女神としての役割を想定しているものと思われる。ケレーニイとユングの神話分析 [1975: 155-163] によると、デーメーテールは、母神、穀物女神、密儀宗教の女神の3つの相を併せもつ神話的な観念である。
25 ここで言及しているのは、北タイの伝統国家ムアン (*mueang*) の守護霊祭祀であるリアン・ピー・プーセ・ヤーセ儀礼である。伝統的には共同体の道徳性・秩序を志向する精霊への供犠儀礼だが、仏教的言説の浸透を背景に王室儀礼としての意味も新たに付与され、仏教道徳と国王の権威も強調された。さらに近年は、都市化・資本主義的変化の影響を受け、個人の欲望を実現させるための誓願の場としての意味合いも加わっている [田辺 1993a: 58-63]。

の基底を支える旧来のピー信仰そのものと読む方が妥当であろう。仏教の優位を基調とする物語の中で、劣位に配置されたピー信仰＝ナークは、集権的な中央政府に対抗する地方文化・信仰の表象と見ることができる。旧来から受け継がれて来た村落の信仰体系に対して、19世紀末から20世紀初頭にかけて近代国家の編成に伴う「仏教化」がタイ全土で展開した。末端村落の一寺院にいたるまで中央に連なるサンガ組織に加えられ、すべての僧侶が位階づけられるなか、上座仏教はタイのナショナリズムを支える大きな要素となった。物語の最後に、バンコクから来た高僧プッタジャーン師が呪術を用いることなく説き伏せることでナークの悪霊を平定するが、ここにおいて中央政府から送り込まれた仏教がピー信仰を調伏したのである。さらにナークの額の骨をベルトのバックルにして僧侶がそれを肌身離さず持ち歩いたという逸話も示唆的である［Wong 2000: 135］。仏教がピー信仰を認識しつつ、それを正統宗教の構成要素として取り込んでしまう意図がそこに現れている。実際、当時王太子であったラーマ6世が1905年にこの物語の続篇を執筆していることからも、ナーン・ナークは単なる幽霊譚ではなく、近代国家構築の過程での仏教に平定されるべき民間信仰の象徴として無視できなかったことがうかがえる。以上のことから、民間でのピー信仰の存続と国家の意図としての仏教化の進行という2つのベクトルの狭間で、ナーン・ナークの物語が近代国家の編成に並行して生起してきたと言えるだろう。

2-6. ナーン・ナークの現在

　ナーン・ナークの物語の民俗的、文化的要素を考察し、その時代背景を分析した結果、物語の生成は19世紀末から20世紀初頭にかけてのタイの近代国家編成過程と密接に関わっていることが明らかとなった。ピー信仰と上座仏教の葛藤の中に生まれたナークの霊は、物語では国家仏教によって支配下に置かれたように見える。しかし、ナークを取り巻く現実はそう単純ではない。プラカノーン地区のマハーブット寺には、ナークを祀る祠があり、現在も人びとの篤い信仰を集めている。

【写真2-3】マハーブット寺のナークの祠

2-6-1. ナーン・ナークの祠の現在

　ナークの祠はマハーブット寺の北東の端、プラカノーン運河のそばに北向きに建てられている。古くは1958年に小型の祠が建てられたが、1971年に木製の祠に改築され、現在のコンクリート製の立派な祠は1990年代半ばに建てられた。祠の内部には1971年の改築時に作られたナーク像が安置されている。当時のマハーブット寺の僧侶によって、神秘的な力を持つとされる7つの墓場から集められた土を材料にして製作されたという。[26]

　祠への参拝者は男女を問わない。祀られているのは産褥死をしたナークだが、妊婦が安産を願って来ることも多い。また徴兵のくじ引きに当たらないように誓願に訪れる人も多い。これはナークの夫マークが兵役に徴集された逸話と関連している。タイでは成年男性は徴兵の抽選をくじ引きで行なう。徴兵の抽選は4月に行なわれるため、毎年4月には徴兵に外れるよう祈りを捧げる人がナークの祠を訪れる。

26　ナークの祠についての記述は、2001年4月にマハーブット寺にて行なった祠守りへのインタビューに基づく。

第2章　ナーン・ナークの語るもの　　53

【写真2-4】祠内部のナーク像

　またくじ引きからの連想であろうか、宝くじの当選祈願でも有名である。公営の宝くじは毎月1日、16日の発売のため、毎月15日、30日あるいは31日には多くの参拝客が訪れる。タイの宝くじは、1830年代にラーマ3世が34文字の中から当たり文字を選ばせる方式の宝くじを中国人に請け負わせることに始まったと言われる。現在のロッタリー形式の宝くじは1874年より散発的に実施され、1939年に政府宝くじ事務所が新設されて以降、国家歳入に組み込まれ、定期的に行なわれ現在にいたっている [村嶋 1993: 199]。

　宝くじの当選祈願に訪れた者は、祠のすぐ東側にあるタキアンの木に油を擦り込むことで未来の当選番号を得ようとする。タキアンの木には精霊ナーンタキアン (nang takhian) が住むとされ、ナークの祠に近接するこの木は、特に超自然的な力が強いと信じられている。油を付けた木の表面を指で何度も擦るとそこに番号が浮かび上がって見えるとギャンブラーたちは語る [GUELDEN 1997: 81]。だがこの宝くじの番号占いは古いものではなく、近年、参拝者が祠横のタキアンの木の皮をめくって当選番号を見出したことが始まりだという [SUKANYA 1999: A1]。宝くじ当選の噂はすぐに広まり、それ以後、多くの人が詰めかけ、現在

【写真2-5】祠近くのタキアンの木

は寺の正門近くのタマリンドの木から裏手のバナナの木にいたるまで、あらゆる木にギャンブラーの手が及んでいる。

　祠には願い事が叶った人びとがさまざまな物を奉納する。ナークの子どもには使い捨ておむつやほ乳瓶、おもちゃなどが、ナーク自身には果物、花、化粧品やタイの伝統衣装などが捧げられている。奉納されたナークの伝統衣装は希望者に貸し出されている。ナーン・ナークの威光により、多くの参拝者が訪れるマハーブット寺には多額の寄進が寄せられている。

2-6-2. 取り込まれ、生き続けるナーン・ナーク

　ナークの埋葬場所に建てられたと信じられているマハーブット寺のナークの祠は、人びとの欲求に応えながら現在も人びとの信仰心を引きつけている。物語では最終的に仏教支配に取り込まれたものの、仏教に純化された"フリ"を見せながら、ピー信仰は民衆に支えられて独自に存続し発展してきた。東北タイの伝統的な呪術師であるモータムが、仏法を超自然的力の源泉と主張することで、ある種の正統性を維持しながら呪的サービスを継続したのと同様に、悪霊ナークも仏教の枠内に置かれながらも、人びとの欲求に力強く応え続けているのである。ナークの祠は空間的にはマハーブット寺の北東の端に位置し、仏像のない祠は宗教的にも周縁的なものである。ナークの祠は仏教と僧侶の管理下に置かれているのである。

　ここに見られる仏教優位の現在の信仰状況は、19世紀末から20世紀初頭にかけての中央政府による国家的な仏教化の過程以降、紡ぎ出されてきたものである。この時期は、植民地主義の脅威が東南アジア大陸部に迫る時期であり、外来の脅威から自国を維持するために近代化の方策が推進された。宗教の近代化もまた然りである。西洋における近代宗教としてのキリスト教は自己と他者の区別を持つ宗教であり、キリスト教とそうでないものの境界が存在したが、それまでのタイの「宗教(satsana)」はそうした境界を持つ信仰システムではなかった。こうした状況下で、西洋の近代宗教に対抗するために自国の宗教を「近代化」する必要に駆られた。仏教サンガの整備、正統的教理の確立などの仏教の純化が進行し、「仏教であるもの」と「仏教でないもの」の区別がもたらされた。ピー信仰は仏教の枠内から押し出され、「仏教でないもの」として新たに概念化されたピー信仰は、仏教優越の秩序のもと周縁に配置された。

　ピー信仰は近代化の過程で単に過去のものとして放棄されたのではなく、慎重に意図的に仏教の周縁部に配置され維持された。歴史的過程のもとで完全に国家の制度に取り込まれたわけではなく、寺院の周縁においてナークというピーがひっそりと受け容れられ、現在の人びとの篤い信仰の一端を作り出している。仏教と悪霊ナークという二者は、相容れないものではあるが、両者は共に人びとの信仰対象となり得ている。

　本章では、バンコク近郊のある悪霊譚の歴史的な分析から、近代国家の形成

期における精霊信仰の周縁化プロセスを抽出した。ただし、ここで論じたピー信仰の周縁化は、その後も連綿と継続する過程でもある。政治的に、あるいはメディアを通じて、ピーや呪術をめぐる物語は多様に言説化され、その周縁的なイメージを増幅させている。次章では眼差しを東北タイに移し、ピーポープという悪霊が、メディアの中でいかに表象されてきたかを分析することで、ピーと東北タイの周縁性が重なりながら描かれてきた様子を検討したい。

第3章
ピーポープの語るもの
―― 悪霊映画から見る東北タイの表象 ――

　前章では、タイで広く知られる悪霊譚ナーン・ナークの民俗・歴史的分析を通じて、19世紀末から20世紀初頭の近代国家形成プロセスにおけるタイ仏教の国教化とそれに伴うピー信仰の周縁化を指摘した。タイ仏教を近代宗教として制度化していくなか、土着の信仰は公的な宗教から排除されたが、その後もピー信仰や呪術は消え去ることなく、現在もかたちを変えながら受け継がれている。本章では、東北タイに特有とされる悪霊ピーポープをめぐる映画を取り上げて、ピーを通じた東北タイの地域表象を解読する。

3-1. はじめに

　精霊は人びとの想像力の産物である。現代世界では、そうした想像力はメディアを媒介に表出され、メディアは人びとの想像力を再編する。メディアに描かれたピーが表象するものを読み解くことで、ピーが作り出す社会的現実の一端を抽出することが可能になる。メディアの中でも、タイではとりわけ映画を中心にピーが描かれている。

　タイ映画基金 (Thai Film Foundation) のデータベースによると[27]、2009年にタイで制作された映画のうち26%がピーを題材にしている。映画館では国内外で制作された数多くのホラー映画が上映されているし、ビデオショップに目をやると、恐ろしく異様なピーの姿が描かれたDVDやVCDが棚に溢れている。

　ホラー映画はピー (*phi*) を主題化したものが多く、それらは「ピー映画 (*nang phi*)」と呼ばれる。タイでは、映画制作の初期1930年代から現在までピー映画が連綿と制作され［四方田 2009: 84］、制作本数やジャンルの位置づけに変化はあ

---

[27] タイ映画基金のデータベースのURL：http://www.thaifilmdb.com/

りながらも一定の地位を保持し続けた。現在、街のシネマコンプレックスに足を運べば、常に数本のピー映画が上映されているほど、一般的な映画ジャンルになっている。

　東南アジアの「怪奇映画」の分析を行なった四方田犬彦は「なぜ人は怪奇に魅せられるのか」と問いを立てている［四方田 2009: 26-32］。四方田は、「不可解なものを探求する物語の構造そのものを楽しむ」という認知心理学的な理由と、「人間社会における抑圧されたものとそれからの解放」という精神分析学的な説明を提示しながらも、それだけでは東南アジアにおける多様な怪奇映画の興隆を理解するには不十分と指摘する。

　　「怪奇と恐怖をめぐる人間の欲望が、けっして気まぐれな退屈しのぎのものなのではなく、むしろ人間の認識行為の根源に関わり、また意識下に抑圧した心的事象の怪奇に連動するものである…それはいうなれば、人間の自己同一性に深く関わっていると言える」［四方田 2009: 32］

　「怪奇映画」をマニアックで低級な趣味と見るのではなく、その表象から「人間の自己同一性」を抽出するという視角は本論が継承するものである。さらに言うなら、四方田の言う「自己同一性」は、「他者性」の逆像であり、タイのピー映画を分析することにより、いかなる他者像が、ピーを通して表象されてきたかを分析することができるだろう。

　本章では、数あるピー映画のうち、ピーポープという悪霊に焦点を当てる。タイではある種のピーは特定の地方に固有の存在と考えられている。たとえばタイ北部ではピークラスー (*phi krasue*) やピークラハン (*phi krahan*) が土地の伝承で語られ、東北タイ（イサーン Isan）ではピーポープ (*phi pop*) という悪霊がもっとも凶悪なピーとして語られる。それらは地域固有のピーであり、バンコクや他の地域には同名のピーは存在しない。ピーポープあるいは略してポープと言えば、多くの人が東北タイを想起するような、特定の地域イメージと強烈に結びついた悪霊である。したがって、悪霊を通して描かれる他者性は、地域の表象と深く関わりを持つ。

　1990年代以降、ピーポープをモチーフにした映画がバンコクの映画製作会

社によって多数作られている。本章では、東北タイに固有とされるピーポープを主題とした映画の分析を通じて、ピーポープという悪霊が、また東北タイという地方が、中央の視点からいかに表象されてきたかを考察し、映画を通じた地域像の形成について、歴史的な考察を軸に検討する。

3-2. タイ映画におけるピー映画の位置

3-2-1. タイ映画の歴史

　ピー映画の詳細に分け入る前に、まずはタイにおける映画の歴史を概観し、ピー映画が占める位置を明らかにしたい。タイでは1897年にフランス人が映画を紹介し、1904年に日本人が最初の常設映画館を建ててから本格的に上映が開始される[28]。タイで最初に映画が制作されたのは1927年で、1932年から42年までタイ映画は最初の興隆を迎えた［四方田2009: 79-80］。

　戦中の停滞期を経て、戦後に簡便で制作費の安い16ミリフィルムが導入されると、制作本数が急増し、1960年代にタイ映画は2度目の隆盛を経験した。1970年代以降は35ミリフィルムに転換し、1976年には200本もの映画が作られた[29]。大戦後30年間に、バンコクには200の映画館が、全国では700もの映画館があったと言われる［DOME & SAWASDI 2001: 20］。

　通常の映画館の他にも、移動映画館（nang re）が野外上映を行なった。スクリーンと映写機を運び、地方の農村を回って上映を行なった。野外上映には3つのタイプがあった。「布囲いの映画（nang lom pha）」は、スクリーンを寺の広場や空き地に立て、まわりをトタンや布、椰子の葉で囲い、入場料を取るタイプのもので、村の年中行事などで上映した。「野外映画（nang klang plaeng）」は、スポンサーが移動映画館を借り上げ、出家式や葬式、選挙などの際に無料で開放し、

28　1897年以来、年に数回外国の映写技師が上映を行ない、映画は「西洋の影絵芝居（nang farang）」と呼ばれた。タイの伝統的な影絵芝居（nang yai, nang talung）に類似していたためである。やがて日本人ワタナベ・トモヨリがタイに最初の映画館を開き、毎晩映画を上映しているうちに「日本の影絵芝居（nang yipun）」と呼ばれるようになる。映画（phaphayon）は現在でも「ナン（nang）」とも呼ばれる［DOME & SAWASDI 2001: 19］。

29　1976年に国産映画保護のため映画の輸入関税が引き上げられると、外国映画の輸入本数が激減し、タイ映画の制作本数が急増した［原川 2001: 162-163］。

客をもてなした。「薬売りの映画 (nang khai ya)」も同じく無料で見ることができるが、こちらは薬の販売戦略の1つである。村にやって来た薬売りが、映画で村人を集め、観客に薬や石鹸を販売した。絶頂期の1980年前後には1500を超える移動映画館があったと報告されている [Dome & Sawasdi 2001: 25]。

　1980年代にかけてタイの映画産業は全盛期を迎えるが、メロドラマと喜劇とアクションものに偏っており、徐々にハリウッド映画や香港映画に観客を奪われた [原川 2001: 164-165]。ストーリーの単調さに加え、1980年代後半にはテレビ局の数が増えて、家庭用ビデオが普及すると映画産業は深刻な打撃を受けた。1990年代に入ると、都市住民にとって映画は娯楽の対象でなくなり、タイの映画産業は厳しい状況に落ち込む [原川 2001: 163, 四方田 2009: 80-81]。

　だが1997年にタイ映画は再活性化する。前章で論じた『ナンナーク』のノンシー・ニミブット (Nonsree Nimibutr) 監督や、ペンエーク・ラッタナルアン (Penek Ratanaruang) 監督らが世界各地の国際映画祭で評価され、映画産業に新たな波が巻き起こった。2000年以降は時代劇の大作が立て続けに制作され人気を博す。2000年の『バーン・ラチャン』(監督タニット・チットヌクン Thanit Chitnukun) は、18世紀のビルマの侵略に対するタイの農村の抵抗を描き、2001年の『スリヨータイ』(監督チャートリーチャルーム・ユコン M. C. Chatrichalerm Yukol) は16世紀にビルマ軍と戦って命を落とした王妃の生涯を綴った。タイのナショナリズムを刺激するような映画やテレビドラマが数多く作られ、大ヒットを記録した。1990年代後半からは大規模ショッピングセンターがバンコク以外の地方都市にも出店し、最新の映写音響システムを持つシネマコンプレックスが併設された。シネマコンプレックスでの上映スタイルは、ファーストフードなどの大衆消費文化と同様に、地方の都市部でも受け容れられ、映画は再び娯楽の中心に戻りつつある [四方田 2009: 81, 原川 2001: 164-168, Dome & Sawasdi 2001: 19-23]。

3-2-2. ピー映画とピーポープ映画の位置

　大衆文化の中でピーが図像化されたのは第2次大戦後のことである。ヘム・ウェーチャコン (Hem Vejakorn) やアタッチンダ (Attachinda) などの作家が、挿絵入りのピーの物語本「1バーツ本 (katun lem la bat)」を出版し人気を博した。1960年代にはピーの漫画本が流通したものの、1970年代には政治的混乱を背景に

第3章　ピーポープの語るもの

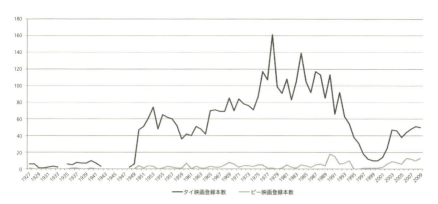

【図3-1】タイ映画とピー映画の登録本数
（Thai Film Foundation ウェブサイトより筆者作成）

して、検閲によってピー漫画は不適切とされる。1975年前後には再び勢いを取り戻したものの、1980年代以降テレビが普及するにつれて、漫画本の人気は衰え、その後はテレビや映画を中心にピーの物語が伝えられていく。[30]

映画に関して言えば、ピー映画は1930年代から作られている。映画が大衆娯楽の頂点にあった1960年代から70年代にかけてもピー映画は制作され受け容れられた。[31] 当時の観客には、街の映画館に足を運ぶ都市住民だけでなく、移動映画館で映画を楽しむ村落部の人びとも含まれており、四方田が指摘するように、観客は「民俗学的想像力からけっして離脱したところにいなかった」[2009: 84] ことが、ピー映画が人気を博した大きな要因と言えるだろう。

タイ映画基金のタイ映画データベースを見ても、戦後はピー映画が一定の割合で制作されていることがわかる [図3-1 タイ映画とピー映画の登録本数]。[32] 1960年代後半から1980年代まではタイ映画に占めるピー映画の割合は5％前後で増減しないが、1990年代以降はタイ映画全体の制作数が激減しているのに比して、ピー映画の制作数はむしろ増加している。1990年代後半は映画産業が低

30　2010年8–9月にバンコクのTCDCにて開催された「タイのピー展（*Nithasakan "phi: Kwamklua... Chatkandai duai chintanakan sansan"*）」より。
31　1950年代後半よりAMラジオでピーの物語が放送されて全国で人気を集め、FMラジオが広がってからも、視聴者がピーの体験を報告するタイプの番組がヒットした[TCDC 2010: 11]。
32　タイ映画基金が公開している映画データベース（http://www.thaifilmdb.com）は、必ずしもその年に制作されたすべてのタイ映画を網羅しているわけではない。ここでの数はあくまでもデータベースへの登録数であり、実際の制作数はこれよりも多いものと思われる。

【表3-1】タイのピーポープ映画リスト

西暦	タイ語タイトル	日本語訳
1989	Ban phi pop	ピーポープの村
1990	Krasue kap pop	クラスーとポープ
1990	Ban phi pop 2	ピーポープの村2
1990	Ban phi pop 3	ピーポープの村3
1991	Ban phi pop 4	ピーポープの村4
1991	Phan phi pop '34	34年のピーポープ
1991	Pop phi thalen	飛び出たピーポープ
1991	Pop phi fa	ポープ・ピーファー
1991	Pop yip	つかむピーポープ
1991	Ban phi pop 6	ピーポープの村6
1991	Susan phi pop	ピーポープの墓地
1992	Sian la pop	仙人、ピーポープを狩る
1992	Ban phi pop 7	ピーポープの村7
1992	Ban phi pop 8	ピーポープの村8
1992	Pluk phi ma chi pop	ピーを起こしてポープをくすぐる
1992	Phan phi pop 3	ピーポープ3
1992	Mae nak choe phi pop	メーナーク、ピーポープに会う
1992	Rongrian kamchat pop	ピーポープを駆逐する学校
1993	Ban phi pop 9	ピーポープの村9
1993	Ban phi pop 10	ピーポープの村10
1994	Ban phi pop 11	ピーポープの村11
1994	Ban phi pop 13	ピーポープの村13
1994	Sek hun lai ka ma la pop	かかしに呪文をかけ、カラスを追い、ポープを狩る
2001	Pop wit sayong	ポープ　きゃー！ぶるぶる！（邦題『パラサイトデビル』）
2003	Lon	恐怖
2008	Ban phi pop 2008	ピーポープの村2008
2009	Krasue fat pop	クラスー対ポープ

（Thai Film Foundation ウェブサイトより筆者作成）

迷したが、2000年を境に再び盛り返すと、2000年代後半にはピー映画が全体の20～30％を占める一大ジャンルに拡大した。

　ではいかなるピー映画がこれまで作られてきたのか。上記のタイ映画データベースに基づいて、ピー関連の映画をまとめ上げたのが、[**表3-1　タイのピーポープ映画リスト**]である。ピーについての民話や伝承を素材にした映画としては、前章で論じたナーン・ナークものが多く作られているが、それ以外ではピープ

ラーイ[33]やピークラスー[34]などのピー映画が1980年代までに制作されている。だがナーン・ナークを除けば、民話や伝承をもとにしたピー映画はむしろ少数派である。『お化けヘビ (Ngu phi)』(1966年)、『お化けトッケイヤモリ (Tukkae phi)[35]』(1969年)、『お化けコウモリ (Khangkhao phi)』(1971年) などの動物ものや、『ピーの人形 (Hun phi)』(1962年)、『ピーの子ども (Luk phi)』(1970年)、『ピーのホテル (Rongraem phi)』など民間伝承とは関連のないものが制作された。

東北タイの悪霊ピーポープが映画に登場するのは1989年が最初である。1980年代後半には、テレビやビデオの一般家庭への普及を受けて映画産業が低迷し、小規模の映画会社は低予算フィルムを乱造した。都市の中流階級はマンネリ化したピー映画を嫌ったため、地方の低所得者層を対象にピー映画が作られるようになった [四方田 2009: 84-85]。そんななか東北タイの民間伝承に基づく題材を取り上げ、のちにシリーズ化されたのが『ピーポープの村 (Ban phi pop)』(1989年) である。1989年の第1作目『ピーポープの村』の成功を受け、1994年までピーポープものが継続して制作されたことが [**表3-1 タイのピーポープ映画リスト**] より見て取れる。では、タイのピー映画の中で一大ジャンルを築き上げたピーポープを素材にした映画とはいったい何を描いているのだろうか。

3-3. 映画『ピーポープの村』という物語

まずは論点を整理するために、1つのピーポープ映画のあらすじを紹介する。1989年に制作された最初のピーポープ映画『ピーポープの村』である。翌年には『ピーポープの村2』と『ピーポープの村3』、1991年に『ピーポープの村4』、『34年のピーポープ』[36]、『ピーポープの村6』、1992年に『ピーポープの村7』と『ピーポープの村8』が、1993年に『ピーポープの村9』と『ピーポープの村10』、

33　惚れ薬であるプラーイ油とも関わる。第1章で詳述。
34　タイ北部で伝承される女性のピー。夜中になると頭と内臓だけが浮遊して汚物などを啜ると言われる。ピークラハン (phi krahang) と呼ばれる男のピーとペアで語られることが多い。
35　『お化けトッケイヤモリ』は、2004年にもリメイクされている。
36　シリーズ5作目は例外的に『ピーポープの村5』ではなく、『34年のピーポープ』(Phan phi pop '34) というタイトルで制作された。34年は仏暦2534年を意味し、西暦1991年にあたる。

1994年に『ピーポープの村11』と『ピーポープの村13』[37]が制作され、2008年には『ピーポープの村2008』が公開された。

　このうち『ピーポープの村』はタイで最初に制作されたピーポープ映画であり、この映画のモチーフはその後の作品に色濃く受け継がれている。そのため、まずは『ピーポープの村』のあらすじを概観した上で、ピーポープ映画の分析を通じて浮上する問題群を抽出する。

3-3-1. 映画『ピーポープの村』のあらすじ

　時と場所は映画の中で直接に言及されないが、おそらくは映画が公開された1980年代後半、タイの地方の農村部が舞台である。1作目が撮影されたのはタイ中部スパンブリー県（changwat Suphanburi）[38]で、東北タイとの関連は劇中では語られないが、人びとの暮らしぶりから貧しい田舎であることは一目でわかる。

　冒頭で、出産時の後産を収めた壺を地面に埋めようとしていた産婦の夫が、目の青く光る老婆に襲われる。翌朝発見された男の遺体は内臓が喰われた状態で、後産を入れた壺の中身も空っぽになっていた。この状況を見た村人は「ピーポープが出た」と口々に言い合い、村長と共に村に住む老婆トーンカムの家に押し寄せる。村はずれに住むトーンカムは、病で床に伏しているが、以前からピーポープの嫌疑がかけられていた。老婆の世話をする美しい孫娘が「トーンカム婆さんはピーポープではない」と否定するが、その夜、村の若者の夜這い騒動のさなか、生きた鶏を貪り食うトーンカムの姿が再び目撃される。その場面で、老婆の姿は一瞬妙齢の美しい女性として映し出される。

　同じ夜、近くの森を通りがかった村落巡回の医師2人がピーポープに襲われる。ピーポープは両手を鷲づかみに大きく開き、腕を広げて、舌なめずりしながら、医師たちを走って追いかける。この攻撃ポーズはその後のシリーズでもたびたび登場するもので、映画で描かれるピーポープのお決まりのジェスチャーとなっている。襲われた医師たちは命からがら逃げ回るも、森の中で道に迷

37　シリーズ12作目が、『ピーポープの村13』というタイトルで制作された。西洋で不吉とされる「13」という数字を前面に押し出したのだろう。この作品が90年代に制作された一連のシリーズの最終作である。その後14年の空白ののちに2008年に『ピーポープの村2008』が作られた。
38　映画のモデルである原作では、中部のチャチューンサオ県（changwat Chachoengsao）が舞台とされている［HEM 2003: 187］。

い、ようやくたどり着いたのはピーポープ騒動で混乱する件の村であった。

　少しのあいだ村に宿泊することにした医師たちは、ピーポープの話を村長から聞くが、最初は信じることができない。老婆トーンカムがピーポープだと確信する村人たちは、長髪に白衣をまとった呪術師（mo phi）にピーの駆除を依頼する。呪術師は、トーンカムの体を棒で叩き、生米を浴びせかけて、ピーポープを追い出そうとするが、ちょうどその場に医師たちが現れ、「お婆さんはただの病人だ。そんなことをすると死んでしまう」と言って呪術師を制止する。

　「彼らは村に来たばかりで何もわかっていない」となだめる村長の言葉に、呪術師は渋々その場を立ち去るが、村から帰る道中で呪術師はピーポープに襲われて殺される。この場面でもピーポープは、呪術師を襲う瞬間だけ若く美しい女性の姿として映し出される。

　医師の1人は寝込んでいる老婆トーンカムの様子を見舞うなか、孫娘とのあいだに恋心が芽生える。一方で村長の娘も同じ医師に想いを寄せ、何とか医師を長く村に留まらせたいと考える。ピーポープと化した老婆は昼夜なく村の若い男を追いかける。ピーポープと村人、特に道化的な役回りをする若い男たちとのあいだでのコミカルな追い掛け合いは、その後のシリーズでも定番の場面である。

　やがて村落巡回の医師グループがはぐれた仲間2人を探しに村にやってくる。彼らは途中でライフルを持った謎の男と出会い、一緒に村に到着する。「ピーポープを追ってきた」という謎の男は、タイ映画で典型的に描かれるような呪術師の姿ではなく、現代風の洋服に身を包んでおり、銃を持つ姿は狩猟者を思わせる。その男によって、ピーポープの来歴が明かされる。はるか昔に恋愛呪術を試みながらも果たせなかった女が、死後ピーポープになってさまよい続け、今はこの村の老婆に憑いているという。ピーポープが人を襲う時だけ、妙齢の女性の姿として映し出されていた理由が明らかになる。

　翌日、銃の男と村長たちは「ピーポープを殺す」ため老婆の家を訪れるが、既に家の中はもぬけの殻であった。このあと再び老婆のピーポープと村人の追い掛け合いが軽妙に描かれ、最後にピーポープは村長の娘を摑まえる。老婆のピーポープは、押さえつけた村長の娘の口をめがけて白い液体を吐き出し、その直後、老婆のピーポープは瞬時に白骨化する。白骨化した老婆の遺体を見た

銃の男は、「ピーポープが取り憑いて、老婆は精気を吸い取られ、もはや生きていられなくなったのだ」と語る。老婆が死んだので、村人たちもみな胸を撫で下ろした。老婆トーンカムの孫娘と恋に落ちた医師の1人は、彼女と共に村を離れて街に戻っていく。

だがピーポープは死んではいなかった。老婆が最期に吐き出した白い液体によって、ピーポープは引き継がれ、次の宿り主を手に入れた。髪を振り乱した村長の娘が生きた鶏を貪り食う場面が映し出され、物語は幕を閉じる。

3-3-2. 『ピーポープの村』の地方での高評価

1作目『ピーポープの村』のヒットを受け、その後の4年間で11作もの『ピーポープの村』が制作されている。シリーズが進むにつれ、ホラー色は弱まり、ピーポープからの逃亡劇のコミカルな掛け合いが強調されるようになる。池の水面を走って渡ったり、巨大な水甕の中に隠れたり、高い木の上に登ったりして逃げ回るシーンが軽快な音楽とともにたびたび挿入される。どんな逃げ方をしても、ピーポープは常に後ろから走って追いかけてくる[39]。ピーであっても超自然的な速さで追跡したり、超人的に空を飛んだりすることはなく、ピーポープと村人とのあいだの「鬼ごっこ」が大部分を占めるのが2作目以降の傾向で、お笑いの要素が色濃い。

とはいえ、いずれの作品においてもストーリーの大枠は共通する。ピーポープ騒ぎが起こった村に、医師や村落開発員、もしくは外国人などの外部者がやってくる。最初彼らはピーポープの存在を信じることができずに、ピーポープと名指される村の老婆を擁護する。一方、村人に依頼された白髪白髭の呪術師モーピーはピーポープの退治を試みるが失敗し、逆にピーポープに襲われ殺される。初め半信半疑だった外部者も自分自身がピーポープに襲われてからは、村人と一緒にピーポープを怖れ、走って逃げ回るという展開である。いずれの作品においても、ピーポープが完全に消滅するような最終的な解決は導かれないまま、コミカルな逃亡劇を背景にピーポープが村に存在し続けることが暗示される。

---

39 作品によっては、空飛ぶ自転車に乗ったり、翼を使って空を飛んだりすることもあるが、あくまでも一時的な姿である。基本的にはただただ走って、獲物たる村人を追い掛ける。

物語が村落の日常生活のただ中で展開するのも注意すべき共通点である。村人たちは村の雑貨店でビールを飲みながらピーポープの噂話や村人同士のゴシップを語る。外来者の若い男性は村の美しい女性と恋に落ち、別の女性の嫉妬を買うというサブストーリーがほとんどの作品に見られる。こうした共通項については、第5節以降で詳細な検討を加えることにして、まずはピーポープの物語が東北タイに固有であるという空間的な文脈から検討を開始したい。

　タイのピーポープ映画を分析した四方田犬彦によると、1990年代初頭のピーポープ映画は、「バンコクのような都会の映画館で上映されることはほとんどなく、地方都市の小さな映画館や村落の屋外上映、またワットの祭礼に催される特殊上映などを通して、地方の観客を対象として」制作された [四方田 2009: 97]。低予算で作られたB級の『ピーポープの村』は、多くの制作費を投入する大作映画のようには上映回数が得られず、深夜上映しか行なわない映画館も多かった。だがそれでも『ピーポープの村』は東北タイや北タイなどで評判を集め、多くのシリーズが制作された。『ピーポープの村』がタイの地方において人気を博した理由について、そうした地域が「文化的にも歴史的にも中央政権から隔てられてきた」地域である点を四方田は指摘する [四方田 2009: 101]。

　タイの中央政府と東北タイとの歴史的な関係は、ピーポープ映画の表象を論じる際に踏まえておくべき背景である。前章ではナーン・ナーク物語の分析から、20世紀初頭の国民国家形成期におけるバンコク近郊での仏教とピー信仰の関係を主題化したが、本章では、バンコクと東北タイとの歴史的な関係を、民族的、文化的視点から捉え直すことで、ピーポープ映画の現代における位置づけを読み解く基礎としたい。

3-4. 東北タイの歴史：イサーンの多様な意味づけ

　タイにおける中央政府と地方の関係を論じるならば、20世紀以降のバンコクと東北タイの関わりを見ればよいが、東北タイという地域像を論じるにはそれだけでは不十分である。より長い時間軸のもとに東北タイを位置づけると、その地域像が複雑に構成されていることがわかるだろう。本節では、東北タイ

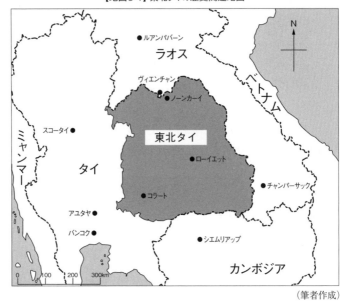

【地図3-1】東北タイの歴史関連地図

(筆者作成)

の歴史を古代から概観することで、同地域の民族文化の歴史的な変遷を踏まえておきたい。

3-4-1. 紀元前から紀元後10世紀まで：天水田稲作と製鉄・製塩

東北タイの大部分はコラート高原と呼ばれる。北と東はメコン川、西はペッチャブーン山脈、南はドンラック山脈に囲まれている。コラート高原の内側は、西から東にムーン川、チー川が流れ、高原南東部でメコン川に合流する。18世紀以降の開拓によって天水田が全面的に展開する以前は乾燥フタバガキ科を主とする森林地帯であった［桜井 1994: 33］。

この地には3000年ほど前に農業社会が勃興する。特にバーンチエン（Ban Chiang）遺跡[40]では土器や装飾品、埋葬や卜占などの痕跡が出土している。紀元

---

[40] 東南アジアの青銅器文化ではベトナム北部のドンソンと東北タイのバーンチエンが有名である。バーンチエンでは埋葬遺跡が発掘され、青銅器の副葬品や独特の文様が描かれた土器が多数出土した。バーンチエン文化は、一時は紀元前3600年ごろの世界最古の青銅器文化かと騒がれたが、現在ではおよそ紀元前1000年頃から始まったと考えられている［生田 1998: 61-62］。

前1000年頃に天水による水田稲作が始まり、牛や水牛を用いた犂耕も見られた。人口増加に伴って居住地を拡大し、コラート高原一帯に村落社会が形成された[DHAWAT 1997: 26-27]。

東北タイの土壌の大部分は粘性の強いラテライトで、鉄分と塩分の含有率が高い。紀元前4世紀ごろから製鉄技術や製塩技術が開発され、製鉄と製塩に必要な燃料を調達するため原生林の大規模な伐採が始まり、徐々にサバンナ的景観が形成された。河川交通の要地に環濠集落が作られ、鉄・塩と米の交易ネットワークが作り出されると[41]、交易を通じて権力が生まれ、ヒンドゥー教を基盤にした小規模な首長国[42]が生まれた[生田 1998: 62-63]。7世紀以降は東北タイ南部よりクメール(Khmer)系民族の交易ネットワークが延伸する。製鉄集落は10世紀に入ると姿を消し[43]、以後はクメール文化の影響が色濃くなる。

3-4-2. 10世紀から13世紀まで：クメール文化の影響

東北タイの南部では10世紀ごろからアンコール朝の支配が強まった。11世紀以降、勢力を拡大したアンコール朝は、13世紀初めまでに東北タイ各地にも多くの寺院を建設した。パノムルン(Phanomrung)、ピマーイ(Phimai)、パノムワン(Phanomwan)、カオプラヴィハーン[44](Khaophrawihan)などの遺跡が現在も残る[DHAWAT 1997: 31-34]。13世紀まで東北タイの大半はアンコール朝の勢力下にあり、クメール系[45]住民が多く居住した。アンコール・トムを建設したジャヤヴァルマン7世(Jayavarman VII, 1128?～1218?年)の死後、アンコール帝国は衰退を始め、この地の集落は以前と比べて小規模になる。クメール系住民は東北タイの南部に集中し、その他の地域にはメコン川周辺のタイ(Tai)系語族であるラオ(Lao)系民族の文化が根を下ろし始める[DHAWAT 1995: 248-249]。

---

41 遺跡の数および立地から、塩と鉄は自給だけでなく、メコン川とチャオプラヤー川を通じて移動したと考えられる。[桜井 1994: 33-34]。
42 これら首長国はモン(Mon)系民族で、言語的にはオーストロ-アジア語族に分類される。ドヴァーラヴァーティ王国(Dvaravati)を興したとされる[綾部 2000: 816-818, 小野澤 2000: 827]。
43 製鉄革命を経た宋の鉄輸出と競合して衰退したとされる[桜井 1994: 33-34]。
44 カンボジアでは「プレアヴィヒア(Preahvihear)」と呼ばれる遺跡である。タイとカンボジアの国境線上に位置し、領有権をめぐってしばしば軍事衝突が繰り返された。
45 モン族と同じく、言語的にはオーストロ-アジア語族のモン-クメール諸語に分類される。

【写真3-1】パノムルン遺跡

3-4-3. 14世紀から17世紀まで：ラーンサーン王国によるラオ化

　13世紀にタイ族最初の王国であるスコータイ（Sukhothai）王国が形成されると、東北タイの北部を支配した。14世紀後半までにスコータイ王国が衰え、チャオプラヤー川沿いにはタイ系のアユタヤ（Ayutthaya）王国が、メコン川沿いにはラオ系のラーンサーン（Lansang）王国が台頭する[46]。ラーンサーン王国は東北タイ北部を支配下に収めた。東北タイ全域にラオ系民族が拡散するのは16世紀以降のことである［KEYES 1967: 4-7］。

　14世紀以降アンコール朝が弱体化すると、コラート高原は再び人のまばらな疎林地帯となり、アユタヤとラーンサーン両王国のあいだの幅広い境界域として位置づけられた。過去の歴史からクメールとラオの文化が色濃く、アユタヤ王国はこの地に関心を示さなかった。アユタヤがコラート高原に進出するのは、ナライ王（Narai, 在位1656～88年）のナコーンラーチャシーマー（Nakhonratchasima,

---

46　タイもラオも言語的には、タイ－カダイ語族の南西タイ語に分類され、両者ともに広義でのタイ系民族である。タイ系民族は10世紀前後から雲南省より東南アジア北部山地あたりから南下し、水田稲作を基礎に小国家ムアンを建設したと考えられている［綾部 2000: 816-818, 小野澤 2000: 827］。

コラート Korat) 建設が最初であった。

当時のラオ系村落には仏教寺院や精霊信仰の小祠があり、僧侶やバラモン司祭などの宗教専門家が生活に規範を与えていた。村落では宗教行事や農作業が執り行なわれ、自立的で緩やかな共同体が見られた。こうした村落共同体がいくつか集まってムアン（mueang）と呼ばれる小国家を形成した [石澤 1998: 265-266]。

3-4-4. 18世紀から19世紀：タイとヨーロッパ諸国の脅威

18世紀初め、ラーンサーン王国はルアンパバーン（Luang Phrabang）、ヴィエンチャン（Vientiane）、チャンパーサック（Champasak）の3王国に分裂した。特に南のチャンパーサック王国からコラート高原への移住者が増え、現在のローイエット（Roiet）やカーラシン（Kalasin）などのムアンが建設された。1778年ビルマによるアユタヤ攻略から立ち直ったタイ軍は、メコン川流域へと遠征し、ラーンサーン三王国を属国として支配する[47]。1827年にはヴィエンチャン王国のアヌ王（Chao Anu）が独立を求めて反乱を起こすも失敗に終わり、ヴィエンチャンとチャンパーサックは属国の地位すら剥奪され、コラート高原の諸ムアンはバンコク王朝の版図に吸収された。

19世紀後半以降、インドシナ半島ではヨーロッパ諸国による植民地化が進行する。東北タイでは、1893年にメコン川左岸、1904年にはメコン川右岸の一部がバンコク王朝よりフランスに割譲された [KEYES 1967: 10-12]。東北タイの住民の多くは、メコン川左岸（インドシナ植民地ラオス）のラオと民族的にほぼ同質ではあるが、東北タイの方がクメール文化の影響がより強いなど、メコン川両岸では多少の文化的相違も見られる [KEYES 1967: 13]。

3-4-5. 19世紀末から20世紀初め：タイ中央政府による統合

近代国家タイの形成は、ラーマ4世（Rama IV, 在位1851～68年）、ラーマ5世（Rama V, 在位1853～1910年）治下に急速に進んだ。第2章で論じたとおり、バンコクを頂点とする中央集権化がさまざまな領域で進行した。

---

[47] 1767年ビルマによってアユタヤは破壊されたが、ビルマを撃退したタークシンがバンコクに隣接するトンブリーに遷都し国王に即位した。タークシン治下では近隣諸国への宗主権を回復するために各地に軍を進めた。1782年タークシン王の支配に不満を持つグループが国王を退位させ、バンコクに遷都して、現王朝のバンコク王朝（ラタナコーシン王朝）が立てられた。

たとえば教育面では、1921年に初等教育が法制化され、ラオ系民族が多く居住する東北タイでも、タイ王国の地理や歴史、言語が教授された[KEYES 1967: 19][48]。1930年代までに全国に学校が設置され、統一したカリキュラムで公教育が行なわれると、地域ごとの文字伝統は衰微し、学校教育で用いられるタイ文字が国家文字としての地位を確立した[KEYES 1991: 7, DHAWAT 1995: 251-252][49]。

　宗教面では、地域ごとに独自の伝統を保持していた僧侶組織サンガの統制のため、国内の仏教や僧侶が画一的制度のもとに再編された[パースック＆ベーカー 2006: 102]。行政的には、1910年までに中央集権的な制度がほぼ完成し、県や郡の管理は国の役人が行ない、地方の官吏も中央政府に責任を負うようになった[KEYES 1967: 17-18]。20世紀に入ってバンコクから地方に鉄道が敷設されると、東北タイは中央の経済圏に組み込まれる[50]。線路に沿って水田が開かれ、養豚がさかんに行なわれるようになる。米やその他の食料がバンコクに運ばれることで東北タイに市場経済が徐々に浸透した[桜井 1997: 19-20]。

　教育・宗教・行政・交通など多方面での近代化により、東北タイの住民は中央文化に少しずつ接近する。「自分たちの将来はバンコクにかかっている」「東北タイの文化は中央の文化に比べて劣っている」といった感覚が生じ、バンコクを嫌いながら憧れるという、相反した感情が芽生え始める[KEYES 1967: 20]。

3-4-6. 1950年代から1960年代まで：開発の対象としてのイサーン

　第2次世界大戦後は、中部平原を中心に商品作物の栽培が活発化した。東北タイでは自然条件の厳しさと交通手段の不便さから当初は商品作物が導入されず、1950年代初頭までに東北タイと中部タイの収入格差は拡大した。1949年に海外からの移民が制限されて以降、東北タイから多くの出稼ぎがバンコクに向かった。バンコクでの出稼ぎの生活経験は故郷に戻った時に伝えられ、「我

---

[48] 近代教育の導入以前、タイでは3通りの教育がみられた。第1に、家庭内で親から子へと生活上の技能・技術が伝えられた。第2に、寺院では僧侶が無料で読み書きや職業的技能を教授した。ただし寺院教育では女性は排除されていた。第3に、王宮での教育で、王族や貴族の子弟が役人になるための教育を受けた[SUNTHORN 1984: 4-7]。
[49] 1930年代以前の北タイではラーンナー文字が使われていた。1938年の国会議員選挙の候補者が作成したチラシにはラーンナー文字とタイ文字が併用されていた[村嶋 1996: 199]。
[50] バンコクからの鉄道は、1900年にコラート、1928年にはウボン（Ubonratchatani）、1933年にコーンケーン（Khonkaen）へと延伸された。

らラオ人と彼らバンコク人」という対立的な見方が醸成された。

　東北タイという地域に根ざしたアイデンティティは、政治の領域にも見られた。東北タイ出身の国会議員の多くは地域への忠誠心をアピールするようになり、中央政府は危惧を感じ始めた [Keyes 1967: 36-49]。1960年代にベトナム内戦が激化すると、ラオスに隣接する東北タイが共産化するのを恐れ、中央政府は軍事・警察介入と経済発展プログラムを展開した。ラオス国境の街ノーンカーイとバンコクとを結ぶ全天候型道路や、メコン川とその支流に灌漑・多目的ダムを建設したほか、東北部の各都市に空港を設置し、タイ航空の国内線が就航した。さらに村落レベルでの開発プロジェクトに取り組むことで、住民の中にタイ国家と中央政府に対する愛着を涵養することを目指した。

　また中部タイの歴史・言語・文化を一元的に教育する一方で、「ラオ」として共有してきた文化伝統を抑圧した [Koret 1999: 229-230]。東北タイと国内の他地域との交流が増すにつれ、中央文化の価値は一層高まり、タイ社会で成功するために人びとは自ら進んでタイ・アイデンティティを受容していった。学校教育ではもっぱらタイ語、タイ文字が使われ、国家の言語と文字を用いた試験によって教育エリートの選抜、再生産が行なわれた。[51]

　1960年代半ばまでには東北部の住民が自らについて「イサーン人（khon Isan）」と言及するようになった。イサーンはもともと「東北」を表す語であり、[52]現在の東北タイのラオ系の人びとにとっては「イサーン人」が共通のアイデンティティとなっている [Keyes 1966: 366, 林 1998: 694-695]。一方で「ラオ人（khon Lao）」のアイデンティティも消滅したわけではない。村落に伝わる伝統歌謡のモーラム（molam）には故地ヴィエンチャンとのつながりを伝えるものもあるし、イサーン人を自称する同じ人が、別の時には自らをラオ人、自らの言語をラオ語（Phasa Lao）と称することもよく見られる。

---

[51] 2007年現在のタイ文字に関するタイの成人識字率は94.1％（男性95.9％、女性92.6％）である。総務省統計局ウェブサイトより（http://www.stat.go.jp/data/sekai/15.htm）。
[52] 19世紀末から20世紀初頭の行政改革の中で、現在の県より上位の区分として州（モントンmonthon）が設定された。東北タイには3つの州が成立し、そのうち1つがイサーン州と名付けられた。イサーン州はのちにローイエット州とウボン州に分割された。

3-4-7. 1970年代以降：イサーンへの眼差しの変容

　1970年代には、都市部を中心とした経済成長や石油危機に端を発する農産物価格の高騰により、多くの森林が開拓された。稲作の困難な高地では、キャッサバやトウモロコシなど商品作物が栽培され、東北タイでは新たに開拓が可能な余剰地が激減した。土地を持たない農民はバンコクに出稼ぎに出かけ、そのまま定着する者も増えた [桜井 1997: 20]。

　東北タイの出稼ぎ者がバンコクに多く滞留するようになると、バンコクでの東北タイの表象にも変化の兆しが現れる。東北タイが社会開発を施すべき貧困地域として認識されるとともに [櫻井 2008: 160-161]、1990年代以降はバンコクでも東北タイなどの地方文化が受け容れられるようになった。イサーン料理や伝統歌謡モーラムなど、中部タイの人びとがこれまで軽蔑的に捉えてきたイサーンの文化は、好んで消費するべき対象へと変容した。既に伝統的なるものの多くを失った都市住民にとって、イサーン文化は真正な「タイ文化」の残存と位置づけられ、田舎へのノスタルジアに支えられながら新たに受容されている [PELEGGI 2007:55]。しかし中部タイの伝統をいくらさかのぼっても、東北タイへと行き着くことはなく、その意味では歪んだノスタルジーとも言える。現在のタイ中部からの眼差しには、低開発の他者としての「ラオ」と、古き良き源郷としての「イサーン」という相反した視線が入り混じっている。

3-4-8. イサーンとラオの狭間

　東北タイの住民が「イサーン人」という共通のアイデンティティを持つようになったのは第2次大戦以後のことである [KEYES 1967: 59]。以前はこの地域で共通の帰属意識が共有されることはなかった。地域の民族文化の歴史を遡ってみても、古くはモン系、10世紀ごろよりクメール系の文化が卓越し、14世紀以降に現在のラオ系文化が広がり始めた。だが人口の少ない疎林地帯であったため、近代国家の成立以前は広大な境界域にすぎなかった。古くはアユタヤ王朝とアンコール王朝もしくはラーンサーン王朝との、またバンコク王朝とヴィエンチャン王朝との、また近代国家シャムとインドシナ植民地ラオスとのあいだの幅広い国境でしかなかった。19世紀末、この地域ではラオ系住民が既に多数を占めており、「ラオ人」のアイデンティティは、メコン川左岸のインドシ

ナ植民地ラオスのラオ族とも共通するものであった。だが東北タイの全体を見ると、ラオ系民族以外にも、クメールやその他の少数民族も居住する民族構成の複雑な地域であり［赤木 1987: 27-28］、1つの共通した地域アイデンティティを涵養するような背景は存在しなかったと言える。

　19世紀末以降にインドシナ半島の各地が植民地化されるにつれ、近代的な意味での国境線が画定し、この地域がタイ王国の枠内に位置づけられる。そこで初めて明確な地域アイデンティティが醸成された。教育や宗教、行政などさまざまな方面での制度的支配を経験するなか、バンコクからの視線を内在化しながら、自らを地方住民である「イサーン人」として捉える眼差しが形成され始める。それはタイ王国という国家内でのアイデンティティであり、タイ国民という枠組みの内側で「イサーン人」が、「ラオ人」に置き換わっていった［トンチャイ 2003: 304］。「イサーン人」とは、字義通りには「東北タイのすべての住民」を指すが、同時にその地方のマジョリティである「ラオ系民族」を意味する。また中央政府からの眼差しを含み込んだ「イサーン人」というアイデンティティは、「低開発で貧困な地域イメージ」をも同時に内包する[53]。

　だがそれでも、「ラオ人」という民族アイデンティティが持続していることも忘れてはならない。ラオ人は、かつてメコン川中上流域を支配したラーンサーン王国を支え、アユタヤやバンコクとも戦乱を交えてきた。タイ中央政府にとっての東北部の「ラオ人」は、現代の低開発国たるラオスの主要民族「ラオ人」と共通する、地方の貧しい人びとにすぎないだろうが、当地の人びとにとっての「ラオ人」は、メコン川を越えたラーンサーン王国以来の文化伝統の後継者という積極的な意味づけも併せもっている[54]。

　また「イサーン人」にしても「ラオ人」にしても、一義的には東北タイに居住するラオ系以外の民族が含意されていない点も注意すべきである。歴史的に見ると、モン系、クメール系民族もこの地域の文化には深く関わっている。だが

53　林行夫によると、「砂漠と貧困の東北タイ」というイメージは中央から作られたものであることが多く、開拓前線が活発なころの東北タイは、ラオ農民にとっては米の収量が多く経済水準が高い地域だったという［林 1993a: 653］。
54　モーラムと呼ばれる東北タイの伝統歌謡では、自らの故郷として、ヴィエンチャン王国やラーンサーン王国を位置づける歌謡がしばしば見受けられる。

現在では「イサーン」人、あるいは「イサーン」地域は第1にラオ系民族を想定した概念である。この地域が持つ民族的な複雑さは捨象されている。

1990年代以降は、バンコクなどの都市部においてイサーン文化が改めて評価され始めている。そこでは「タイ文化の源郷への憧れ」という歴史的な誤認を含むノスタルジアを反映しながらも、「ラオ」ではなく「イサーン」という概念の中に統合されて、その地域と住民が捉えられている。外部者たる中央の眼差しのもとで、「ラオ」と「イサーン」という2つの語の関係が再編されるプロセスについては、次節で映画『ピーポープの村』におけるピーと東北タイの表象を検討する中で、改めて言及することとしたい。

3-5. 2000年以降のピーポープ映画の変容

3-5-1. 映画『ピーポープの村』と映画『ピーポープの村2008』の類似

ここで再び『ピーポープの村』に目を戻そう。映画『ピーポープの村』シリーズが地方で人気を博した理由を考える際に、「中央と地方とのあいだにある文化的・歴史的な隔たり」とだけ言及するのではなく、東北タイの民族文化の変遷を踏まえる必要があることは既に述べた。前節で見たとおり、東北タイは、古くはモン、クメール文化の系譜を持ち、14世紀以後にラオ系民族の影響を色濃く受けた。19世紀末以降はタイ王国の枠組みに組み込まれ、近代国家の建設過程でタイ化が進行するにつれ、「ラオ」と「イサーン」という2つのアイデンティティを形成してきた。この「ラオ」と「イサーン」という2つの民族－地域アイデンティティは、当事者にとっては、重なり合いながらも微妙なズレを含みもつ。一方で、中央政府から見た「ラオ」と「イサーン」はかなりの部分が重複している。

そもそも中央にとって「ラオ」が意識されるのは、自国の国境の内側に彼らが居住するようになって以来のことであり、それは19世紀以降である。つまり、この地の住民は大部分がタイの属国であったラーンサーン王国の民（ラオ人）であり、タイ王国に組み入れられて初めて「東北タイ」（イサーン）の住人（イサーン人）となった。ラオでありイサーンである東北タイの住人が、1960年代以降に

は反共政策と開発政策の対象となり、近代化の遅れた貧困な人びととして位置づけられてきたことは容易に納得できる。こうした中央からの視線を念頭において、1989年に始まる『ピーポープの村』シリーズに目を戻すと、映画でのピーポープと東北タイの表象がより明らかになるであろう。

　映画『ピーポープの村』はシリーズを通してストーリーがほぼ一貫している。ピーポープが出没する村に、外部から訪問者がやってきて、村人からピーポープの話を聞かされるが、最初は信じることができずに、ピーポープと噂される老婆を擁護する。しかし訪問者自身がピーポープに襲われると、一転してピーポープの存在を受け容れ、村人と一緒にピーポープから逃げ回る。最終的にはピーポープ騒ぎが収束して、外部者は村の若い女を連れてバンコクに帰還する。その陰で、村ではピーポープが生き続ける。

　いずれの作品でも、主人公はバンコクなどの都市から来た訪問者である。巡回医師団のメンバーや村落開発員など役職はさまざまだが、いずれもバンコク中央政府と繋がりのある都市住民が、ピーポープの村を訪れる。最後には主人公はピーポープの存在しない中央に帰還するが、一方で村の住民はその後もピーポープとともに生き続けることが暗示される。換言すると、『ピーポープの村』では、東北タイに位置する村落と、訪問者が由来する外部世界＝都市＝バンコク中央政府とは、究極的には断絶している。偶然の訪問により、両者は一時的に邂逅するが、その邂逅は新たに何かを生み出したり、変革したりするものではない。中央からの訪問者は、地方村落をピーポープから解放するどころか、ただピーポープから逃げ回り、村落の中の何ものをも変えないまま、もと来たところに帰って行く。

　この両者の関係は、1980年代までのタイ中央政府と東北タイの現実の政治的関係と重なり合う。1960年代以降、ラオスやカンボジアに接する東北タイに左傾化の脅威を感じ取ったタイ中央政府は国家的威信をかけて、この地域の統制と開発を優先的に行なってきた。1962年サリット (Sarit Thanarat) 政権はコーンケーン県を東北タイの開発拠点として位置づけ、道路を敷設し、空港や大学を設置した。灌漑支援を含む農業開発などの支援策が取られ、東北タイの都市近郊を中心にインフラストラクチャーが整備された。結果、1980年代以降、生活環境や経済状況は急激な変貌を遂げた [林 1993b: 129-130]。たとえば2000年

代後半のコーンケーン市には、スターバックスやマクドナルドなどのファーストフード店や、都市型の大型デパートも出店し、タイ国内でも開発が進んだ有数の近代都市となった。

　それでも、映画『ピーポープの村』で描かれる村落と外部との断絶は絶対的である。『ピーポープの村』シリーズは1994年の『ピーポープの村13』のあと、14年の空隙を経て2008年に『ピーポープの村2008』が制作された。タイトルに仏暦でなく「2008」という西暦が使われている点は現代性を強く意識させる。たとえば第5作目『34年のピーポープ』(1991年)では西暦ではなく仏暦(2534年)が用いられている。タイでは公文書などでは現在でも仏暦が用いられており、仏暦は西暦に比べて「土着的」「タイ的」であることを感じさせる。おそらく『ピーポープの村2008』は、ピーポープという土着の田舎のものと、「西暦」のような都市的な外来のものとのミスマッチを狙ったタイトルであろうが、映画のストーリーは従来のものを踏襲したにすぎない。

　『ピーポープの村2008』においても、村に巡回医師団が訪れることで物語が始まる。もともと村では呪術師が伝統的な病治しを行なっていたが、村人は巡回医師団による近代医療の効果を体験し、徐々に医師団を信頼し始める。ある日、ピーが取り憑いたとされる女性に呪術師が暴力的な儀礼を行なっていたところ、偶然居合わせた医師がそれを制止する。医師団の行ないに不満を抱いた呪術師は呪術を用いて自らの妻にピーポープを宿らせ、村中を混乱に陥れる。やがて呪術師のコントロールが及ばなくなったピーポープは村人に次々と襲いかかる。最初は信じなかった医師団も最後には村人と一緒に走って逃げ回り、終幕まで果てのない追い掛け合いが続く。

　ピーポープ役には、過去のシリーズで数多くのピーポープを演じたナタニー・シティサナーム (Nathani Sithisanam) が起用され[55]、ピーポープと村人の「鬼ごっこ」が延々と続く展開は、『ピーポープの村』シリーズの定番の焼き直しであり、90年代初頭のドタバタお化け映画へのオマージュとも言えよう。観客に恐怖を感じさせる場面はほとんどなく、村内のゴシップが雑貨屋で語られ、

55　ナタニー・シティサナームは『ピーポープの村』シリーズ以外にも多くの映画にピーポープ役として出演し、タイ映画でのピーポープの雛形を作った女優と言える。後述する2001年の『パラサイトデビル』にも出演している。

喜劇的な田舎の日常生活のまっただ中に、ピーポープが突然現れてドタバタの逃走劇が展開される。外部者が村落に侵入することで混乱が増幅するが、最終的にピーポープは駆逐されることのないまま、ピーポープの村は存続し続ける。村（＝地方）と外部者（＝中央）との断絶は、現実の東北タイが経験した急激な社会変容とは異なって、凍結されたまま残されている。中央の眼差しのもとに置かれた「イサーン」は、相容れることのない他者として、バンコクという中央から遠く離れたところに置かれ続けている。

　また仏教や僧侶が描かれないことも、「ピーポープの村」シリーズに共通する特徴である。僧侶がピーポープの駆除を試みる場面が挿入されるものもあるが、僧侶によるピーポープの駆除は物語の最重要のテーマとはなり得ていない。倫理的に善なる存在である仏教が登場すると、本来的にピーは駆逐されねばならないが、仏教を意図的に排除することによって、ピーという存在は仏教的正義を貶めることなく、存続し続けることができる。そもそもピーの存在は仏教的な正義や倫理の範疇から外れたところに位置しているため [HOLT 2009: 237]、仏教的世界観の外側でピーの物語が展開するのは不自然なことではない。さらに言えば、中央との連続性を示唆する国家宗教としての仏教の不在によって、地方の悪霊であるピーポープの他者性がより鮮明に描き出されていると見ることもできる。

　とはいえ、2000年期以降のすべてのピーポープ映画が同じプロットをたどるわけではない。いくつかの映画では新たな展開がもうかがえる。以下では2001年の『パラサイトデビル (Pop wit sayong)』と2003年の『ローン (Lon)』を比較対象として取り上げる。

3-5-2. 映画『パラサイトデビル』のピーポープ

　映画『パラサイトデビル』[56]（2001年、監督ヘーマン・チェータミー Heman Chetami）は2000年代に作られたピーポープ映画で、上述の『ピーポープの村』とは異なり、バンコクを舞台に物語が展開する。

　映画の冒頭では1932年に東北タイのある村で起きたピーポープの調伏の様

56　『パラサイトデビル』は邦題で、原題は『ポープ・ウィート・サヨーン』。直訳すると、「ピーポープきゃー！ぶるぶる！」。英語タイトルは『Body Jumper』。

子が描かれる。呪術師モーピーがピーポープを捕らえ、呪符を貼った壺の中に封じ込めてしまう。それから70年後、村落開発ボランティアで村を訪れた大学生たちが偶然にその壺を破壊し、壺の中から飛び出したピーポープが女子学生に取り憑いてしまう。

　バンコクに戻ると、ピーポープが取り憑いた女子学生は次々と男子学生を襲っては、その学生の肝臓を食べてしまう。おかしな様子に気づいた学生たちは、科学的な機器を駆使する現代的な悪霊祓除師の助けを借りて、ピーポープを捕らえようと苦心する。ピーポープが憑依した女子学生は、けっして人間の言葉を発することはなく、ただ獣のように呼吸音と呻き声だけを響かせながら、男子学生を追い掛け回すが、最後にはピーポープが本体を顕わにする。頭は禿げ上がり、耳元まで裂けた口からは無数の牙が覗き、垂れ下がった乳房と膨らんだお腹を抱え、ドシンドシンと音を立てながら歩く怪物のような姿である。怪物と化したピーポープは、大学の巨大なコンピューターサーバの上で、祓除師が仕掛けた聖糸にくるまれ、最後にはCD-ROMの中に封じ込められてしまう。

　エピローグとして、バンコクの路上で違法コピーCDが売られている様子が描かれる。台の上にはピーポープの封じ込められたCD-ROMも並んでいる。客がCDを手に取り、ピーポープが新たな宿り主を見つけるかと思った矢先に警察が現れて、その違法コピーCD屋は逮捕されて終幕を迎える。

　この『パラサイトデビル』は従来の『ピーポープの村』とは異なって、バンコクという都市を舞台とする。ピーポープ出現のきっかけは、村を訪れたバンコクの大学生という外部者であり、その点は従来のシリーズと共通しているが、本作ではバンコクの大学という都市的空間の中をピーポープが跋扈する。ピーポープに襲われるのも、都市に住む色白の若者ばかりであり、もはやピーポープは東北タイの村落社会の閉じた人間関係から解き放たれたかのようである。学生がピーポープへの対処法を図書館で探るシーンでは、『*Pop Spirit*』と題する英語の書籍を参照するし、大学構内やディスコでは外国人も多く登場する。また外国人とのハーフのように見える現代の祓除師[57]の自宅は科学実験室のよう

57　四方田は、この祓除師について「米軍兵士とタイ女性のあいだの混血児を連想させる」と語っている。ハイテクなどによって前近代の悪霊と闘うという発想が含む矛盾は、彼の出自の矛盾に由来すると読み解いている［四方田 2009: 167-168］。

な装いであり、ピーポープが最終的にCD-ROMに封じ込められるとおり、科学がピーを駆逐する。他愛もない恋愛話を交わす片田舎の雑貨屋での風景が頻繁に挿入されるような『ピーポープの村』とは異なって、『パラサイトデビル』は、グローバルな関係性の結び目にあるバンコクという都市、近代性が物語の背景を成している。

　この映画を評した四方田犬彦は、「定番のお笑いも、ピー・ポップ[ママ]のジェスチャーも基本形をちゃんと踏襲」［四方田 2009: 167］し、従来のピーポープ映画の延長上にあるとしながらも、それがバンコクを舞台としている点に着目している。登場人物は大学生という都市の住人であり、前近代の村落と、大衆消費社会で無国籍状態にある大都会の対照性のなか、ピーポープだけは何も変化していないように見えるという［四方田 2009: 167］。

　だがそれまでのピーポープが、村落で日常生活を送る老婆の姿で描かれていたことと比較すると、本作でのピーポープの最終形はあまりにかけ離れている。ピーポープは、もはや人間を起源とする霊的存在ではなくなって異世界から来た怪物の姿に成り果て、バンコクという都市的空間の中で、科学的手段を駆使する現代のモーピーと、違法コピーCDを取り締まる警察の手によって駆除される。都市と断絶した東北部の農村でピーポープが生き続けることを暗示しながら幕を閉じていた従来のピーポープ映画とは大きく異なり、農村から都市に連れ出されたピーポープは、最終的に科学と国家という近代性によって完全に封じ込められてしまうのである。

　『ピーポープの村』から13年後に制作された『パラサイトデビル』は、現実世界の社会状況を大きく反映している。外部社会と村落社会の隔絶や、村落社会の前近代性はもはや中心的なテーマではなく、都市社会を支える近代性が村落社会の前近代性をも圧倒してしまう状況が描かれている。このことはバンコクと地方都市だけでなく、農村部においても強烈に経験された90年代以降の社会変化と無関係ではないだろう。都市的な空間ではもちろんのこと、もはや農村という空間、あるいは農村に象徴されるような前近代性ですら、近代的な手段によってコントロールされ得ることを暗示している。反共政策と開発政策によってなんとか懐柔しようと試みた、60年代の扱い難い圧倒的な他者としての「ラオ」の姿はもはや消え去り、中央による近代的な手段によって、懐柔

された周辺地域としての「イサーン」の像がそこに表象されているのである。

3-5-3. 映画『ローン』のピーポープ

　映画『ローン（Lon）[58]』（2003年, 監督アピチャート・ポーティパイロート Aphichat Phothiphairot、ブンソン・ナークプー Bunsong Nakphu、シワーウット・パイリーピナート Siwawut Phairiphinat）も、2000年以後に制作された現代のピーポープ映画であるが、『ピーポープの村2008』や『パラサイトデビル』とはさらに異なったピーポープ像を描き出している。ピーが村人を追いかけ回す場面をコミカルに描くことの多かった従来のピーポープ映画とは異なって、喜劇的なシーンを徹底的に廃しホラー色を濃くしたところは『ローン』の際立った特徴である。また映画はオムニバス形式で構成されており、その一話をなすピーポープのエピソードはすべて東北タイ方言で演じられ、画面にはタイ標準語の字幕が付されていることにも注意が必要である。

　物語は、大学生の男女5人が中部タイのある古い民家に宿泊に来たことに始まる。1人の女子学生がタイ各地のピーの民間伝承を紹介した本を持参し、夜中にみんなが集まって百物語のように読み上げることで、劇中劇として3編のピー物語が展開される。東北部のピーポープ、南部のピープラーイターニー（phi phraithani）[59]、北部のピーポーン（phi phong）[60]が紹介されたあと、中部タイのピーが現実の彼らのもとに現れる。彼らが宿泊に来た民家にはナーンタキアン（nang takhian）[61]という中部のピーが棲んでいて、大学生たちはナーンタキアンに襲われて次々と殺されるというストーリーである。

　このうちピーポープのエピソードは次のように展開する。冒頭で、暗闇の中徘徊し、ニワトリやアヒルを生きたまま貪り喰う老婆の姿が映し出される。翌日、飼い主の男が「ニワトリがぜんぶ殺された」と村長に報告し、ピーポープの仕業ではないかと相談する。「オオトカゲが喰ったんだ」、「ピーポープなんて現代の

58　タイ語の「Lon」は「お化け・幽霊が現れておどかす」ことを意味する。英語タイトルは「Soul」。
59　ピープラーイターニーは、バナナの気に宿る女性の霊で、男性の夢に現れて性的に誘惑して精気を吸い取り、しまいには殺してしまうという悪霊である。
60　ピーポーンは、呪術を使う人間が植えたワーン（wan）の木から生じるピーで、持ち主と同じ顔をして夜中に徘徊し、汚物を食するとされる。
61　大きくなったタキアンの木に宿るとされるのがナーンタキアンという女性の霊である。前章で論じたナーン・ナークの祠（マハーブット寺）の脇にも大きなタキアンの木が植えられている。

世界に出るわけがない」と村長を中心に数人の村人たちが話し合いながらも、うつろな目で村の中を歩き回る老婆チャンにピーポープの疑いがかけられる。村長を先頭に村人たちが老婆チャンの自宅を訪ねるが、息子と娘は「母は身体の麻痺で長いあいだ苦しんでいる。ピーポープであるはずがない」と否定する[62]。

だがその夜、再びピーポープが村に現れる。村人たちはピーポープを追い掛けるが摑まえることはできない。翌朝、多くの村人が村長の家へ押しかけ、「村にピーポープがいるから何とかしてくれ」とけしかける。村長は「証拠がないから何もできない」、「老婆に悪さをすると逆に私たちが警察に捕まる」と消極的な姿勢を見せる。しかし騒ぐ村人をなだめきれずに、村長は呪術師を連れて老婆チャンの家に押しかける。本作での呪術師は、従来のピーポープ映画のように過剰な装飾はされず、現実の東北タイ村落と同様に1人の村人としてリアリティをもって描かれている。

家に上がり込んだ呪術師は祓除儀礼を執行する。聖糸を老婆の首にかけ、棒で叩きながら、「おまえは誰だ」、「どこから来た」と老婆に問い詰める。しかし儀礼の途中に老婆の息子と娘が帰宅し、「母はピーポープではない」、「そんな話は信じられない」と強く否定し、儀礼を力づくで中断させる。去り際に呪術師は「いつかお前ら自身が肝を喰われるぞ」と兄妹に警告する。

兄妹も徐々に気持ちが揺らぎ始める。「母さんはあいつらが言うようにピーポープじゃないよね」、「現代にはピーポープなんていないんだよ」などと互いを納得させるように語り合う。その夜中、老婆チャンとは異なる別の姿の老婆が生きたネコを襲って食べ、兄妹のすぐ傍で寝ているチャンのもとにやってきた。その老婆はピーポープの本体で、宿り先である老婆チャンのもとに戻ってきたのである。母親の隣で眠れなかった娘は一部始終を目撃し、ピーポープの本体であるその老婆と目を合わせてしまう。

次のシーンでは、老婆チャンの葬儀の様子が映し出される。村人たちは「ポープに殺されたのか」、「いや、病気で死んだだけかもしれない」と口々に話し合い、明確な結論の出ないまま、チャンの死を受け容れる。だが最後に髪がぼ

---

[62] 子どものうち兄を演じるのは東北タイ・コーンケーン出身のソムラック・カムシン（Somrak Khamsing）である。アトランタ五輪でタイ人初の金メダル（ボクシング・フェザー級）を獲得し、東北タイでは英雄視されている。

さほさで目が黒く落ち込んだ娘の姿が映し出され、老婆のピーポープを継承したことが暗示される。

　この物語は、『ピーポープの村』のようなピーポープ映画の典型的な語り口を取っていない。たとえば劇中にバンコクから訪れる外部者は一切登場しないし、ピーポープに襲われるのは、ニワトリやアヒル、ネコといった動物ばかりである。またピーポープが人間を追いかけ回す場面はいっさい描かれず、逆に村人がピーポープを追いかけて捕らえようとする。喜劇的な要素が濃い従来のピーポープ映画とは違って、現実の東北タイの村落の様子を忠実に描くことが優先されている。

　登場する村落の住民たちが、ピーポープについて半信半疑であるというのも、村落の現実に近い。村にピーポープが出たという話を容易に受け容れるではなく、「オオトカゲの仕業かもしれない」、「証拠がない」、「現代にピーなどいるわけない」といった語りを挟みながら、ピーポープの存在に対する両義的な信念を描きだす。ピーポープの存在を心のどこかでは怖れながらも、一方で非科学的な存在をすぐに信じることの前近代的な無知蒙昧さを、村人自身が認識している。老婆チャンの葬儀の中で、村人が「(ピーポープではなくて)病気で死んだだけなのかも知れない」と語り合うが、こうした語りも、ピーポープの存在を完全に信じているわけではないという、村人の不安定な信念を表現している。「村の誰かをピーポープだと告発すると、警察に捕まってしまう」と村長は語るが、フィールド調査を行なったコーンケーンの村落でも同様の語りを聞いた[63]。ピーポープという悪霊への恐れを持ち続けながらも、「オオトカゲ」や「病死」という合理的な説明や、警察という中央につながる外部権力についての語りを併置させることで、ピーポープの物語は東北タイという辺境の一地域の枠からはみ出して、同時代の「いま、ここ」に位相をずらすことになる。ピーポープが存在するかどうかについては、映画の最後まで明らかにされない。ただピーポープが東北タイの村落において恐怖の対象でありながら、同時にその村落が、都市部や中央からはるかに隔絶して存在しているのでなく、他の地域と

63　コーンケーン県ムアン郡の調査村のモータムによると、ピーポープの祓除儀礼では、どこの村の誰がピーポープの本体かを、問い詰めて白状させることがある。だがピーポープの本体が、同じ村や近隣村の住民である場合は、そこに新たな葛藤が生まれる。そのモータムによると、ピーポープを同定したことで、逆に訴えられて、過去に2度ほど警察沙汰になったという。

同じく同時代の同じ空間の中に位置することが確認される。映画『ローン』のピーポープは、中央の近代的なるものに完全に取り込まれたわけでもなく、また前近代の中に深く沈潜しているわけでもなく、あえて宙に浮かんだ、中途半端な位置に措定されている。

　先に映画『パラサイトデビル』の分析の中で、東北タイの「前近代性」が近代的な手段によって操作可能なものへと変貌した90年代以降の社会変化を反映していると述べたが、映画『ローン』での東北タイの表象はそれとはまったく異なる。映画の中で女子学生が読み耽っていた『タイのピー』という書物の中では、「東北タイのピー」として「ピーポープ」が紹介されていた。「東北タイ」という地域は、もはや特別にネガティブな意味合いを持つものではなく、タイ王国という大きな枠組みの中で、1つの地方を占めるものとして中部、北部、南部と並列で語られる。もはや東北タイは、反共目的での軍事的介入や貧困撲滅のための開発政策によって積極的に操作すべきものではなくなり、その地域の文化をただ低俗で野蛮なものとして軽蔑する必要もなくなった。ある地域の文化を、国内の一地域の伝統文化として評価するような、「地方」そのものの位置づけの変化をも、映画『ローン』から読み解くことができるだろう。

　映画の劇中劇が、それぞれの地方の方言で演じられていることも地方文化の再評価という文脈と一致する。オムニバスの各挿話の、「ピーポープ」は東北方言で、「ピープラーイターニー」は南部方言で、「ピーポーン」は北部方言でそれぞれ演じられ、そこにタイ中部語の字幕が付せられていることが、各地方のピー信仰のような周辺的な宗教実践ですら、国家の枠組みの中で、ある「地方文化」として整然と取り込まれていることを象徴的に示している。「東北タイ」という他者は他の地方とは異なった独自の論理を持ちながらも、それはタイ王国内の構成要素として認識され組み込まれた、1990年代後半以降のタイ国内の地方文化の位置づけの変化を表象している。

3-6. ピーポープ映画に見る二重の地域像

　本章では、ピーポープ映画を素材に、そこにいかなる地域像が描かれている

かをめぐって議論を進めてきた。1989年に始まる『ピーポープの村』シリーズでは、中央から断絶した圧倒的他者としての東北タイが描き出されていた。それが2000年以降のピーポープ映画では、ある場合には近代性によって飼い慣らされたもの、また別の場合にはタイ国内の一地方として独自の価値を持つ存在として表象されるようになった。こうした映画は、バンコクの映画会社により制作されたものであり、その表象は中央からの視線を反映したものにすぎない。だが、1990年代以降のピーポープ映画は都市部でなく主に地方の観客に受け容れられた。ピーポープ映画が中央に対する地方の劣等性を描いてきたことと、同じ映画を地方の人びとが熱狂的に受容したこととはいかに整合しうるのか。

　この問いを考える前に、ピーポープ映画をめぐる地域像が二重に形成されていることを確認しておかなければならない。第1に、前節で論じたようなタイ国における中央と地方の関係性の中で作られる東北タイという地域像と、第2に、東北タイ内部におけるイサーン人同士のあいだに形成される地域像である。

　中央タイの視線によって作られた初期のピーポープ映画は、「中央にとっての異質な他者」としての東北タイが描き出されていたが、同時にその映画を楽しんだ東北タイの人びとは、中央の思惑とは異なった異質性を見出していたのであろう。東北タイの人びとにとっての他者とは、自らの地域内に存在する「異質な他者」である。四方田は筆者の報告［津村 2000］を引きながら「1990年代にピー・ポップ映画に興じていた観客たちとは、同時に現実にピー・ポップ騒動で祓除儀礼を実行し、ピーポップ狩りを実行していたのと同じ民衆」であったことの含意を指摘するが［四方田 2009: 101］、同じ東北タイの人びとであっても、すべてがピーポープとともに生きる人びとではなく、「ピーポープとともに生きる人びと」、あるいは「ピーポープである人びと」は、東北タイの人びとにとっても常に他者、異人なのである。

　関一敏は、フィリピン・シキホール島での呪いについて「ここではない、しかし近隣の村なら……」、「今ではない、しかし昔なら……」という語りを村人が頻繁に繰り返すことを指摘しているが［関 1997: 359-362］、東北タイの人びとにとっても、多くの場合、ピーポープは「ここではない近くのどこか」に存在するものである。その意味では、初期のピーポープ映画が、「中央にとっての

異質な地域」という東北タイを描いたのと同様に、東北タイの人びとにとっても、ピーポープは異質な他者を描き出していると見るべきである。

ではどういった意味での異質な他者像か。これについて、「女性性の抑圧」という文脈から四方田は次のように分析する。主人公のピーポープが常に性的な魅力に満ちた若い女性として描かれ、若い男たちを魅了する存在として描かれていることから、ピーポープを「共同体の内側で抑圧された女性の性的欲望の表象」［四方田 2009: 102］と解釈する。ピーポープの「男性の内臓をつかみ取り貪り食うという行為は、象徴的な意味での去勢行為」［四方田 2009: 102］であり、それゆえ、モーピーやバラモン僧のような「男性の宗教的指導者が彼女の撲滅に際して主導的な役割を果たす」［四方田 2009: 102］と分析する。東北タイのピー信仰の一断面をえぐり出す指摘であるが、一方で、現実のピーポープ伝承を併置すると、逸脱した女性性とそれに対する男性の抑圧というだけでは不十分である。

ピーポープの発生理由について物語るピーポープ映画はわずかであるが、[64] 現実のピーポープ伝承の中では、発生理由が重大な関心事となる。ピーポープは神秘的な知識であるウィサー（wisa）を保持する者が、適切な振る舞いを怠った場合に発生すると考えられている。ウィサーには、恋愛成就や商売繁盛に関わるような利己的な利益を招く呪術が多く含まれ、そうした呪術は効力を維持するために守るべきタブー（khalam）が課せられる。そのタブーを破った場合にピーポープが発生すると考えられており、男性にも女性にも起こりうる事態である［Sombat 2000: 85］。

ピーポープ映画ではピーポープはもっぱら女性として描かれるが、現実の村落に発生するピーポープは女性とは限らない。自己の利益や欲望の成就を招くような呪術を執行する人間がピーポープに化すと考えられている。[65] つまり、現実の東北タイ村落においては、「性的に抑圧された女性」がピーポープの源泉というよりは、村落の人間関係の中で突出して自己の利益を追求する者こそがピーポープの発生源とされる。自己の利益を追求する者が東北タイ村落における異質な他者であるというのは、厳しい自然環境の中で助け合いながら生

---

64 シリーズ第1作目『ピーポープの村』（1989年）では恋愛呪術の失敗がピーポープの起源とされていたが、その後のピーポープ映画では悪霊の起源についてはあまり語られていない。
65 後章で詳述するが、たとえばピー祓除の専門家であるモータム（mo tham）はある種のタブーを破ると、彼の身体に宿る聖なる知識ウィサーがピーポープに変質すると考えられている。

計を立ててきた東北タイの来歴からもうかがい知れる。

　1990年代までの初期のピーポープ映画においては、地方の巡回医師や開発推進員など常に中央から外部者が訪れ、彼らの目を通してピーポープが描かれた。そのピーポープは、中央と隔絶した貧困の地である東北タイという地域を表象するものであった。しかし、その映画を観て楽しんだ東北タイの人びとの目には、中央からの隔絶という、自らもそこに押し込まれた他者性というよりは、自分たちの社会が持つ平等論理からの逸脱者の表象として、ピーポープを捉えていたと考えるのが妥当であろう。村落の基準から逸脱していれば、それはピーポープとなり得る可能性をはらんでおり、このことは東北タイ村落における平等論理の重要性を逆に照射しているとも言える。

　だが2000年以降のピーポープ映画では、少し状況が異なっている。『パラサイトデビル』では、中央と地方との隔絶が弱まり、バンコクという都市的な空間に現れたピーポープが科学的な技術を駆使したモーピーによってCD-ROMの中に封印された。また『ローン』では、東北部のピーポープの物語が、北部・南部・中部と並列されながら、中部タイ語の字幕とともに東北部方言で語られ、外部者は登場することなく、東北タイの村落の内部だけで物語は完結した。科学的な技術や都市的な生活スタイルに見られる近代性が地方の村落にも広く浸透するとともに、特に1990年代半ば以降は国内の多様な地方の伝統を再評価する「土着の知恵（*phum phanya*）」いう言説が社会的に広く受容され［PELEGGI 2007: 21］、東北タイの人びとにとっても、中央からの隔絶感はずいぶん弱まったと言える。このことは自らを「ラオ人」というより、タイの一地方の住民である「イサーン人」として位置づけるアイデンティティの変化にも現れている。こうした状況のもとでは、1990年代までのピーポープ映画に見られたような、中央と地方の対峙に由来する他者性を見出すことはもはや困難になってきたとさえ言える。

　しかし、それでも2000年期以降もピーポープ映画は制作され続けている。新たなピーポープ映画の興隆を支えているのは、ひとつに『ピーポープ2008』に見られるような往年のピーポープ映画へのノスタルジックな眼差しであろうが、もうひとつは、東北タイの内部における他者性の増大があるだろう。都市への出稼ぎ労働が拡大し、貨幣経済化や商品経済化などと総称される社会変化

が村落部でも急激に進行するなか、貧富の差は従来以上に拡大し、伝統的な平等規範は侵犯される。もはや地域としての東北タイは中央にとっての隔絶された他者としては描きがたいが、中央との対置で他者性を抽出しなくとも、伝統的な秩序の侵犯によって新たな他者性が村落内部に発生する。中央と地方との差異に由来するのではない、地方村落の内部における新たな他者性の創造を、近年のピーポープ映画から読み取ることも無理なことではないだろう。

「第1部 映画に表象される精霊信仰」では、主に映画というメディアを通じて醸成されたピー信仰の表象を、タイ王国あるいは東北タイという地域の歴史と関連させて考察することで、本書が主題とするピー信仰の歴史的、社会的な背景を明らかにしてきた。第2章では、バンコク近郊の悪霊譚ナーン・ナークの物語の分析を通じて、タイの近代国家建設の過程において、仏教の国教化が進行するとともに精霊信仰が周縁化された様子を描いた。タイ王国という近代国家の枠組みの中でのピー信仰の布置を描くにあたって、19世紀末から20世紀初頭に近代的制度の整備が推進された時代を背景に検討することで、仏教とピー信仰の関係の形成過程と、相容れないながらも共に存在し続ける両者の関係を示した。つづく第3章では、ピーポープという東北タイに特有の悪霊を題材にした映画群を取り上げて、ピーポープを媒介にして表象された東北タイという地域表象が、近年変容しつつあることを指摘した。中央とは相容れない絶対的な他者であったラオが、イサーンというタイ国内部の一地方として認知されるとともに、中央から隔絶された一地方であっても近代性からけっして逃れられないことが、悪霊ピーポープをテーマとする映画の分析からうかがえた。第1部で指摘した仏教と精霊信仰との関係、また中央と東北タイとの関係、さらに東北タイ内部での新たな他者性の勃興といった諸要素は、第2部以降で論じる東北タイ村落の社会的現実の背景にあるものとして位置づけたい。

第 2 部
精霊を語る人びと

第4章
村落生活と調査の方法

　第2部では、東北タイのピー信仰について、村の守護霊と「ピーに反する行為」という宗教的観念を取り上げ、いかにしてピーをめぐる社会的現実が生成されているかを考察する。次章以降、村落調査で得られたデータをもとに考察を行なうが、本章ではひとまず東北タイ村落の現状を概観することで、本書の背景を素描したい。東北タイという地域の歴史とそのタイ王国内での位置づけについては、既に詳述しているので、ここでは1999年より調査を継続してきたコーンケーン県NK村について記述する。以下は、特に断りがないかぎりはフィールド調査を集中的に実施した1999年から2001年当時の状況である。

4-1. 東北タイNK村の生活

4-1-1. NK村の位置と来歴
　本論で検討するのは、東北タイのラオ系村落である。タイ王国の中でも、東北タイは、貧しい土壌と少ない降雨のために貧困な地域とされる。特にチー川以北は過去200年ほどのあいだにメコン川左岸から移入したラオ系民族による開拓村が広がる地域で、天水依存のモチ稲栽培が主たる生業である。1960年代以降サリット（Sarit Thanarat）政権のもとで東北タイの開発計画が推進し、その中心とされたのがコーンケーン県（changwat Khonkaen）である［石井 1975: 238］。1960年代には東北タイとバンコクとを結ぶ国道が整備されるとともに、空港や大学、政府機関が設置され、開発の拠点として堅実な発展を経験してきた。またコーンケーン市近郊農村ではケナフやキャッサバなどの商品作物が栽培され、1970年代以降急激に商品経済化が進行した。

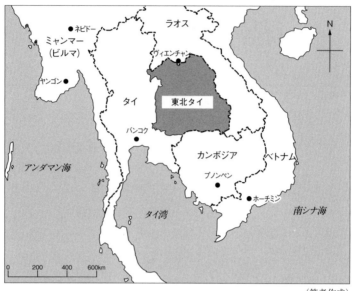

【地図4-1】東南アジア大陸部と東北タイ

(筆者作成)

　NK村はコーンケーン県ムアン郡 (amphoe mueang) DY区 (tambon DY) に位置する。県の中心部コーンケーン市 (thesaban Khonkaen)[66]からは国道12号線を西に十数キロ、さらにソイ (soi)[67]を北に少し入ったところにある。コーンケーン市のバスターミナルから乗り合いトラック (song thaeo) に乗って20分ほどでソイの入り口に着き、そこからバイクタクシーを使って15分ほどでNK村に到着する。[68]

　1999年の調査開始時、村内の道路の約半分が未舗装で、280軒ほどの家屋もほとんどが木造の伝統的家屋であった。1997年に行政的に2つの班 (mu) に分割された。NK村には合計278戸の家屋があり、人口は1342人(男690人、女652人)であった(2001年9月現在)。2つの班それぞれから村長 (phuyaiban) が選ばれる

---

[66] コーンケーン市の人口は2001年9月現在で、12万9494人(男6万2939人、女6万6555人)、家屋4万4241戸。

[67] ソイとは大通りから分かれた小さい道のこと。

[68] 調査開始時1999年にはコーンケーン市から村まで直通の乗り合いトラックはなかったが、2004年にある住民がトラックを購入し、コーンケーン市から直行の運転を始めた。

第4章　村落生活と調査の方法

【地図4-2】東北タイの関連地図

（筆者作成）

【地図4-3】コーンケーン県の調査地域周辺地図

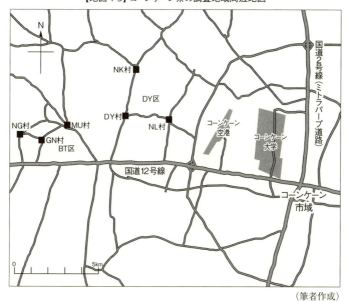

（筆者作成）

が、班から区長 (*kamnan*) が選ばれた場合、その班に村長は置かない。NK村のあるDY区には、NK村 (2班)、DY村 (2班)、PC村 (1班)、NL村 (3班)、NS村 (1班) の5村が9班に分かれる。

　住民はラオ系民族で、日常生活では主にラオ語 (イサーン語)[69] が話される。村落の日常生活において、中部タイ語が話されるのは学校教育の現場に限られ、住民同士の会話は常にラオ語である。文字は、もっぱらタイ文字が用いられる。タイ文字が全国に普及したのは20世紀前半以降のことで、それ以前はタム文字などの伝統文字 (*akson boran*) が併せて使用されていた。近代教育の浸透ともに、タイ文字の使用が一般化し、伝統文字の相対的重要性が低下した[70]。

　NK村の歴史は1889年にさかのぼる[71]。東北タイの多くの村と同様に、NK村も開拓によって作られた。キッティラート (Kittirat) という人物と僧侶イン師 (khruba In) に率いられ現在のコーンケーン市近くの村から移り住んだ。一年中植物が繁茂した池のまわりが適しているとイン師が判断しNK村が開かれた。創建当初は15世帯であった。キッティラートが村長に任命され、開村当初はBT区 (tambon BT) に組み入れられた。仏教寺院SM寺は村の南部に設置されたが、僧侶同士の争いが絶えず、1894年に新しい住職が着任してからは村の北東に移転した。SM寺はマハーニカイ派[72]に属する。SM寺に布薩堂が建設されたのは1997年のことで、それまでは結界のないSM寺で出家式が司式できなかったため、DY区NL村の寺院で出家式を実施した。1934年に寺に学校が併設され読み書きが教えられた。

　第2次世界大戦中は村からも徴兵が行なわれた。森林開拓や道路整備のためルーイ県 (changwat Loei) やペッチャブーン県 (changwat Phetchabun) まで駆り出され、マラリアに罹患し多くが命を失った。

69　東北タイ住民は、元来「ラオ」を自称としていたが、1960年代以降「イサーン」という語が地域性を持つ語として用いられ始めた。東北タイが換金作物の栽培を通じて世界経済と連結し、またサリット政権によって大規模な開発政策が進められた結果、政治的にも経済的にも「タイ王国の一地域」として概念化され、それが「イサーン」という語に集約された [林 1998: 694-695]。「ラオ」と「イサーン」という語の政治性については第3章で論じた通りである。
70　東南アジア大陸部では、20世紀以降、官僚制度や公教育が整備されると公的文書で使用される文字は国家文字 (national script) として普及するが、その一方で土地固有の文字も完全に駆逐されることなく継続し、「書承文化 (written culture)」と総称できる文化伝統を継承してきた [KASHINAGA 2009: 8-10]。
71　NK村の歴史記述は、SM寺の布薩堂の境界石設置を記念して発行された冊子 [KC 1997] による。
72　タイの仏教サンガのうち、全国寺院のおよそ97%を占める多数派。

第4章　村落生活と調査の方法

1960年代後半以降は、村内の開発事業が活発化した。村内道路や周辺の村を結ぶ道路が整備されたほか、溜め池も新たに造成された。古くなったSM寺の説法所の補修は、村人が寄進した米を売って資金が賄われた。1970年代には村落開発の資金分配が不当であることに反発して、開村当初に組み入れられたBT区から離脱し、他の5村とともにDY区を創設して、現在にいたる。

村落での行政の長は村長である。県や郡からの通達を伝え、村内で問題が発生すると県や郡に伝えるなど、村外との繋ぎ役を果たす。人口や家畜の調査や税金徴収も村長が行ない、任期は4年である。村落の1つ上の行政レベルが区[73]（tambon）で、区長はカムナンと呼ばれる。同じく4年任期で、60歳を越えると立候補できない。オーボートー（o bo to）と呼ばれる地区管理委員会（onkan borihan suan tambon）は区レベルの組織で、村落の開発事業に関わる。各班から2名ずつの委員[74]が選挙で選ばれ、道路や水路の造成事業に関わる。委員会のメンバーには村長も加わる。区と郡レベルの集会は毎月開かれ、郡の集会にはすべての村長、区長、郡長（nai amphoe）らが出席する。

村の年中行事における取り決めは村内での村会議（prachum）で議論される。村長と副村長、長老（phuthao）と9つの組（klum）の代表（huana klum）と副代表が出席する。組制度は10数年前に作られたもので、各組には25から30世帯が所属している。村の年中行事では、組ごとに寄付金を集めるほか、入安居の時期には僧侶の食事の準備も組ごとに分担する。

4-1-2. NK村の農業

東北タイの一般的な村落と同様に、NK村も生業としては農業、特に天水田による稲作が中心である。ラオ系民族が日常的に食するモチ米を自家消費用に栽培しているほか、ウルチ米も販売用に栽培されている。特にウルチ米のうちホームマリ種は商品価値が高く、市場では村内の倍近い価格で取引される[75]。

稲作は、5月以降に雨が降り始め地面が柔らかくなると田起こしを始める。

---

73 「タムボン（tambon）」については、行政村、地区、村など、いくつかの訳語が当てられてきたが、ここでは近年タイ研究で多く使われる「区」を採用した。
74 正確には委員会が「オーボートー」であるが、所属する委員もまた「オーボートー」と呼ばれる。
75 1999年当時、村の米価格は、キロあたりモチ米が10バーツ、ウルチ米が13バーツほどであったが、市場ではウルチ米は22～25バーツほどで販売されている。

【写真4-1】NK村の田植え

1999年には水牛を使って耕起する家は村でもわずか3軒ほどで、その他の人びとはトラクターを利用する[76]。6月以降に耕した田圃に籾を直播きして育苗し、苗の生育を待ちながら、本格的に雨季に入る6月末から8月初めに田植えを行なう。雑草の管理を継続して行なったのち、11月から12月初めまでに稲刈りを行なう。

最近は田植えや稲刈りのとき、1日あたり250バーツ[77]ほど支払って労働者を雇うことが多い[78]。水田が水路の近くにある場合は、降雨に頼ることなく水を得ることができるので、早めに田植えを行ない、稲刈りも早く終わる[79]。しか

---

76 トラクターを持たない家では水田1ライ（地積の単位で1600平方メートル）あたり130～150バーツほどを支払ってトラクターを借り受ける。
77 1999年10月の調査開始時の為替レートでは、1バーツ＝2.7円ほどであった。
78 1999年の調査開始時には労賃は1人あたり100バーツ／日であったが、2010年には1人あたり250バーツ／日となっている。
79 NK村では、古くからある溜め池を灌漑用水として用いることはしない。溜め池は公有地で、水を自分の水田に引くのは「利己的」として好まれない。溜め池は魚を捕ったり、水牛を休ませたりするのに使われる。ただし一部の田地では近年新たに水路や堰が作られており、その地域では灌漑も可能となっている。

第4章　村落生活と調査の方法

【写真4-2】NK村の稲刈り

し水田近くに水源がない場合は、雨水に頼るので、雨が降ったらすぐに田植えをしなければならない。同様の立地条件にある水田では田植えの時期が重なって、家族や親族だけでは人手が足りないので、日雇いで労働者を雇う。賃金の高いところに労働者が集中するため、時期によっては労働者が不足して労賃はさらに急騰する［津村 2014］。

　水田にできない微高地では畑作が行なわれる。1999年現在NK村の畑地で栽培されているのはキャッサバやサトウキビなどである。キャッサバは12月ごろに植え付けて、6月から7月にかけて収穫を行なう。サトウキビも12月ごろに植え付けて5月に収穫を迎える。ちょうど稲作の繁忙期とずらして栽培する。

　乾季が終わって新たに田仕事を始める前に、水田の守護霊に対してリアンピー儀礼（liang phi）、あるいはリアンナー儀礼（liang na）を各世帯が行なう[80]。田地にはピーターヘーク（phi ta haek）と呼ばれるピーがおり作物や農作業を守護するが、儀礼を怠ると田圃の所有者に災いが起こると考えられている。リアンピー

---

[80] リアンは「養う」「育てる」「饗応する」の意味で、リアンピーは「ピーを饗応する」、リアンナーは「田圃を饗応する」の意味。

【写真4-3】リアンピー儀礼の供物台

儀礼では、ビンロウの実、石灰を塗ったキンマの葉、クーンの木、刻みタバコ、歯磨き粉などをバナナの葉で包んで田圃の脇に起き、ピーターヘークにこれから田圃仕事を始めることを伝えて許しを乞う。また稲刈りのあとには、刈り終えた稲を6本ピーターヘークに供えることが慣例的に行なわれている。ただし各家族で実施するリアンピー儀礼は、村の守護霊祠のドーンチャウプー祠で執行される村ぐるみのリアンバーン儀礼(liang ban)の後に行なわれる。2000年には5月3日水曜日にリアンバーン儀礼が行なわれたため、各家族のリアンピー儀礼は翌週の5月10日水曜日に行なった家が多かった。

第4章　村落生活と調査の方法

【写真4-4】水牛を用いた耕起

　稲作に関連して、家畜飼養について触れておくと、現在、村落で飼育されている家畜は、牛、水牛、ブタ、アヒル、ニワトリである。水牛はかつて農耕用にほとんどの世帯で飼育されていたが、現在では「鉄の水牛 (khwai lek)」と称されるトラクターを持つ家が増えた。水牛を飼育しているのは村で3世帯にすぎない。水牛を使うと数日かかる耕起作業もトラクターであれば1日で終わらせることができる。平日は街で賃金労働をする人が増えたので、トラクターの使用が一般化している。

　牛や水牛などの大型家畜については、農耕での役畜というよりは、2000年以降は投資目的での飼養が増えている［津村 2004］。2003年には40世帯近くが、合わせて215頭の牛を飼育していた。特にヒンドゥー・ブラシン種など外来種の牛は、村近くの家畜市場などで数万バーツから10万バーツほどの高値で取引される。NK村の住民にも、大きな金が手に入ると、雌牛を近くの家畜市場などで購入し飼養する者が多い。飼育する牛や水牛は農作業に用いられるわけでも、食肉として家庭で消費されるわけでもなく、お金が必要な時期に売ることを目的に飼育されている。その意味では、大型家畜はもはや労働力というよ

【写真4-5】村内で飼養される牛と水牛

りは換金財、あるいは貯蓄財として飼養されている。

　ブタの飼養は村内では6世帯が行なっている。そのうち5世帯が大型の精米機を持っており、村内の住人にも無料で精米機を使用させている。精米で得られた米ぬかは飼料に混ぜてブタや牛、家禽類に与え、また家畜の飼料として求める人には米ぬかを販売することで利益を得ている。ブタは、村の年中行事や結婚式、葬式、出家式などで共食するために村内で売買されるのがほとんどである。[81]

4-1-3. NK村のその他の生業

　NK村からコーンケーン市までは乗り合いトラックを使うと30分ほどで到着する。村落生活はコーンケーン市などの都市的空間とも密接に繋がっている。近年では農業だけで生計を立てる世帯は少なく、村内世帯の多くは稲作を行ないながら、平日には村外で賃金労働を行なっている。賃金労働としては、国道12号線沿いの縫製工場や漁網工場の従業員が多い。毎朝工場の乗り合いトラ

81　1頭あたり3000〜4000バーツほどで販売される。

ックで仕事に向かい、夕方には同じトラックで村に戻る。またコーンケーン市内のショッピングセンターや大学での清掃員のほか、建築労働者としての就労も多い。2005年にはゴルフ場がDY区内に作られ、ゴルフ場のキャディや清掃員としての就労も見られる。いずれの場合も、朝に村から仕事場に向かい、夕方に仕事場から村に戻るという通勤の形態を取っている。

　1980年代には中東への出稼ぎが流行した。親族や友人が出稼ぎに行くと、そのつてを頼りに村から多くの出稼ぎ者が海を渡った。彼らはサウジアラビアやUAEの建設現場などで労働者として働き、ほとんどは2～3年で村に戻ってきた。出稼ぎから戻ってきた世帯では、家屋を増改築した者や中古のピックアップトラックを購入した者もいるが、多くの稼ぎはすぐに消費されてしまい、その後も村内で特別に裕福であるわけではない[82]。1990年代後半以降は海外への出稼ぎは低調である。

　そのほか現金獲得の機会としては、市場での物品の販売も行なわれている。村周辺で栽培・採集したものや、村落近くの小市場で大量に仕入れた野菜や魚介類を、コーンケーン市の朝市で販売する。午前4時ごろからその日に売るものを抱えて、乗り合いトラックなどで朝市に赴き、午前8時すぎには販売を終えて村に戻る。

　農閑期になると、近くの野原からカヤを採集し、ゴザや籠、魚籠、飯籠などを作ることも多い。余剰分があると市場で売ることもあるが、大きな収入にはならない。たいていは自家消費のため生産する。

　乾季には、NK村の池の脇で製塩する者もいる。東北タイでは乾季になると塩分が地表中に浮かび上がり、地面が白っぽく見えるところがある。その表土をこそげ取って、ラーン (*lan*) と呼ばれる木の幹を舟型にくり抜いたものに入れる。ラーンの内側にはあらかじめ籾殻をフィルター代わりに敷いておき、その上に塩分を含んだ粘土 (*din som*)、粒子の細かい土 (*din hun*)、粒子の粗い土 (*din sai*) の順に土を入れていく。そこに水を加えて一晩ほど待ち、ラーンに詰めた土を取り払ったのちに、ラーンの底に開けた穴から水を流す。塩分を大量に含

---

[82]　1985年にサウジアラビアに出稼ぎをした20代の男性は、渡航時に6万バーツを負担した。彼は毎月7000～1万バーツをタイに仕送りしたほか、3年間で3万バーツを持ち帰ることができた。だが主要な働き手が不在の実家では田植えや稲刈りでは人を雇わなければならず、得られたお金は貯蓄に回されたわけではなかった。

んだ水は、籾殻のフィルターを通ってラーンの下に置かれた鍋に少しずつ溜まる。その鍋を近くに作ったかまどで煮詰めて塩を取り出す。かつては多くの世帯が自家消費のために塩作りをしていたが、今では村全体で3世帯ほどが行なっているにすぎない。作られた塩は村内で売られる。また同量の米と塩を物々交換することも古くから行なわれている。

4-1-4. NK村の年中行事

　東北タイは、雨季（5月から10月）、乾季（11月から2月）、暑季（3月から4月）に分かれ、村ぐるみで行なわれる儀礼の多くは農閑期でもある乾季から暑季にかけて開催される。雨季の開始が遅れて農作業がずれ込んだ場合は、儀礼のいくつかを縮小、中止することもあるし、豊作の年にはより多くの儀礼を実施することもある［林 1991: 136-137］。

　東北タイでは仏教儀礼はンガーンブン（*nganbun*）と呼ばれる［林 1991: 137］。「ンガーン」は儀礼、「ブン」は善徳を指し、「ンガーンブン」には仏教と関連した積徳儀礼を意味する。ンガーンブンの開催に当たっては、村長や長老を中心に村会議を通じて取り決めが行なわれる。

　ンガーンブンのうち、年中行事化した12の仏教儀礼を「ヒート・シップソーン（*hit sipsong*）」と呼ぶ。1999年のNK村のヒートシップソーンは［表4-1　NK村の年中行事ヒート・シップソーン］の通りである。いずれも仏教に関連する儀礼で、寺の僧侶のほか、村長や長老、在家総代らが中心に取り仕切る。僧侶による説教の場には40代以上の女性が多く出席するほか、長老や在家総代などの男性も参加する。長老（*phuthao phukae*）は70代以上の男性が多く、かつて在家総代やチャムなど宗教的役職を経験した者が多い。現在NK村では4名ほど長老と呼ばれる老人がいる。長老たちの話し合いにより、村の在家信者の代表である在家総代（*thayok wat*）が決定される。在家総代は儀礼の執行に関して指示を出し、寺院の行事での読経に積極的に参加する者で、出家経験者の中から選ばれる。

　ブンカオチー祭は例年旧暦3月に行なわれるが、2000年にはガソリンなどの物価高騰に起因した経済状況の悪化のため取りやめになり、旧暦4月（新暦3月25日）のブンパヴェー祭と合同で行なわれることが村会議で決定された。2000

第4章　村落生活と調査の方法

【表4-1】NK村の年中行事ヒート・シップソーン

旧暦	1月	なし
	2月	なし
	3月	ブンカオチー bun khaochi（焼き米献上祭）
	4月	ブンパヴェー bun phrawet（ジャータカ誕生祭）
	5月	ブンソンクラーン bun songkran（ソンクラーン灌水祭）
	6月	ブンバンファイ bun bangfai（バンファイ雨乞い儀礼祭）
	7月	ブンブークバーン bun boekban（村落除祓儀礼祭）
	8月	ブンカオパンサー bun khaophansa（入安居祭）
	9月	ブンカオプラダップディン bun khao pradapdin（飾地飯供養祭）
	10月	ブンカオサーク bun khaosak（クジ飯供養祭）
	11月	ブンオークパンサー bun okphansa（出安居祭）
	12月	ブンカティン bun kathin（カティナ衣奉献祭）

（1999年度のもの。日本語名称は［林 1991: 140-141］を参照）

　年のブンカオチー祭、ブンパヴェー祭の合同開催の様子は次のようであった。
　2000年3月25日土曜日の朝、食物の寄進が行なわれ、昼に僧侶の説教を聞いたあと、夕方からヴェッサンタラ王子（Phra Wetsandon）の物語を描いた布を広げて行列が行なわれる。この行列はブンパヴェー祭の最大の見所である。ブッダの前世の1つであるヴェッサンタラ王子の物語を聞き、物語が描かれた布を持って寺院本堂を周回することで徳を積むことができると考えられている。夜にはクジ引きなどのイベントが境内で催され、収益は寺院に寄付される。翌3月25日日曜日にはブンカオチー祭が開催された。早朝からカオチーやカオポーンと呼ばれるモチ米のお菓子を作って、世帯ごとに6個ずつ寺院に寄進し、午後には寺院で僧侶が読経を行なう。
　村人によると、必ずしも毎月ンガーンブンを実施する必要はないという。むしろ合同で開催した方が金もかからないので良いと語る者もいる。実際ンガーンブンが開催されると、寺への寄進が求められるだけでなく[83]、村全体が祝祭気分に包まれて、日中から酒を飲んだり、贅沢な食事を行なったりすることも

83　ンガーンブンでの寄進額は、当日名前とともに寺内に掲示されるだけでなく、さらなる寄付を募るために、寄進者と寄進額が村内のスピーカーで放送される。

多い。そうした出費を抑えるためにも、年中行事の縮小が必要と考える者も少なからずいる[84]。

　これらヒートシップソーンの中でも、旧暦6月のブンバンファイ祭は近年大きく変容している。ブンバンファイはもと農耕儀礼で、バンファイ (*bangfai*) と呼ばれるロケット花火を空に打ち上げることで、その年の降水と豊作を祈願する雨乞い儀礼であった。近隣のヤソートン県 (changwat Yasothon) でブンバンファイ祭が観光化するなか、その他の地域でもイベント化の傾向にある [林 1991: 142]。以下では2000年6月のNK村のブンバンファイ祭の様子を記述する。

　ブンバンファイ祭では行列とロケット花火の2つが大きな見所であるが、いずれも村内の9つの組 (*klum*) ごとに準備を行なう。2000年6月2日土曜日には、昼過ぎから行列が始まり、村の南端から中心部に向かって進む。行列の先頭はSM寺の僧侶を乗せた車が走り、その後ろを村内の9つの組の行列が続く。

　各組の行列は、最前列に組番号を書いたプラカードを持つ女性が歩き、次に国王夫妻の写真と国旗が続く。さらに巨大なロケット花火バンファイを積み込んだピックアップトラック、独自に装飾された台車[85]、タイの伝統衣装を着飾った若い男女の座るトラックが続いたあと、音楽をかき鳴らすスピーカーが後ろを走り、最後尾を各組の踊り手たちが歩きながら踊り回る。踊り手には女性が多く、小学生から60代の女性まで、一様に濃い化粧を施し、それぞれが統一した衣装をまとう[86]。行列は寺に隣接する小学校のグラウンドに入ったあと表彰式が行なわれる。すべての組に参加賞として1000バーツが与えられるほか、もっとも美しかった行列の1位の組には3000バーツ、2位には2000バーツ、3位には1500バーツが賞金として送られた[87]。

84　1980年代には既にこうした傾向はあったようである。乾季の終わりにあたるブンパヴェー儀礼は、食べる物が少ない時期でもあるので、翌月の儀礼と一緒に開催されることが多いと指摘されている [PHONGPHIT & HEWISON 1990: 120-121]。
85　台車はかつて用いられた牛車 (*kwian*) にさまざまな装飾が施されている。稲穂や果物などの農作物や水牛の頭蓋骨が装飾に用いられ、ブンバンファイがもともと農耕儀礼だったことをうかがわせる。だがすべての組が自前で装飾するのではなく、装飾台車そのものをブンバンファイで有名なヤソートン県から借りてきた組もあった。
86　踊り手の衣装は貸衣装で、1人あたり40バーツから200バーツほどの出費となる。組によってはオーボートーが資金を調達することもある。踊りは2週間ほどかけて夕方に練習を行なう。
87　採点はブンバンファイ祭の実行委員会 (区長、村長、副村長など) が行なう。2000年の優勝は村長が所属する第5組であった。

第4章　村落生活と調査の方法

【写真4-6】ブンバンファイのロケット花火

　翌々日の月曜日の朝、ロケット花火の点火が行なわれた[88]。ここでも組ごとに競われ、最も高く飛んだ班から順に賞金が与えられた。20年ほど前までは行列やロケット花火の賞金制度はなかったという。かつては積徳行としての色彩が強く、また娯楽が少ない中で祭りを楽しむために参加する者が多かった。当時はロケット花火も村人の自作がほとんどで、ヤソートン県などから完成品のロケット花火を購入することはあまり見られなかった[89]。
　そうした変化の要因として村人が語るのは村外労働の拡大である。働き盛りの村人の多くが平日は村外で賃金労働をするため、組ごとに集まってロケット花火を制作するための時間がなくなってしまった。準備に割く時間がなくなった一方で、組ごとに予算を決めて各世帯がそれを分担することで[90]、外部から

88　例年ならば行列翌日にロケット花火の点火が行なわれるが、2000年度は翌日の日曜日には選挙があったため月曜日に延期された。
89　とはいえ、現在でもすべての組が完成品を購入してくるわけではない。火薬の作り方についての知識を持っている者もいるので、ロケット花火の外装だけを購入し、火薬は自分で手配する組も存在する。
90　2000年の出費額は、第8組でロケット花火については50バーツ、行列については50バーツ、合わせて100バーツの出費が各世帯に求められた。また裕福な家庭では5000バーツ以上も寄付をすることがある。ほかにも村長やオーボートー、その候補たちが寄付を行なう。

必要な物品を購入してやりくりしている。村外での賃金労働が増えたために、村内での儀礼の準備に割く時間がなくなり、結果として稼いだ現金を投入することで、伝統的な様式を維持する様子は、農繁期に人手が足りず現金で労働者を雇う姿と重なるものである。都市に隣接することから特に経済生活は大きく変貌しつつあるが、それでも村落生活の伝統を維持し、両者をともに受け容れている都市近郊の農村の現代的な生活様式が如実に表れている。

4-1-5. NK村のインフラストラクチャー

　NK村では電気は1980年代初めに使えるようになった。電話ボックスが設置されたのは1999年のことである。電話は最近までなかったとはいえ、1999年当時既にポケットベルが若者のあいだで普及していたし、携帯電話も使われ始めていた。その後2010年までに、村のほぼすべての世帯が少なくとも1台は携帯電話を保持している。2000年前後でのコミュニケーションツールの普及は著しい。

　水道は1997年に敷設された。伝統的に村落の家屋は雨水を溜め込む巨大な水甕を複数設置しており、飲み水などの生活用水として使用していた。そのため水道水を使う機会は洗濯用水や家畜の飲用などに限られている。「水道水は汚染されているので雨水の方が清潔だ」と語る者も多い。

　コーンケーン市につながる国道12号線まではNK村から7kmほどあるが、国道12号線が舗装されたのは1970年代初めのことで、村に通じる道路が舗装されたのは1997年のことである。

　医療施設は、現在はDY区の保健センターがもっとも近い。DY区の保健センターができる30年前までは、8kmほど離れたBT区の保健センターに行かなければならなかった。より大きな医療施設としてはコーンケーン市の病院や、15kmほど離れたバーンファン郡（amphoe Banfang）の病院を利用することが多い。

4-1-6. NK村の経済生活

　今から40年ほど前まで村に商店はなく、村内で現金を使う機会はほとんどなかった[91]。食べ物もほぼすべてを自給自足で賄っていた。現金が必要だった

91　村内で現金を使うのはランプの灯油を購入する程度であった。その灯油にしても樹脂で代用す

のは主に村外での余暇活動で、病院に行ったり、乗り合いトラックに乗って街に遊びに出かけたりする時ぐらいであった。

　現在は村内でも現金を支出する機会が格段に増えた。農業では肥料代や農薬代、トラクターのレンタル代、日雇い労働者の賃金もかかるし、日常生活でも電気代や水道代の支払いのほか、近年では携帯電話の通話料金、教育では制服代や食費、後期中等教育以降の学費も必要となる。

　1990年代初めには村内に雑貨屋（ミニマート *minima*）が開店し、石鹸や洗濯粉、歯磨き粉などの日常雑貨や、駄菓子、ジュース、酒などが売られている。ほかにもNK村には米麺や惣菜などの簡易食堂が4軒あって、日常的な食事ですら現金で購入するような生活に変化しつつある。

　水田の売買も珍しいことではない。乾季の田植え開始前に、大きなお金が必要になると、水田が売りに出されることがある。売り手は必要に迫られているので、安く買い叩かれることが多い。1997年の通貨危機前までは、コーンケーン市など村外から土地を求めて訪れた人もいたそうである。そのころは売り手市場で1ライあたり30万バーツほどの値段がつき、買い手は土地を小分けにして転売した。通貨危機以降、地価は大きく下落し、今では1ライあたり2万〜3万バーツほどになっている。

4-1-7. まとめ

　NK村はコーンケーン市に近接しており、村落住民は都市的な近代性をさまざまなレベルで体験している。巨大なショッピングセンターやスーパーマーケットで販売されるような数多くの商品に接する機会も多いし、都市での生活と農村での生活の違いも日常的に体感している。また商売などで財を成した住民の中には、伝統的な木造高床式の家屋ではなく、コンクリートで派手に塗り固められた現代的な家屋を建てる者も多いし、勉学に励んでコーンケーン大学に入学した学生もいる。農村とはいっても、都市の近郊に位置しており、伝統的に描かれてきたような牧歌的で自給自足的な生活はもはやそこには見られない。1980年代以降、都市部を中心に急激に開発が進行した東北タイの、都市的環境のひとつ外側に広がる近郊村落の多くは、NK村と同様の社会的景観を示し、

ことができた。

【写真4-7】コーンケーン市内のショッピングセンター

住民たちもほぼ類似した生活スタイルを取っている。本書では、東北タイにおける「都市近郊農村」の典型例としてNK村の記述を位置づけ、次章以降、フィールドワークで得たデータをもとに分析を行なう。

4-2. 調査の方法

　本書のデータは1999年10月以降、東北タイ各地で行なった現地調査で収集したものである。タイでの滞在は1999年10月に始まり、最初の6ヵ月ほどはコーンケーン大学を拠点としてタイ語の習得を図りながら、コーンケーン県内で調査地を選定する作業を行なった。
　2000年8月以降は主たる調査地をコーンケーン県ムアン郡DY区NK村に定めてフィールドワークを開始した。調査の現場では、NK村に留まるだけでなく、住民の生活圏であるDY区の他村落、あるいはその他の区においても参与観察と聞き取りを行なった。2001年9月までの滞在では、主にピー信仰とそれに関わる知識専門家の宗教実践、東北タイにおける伝統的な文字使用に関して集中的にデータを収集した。特に2001年7月以降は宗教専門家の持つ秘匿的

知識への接近を目指して、NK村周辺で信奉者が多かったBT区NG村のモータムT氏に弟子入りをし、モータムの持つ呪文や呪的実践について教示を得た。

　長期のフィールドワーク終了後の2002年以降2010年にかけては、年に2度ほど現地に渡ってデータを収集した。ピー信仰と知識専門家に関する聞き取り調査を継続して行ないながら、2002年から2005年にかけてはDY区NL村の薬草師などから東北タイの伝統医療に関して、2004年から2006年にかけてはDY区NK村を中心に家畜飼養と村落経済に関して、2007年から2009年にかけてはDY区NK村などのほかナムポーン郡 (amphoe Namphong) SM区KS村などで蛇毒の伝統的治療に関して、新たに参与観察と聞き取りを行なった。

　以上の調査においては、中部タイ語 (標準タイ語) およびイサーン語 (*phasa Isan*) を用いた。東北タイのラオ系住民のほとんどが日常会話としてイサーン語を用いているので、調査言語としてはイサーン語が理想的ではあるが、筆者の理解が不十分な場合は適宜タイ語に訳してもらうことで理解に努めた。

第5章
善霊と悪霊のはざま
——東北タイの村落守護霊をめぐる語り——

　続く2つの章では、村落の人びとが精霊信仰といかなる関わりを持っているか、村落におけるピー信仰の布置を描く。第5章では、村落守護霊の位置づけが、村人の立場や状況に応じて変化する様子を描出し、第6章では、ピーと呼ばれる目に見えない存在が、ある特徴を持った語りの中で社会的現実を構築する様子を検討する。

5-1. はじめに

　東北タイのラオ系村落では住民のほとんどが上座仏教を信仰しているが、その他の宗教要素は存在する。たとえばプラーム (*phram*) やモープラーム (*mo phram*) と呼ばれるバラモン司祭は結婚式や上棟式を取り仕切って、「クワン (*khwan*)」と呼ばれる生者の魂を身体につなぎ止めるスークワン儀礼 (*phithi sukhwan*) を執行する。モータムという仏法を呪力の源泉とする宗教専門家は、占いや悪霊祓いを行なう。村落には僧侶以外にも多様な宗教専門家が活動しており、特にピーと呼ばれる精霊に関わる専門家が多く存在する。
　タイの実践宗教研究では、これまでピー信仰をめぐる研究がなされてきた。第1章で詳述したとおり、そうした研究には3つのアプローチが挙げられる。第1にピーの分類学的分析 [IRWIN 1907, アヌマーン 1979a, 岩田 1991]、第2に構造機能主義的分析 [SPIRO 1967, KIRSCH 1977, TAMBIAH 1970]、第3に歴史社会学的分析 [林: 2000] であるが、それぞれのアプローチには問題点も指摘できる。第1のアプローチでは、ピーを博物学的に記述することで分析者の視点が固定化され、

92　プラームは、モースークワン (*mo sukhwan*) と呼ばれることもある。

当事者にとって曖昧なピー概念を実体化してしまう恐れがある。第2のアプローチでは、社会変化の過程で信仰の意味が変容する動態的側面が十分に捉えられない。第3のアプローチは現在も有効性を持つだろうが、近代国家形成期に始まるタイ仏教の国教化を起点とした議論であり、仏教と精霊信仰を過度に対比的に描きがちである。

　タイの宗教実践を論じる際に、第2章で検討したような仏教の国教化は前提としなければならないが、村落での仏教や精霊信仰との関わり方は住民それぞれの立場によって異なることも忘れてはならない。たとえばピーのうち、「悪霊は村や村人に災厄を及ぼし、善霊は子孫たちを守護する」と区分されるが、現実の村落生活において、何を善霊とし、何を悪霊とするかの境界は、ピーの分類学が掲げるほど整然としたものではない。善霊であっても祓除すべしという者もいれば、逆に祓除すべしとされる悪霊を慰撫する者も存在する。

　超自然的存在たるピーはそもそも曖昧な概念ではあるが、曖昧なるものが社会に現出するとき、そこには人びとの多様な立場が反映され、時に相反する論理を内包する。一見すると矛盾した複数の論理がありながらも、必ずしも統合されずに存在する状況を杉島敬志は「複ゲーム状況」［杉島 2008］と呼んだが、本章では東北タイ村落におけるピー信仰の複ゲーム状況、特に守護霊信仰をめぐって複数の論理が共存する状況を分析の対象とする。曖昧な概念、些細な事例の集積であるピー信仰を、村落外の政治性や歴史にのみ関連させるのでなく、村落の日常から立ち現れる論理によって読み解くことを目指す。

5-2. 東北タイのピー信仰

5-2-1. 善霊と悪霊

　ピーは曖昧な概念ではあるが、「善霊（*phi di*）」と「悪霊（*phi rai*）」という対立概念も見られる。善霊と悪霊は研究者による分析概念のみならず、そこに生きる人びと自身のものでもある。

　善霊には、祖先霊のほか、村落共同体の守護霊や自然霊、ピーファー（*phi fa*）が含まれる。ほかにもヒンドゥーの神々やテーワダー（*thewada*）と称される

【写真5-1】サーンプラブーム

神々も広い意味での善霊に含められ、村の人びとを守護する存在と考えられている[93]。家屋の敷地内に見られるサーンプラブーム (san phraphum) という小祠も、屋敷地を守護する善霊を祀る場である。「善霊」とは、村落やその住民を守護する存在であり、村落という空間とそこに住む人びととの過去からの連続性を示し、秩序をもたらす存在と位置づけられる。

一方、悪霊は人びとに災厄を及ぼす存在である。病いや事故などの問題が生じると、宗教専門家に儀礼を依頼し、災厄の原因をつきとめ、原因が悪霊であれば僧侶やその他の宗教専門家によって駆除する。非業の死を遂げた人の霊（ピーターイホーン phi taihong、ピーフン phi hung）のほか、地域によって固有の名前で概念化されたピーが含まれる[94]。東北タイでは、ピーコーンコイ (phi kongkoi)、ピーポープ (phi pop)、ピーパオ (phi pao)、ピーペート (phi phet)、ピープラーイ (phi

---

[93] テーワダーなどの神の多くは通常は個別の精霊として特定されず、集合的に言及されることが多い [Suvanna 2000: 148]。

[94] 第3章で論じた映画『ローン』においても、地域ごとに異なったピー伝承が描かれていた。東北部のピーポープ、北部のピーポーン、南部のピープラーイターニー、中部のナーンタキアンが取り上げられていたが、これらは個別の特徴を持つ悪霊である。

phrai)、ピープローン (phi phrong)、ピーハー (phi ha)[95] などが挙げられる。ピーパオやピープローンは夜中になると緑色の光を発しながら飛び回って汚物を食べ漁り、ピーペート[96]は口が異様に小さい餓鬼のような存在で寺の境内をうろつくとされ、各々のピーは個別の特徴を持つとされる [cf. 竹内・赤木 1987: 111]。ピーポープはタブーを侵犯した宗教専門家から発生するし、ピープラーイは大量出血した死者のもとに出現すると語られる。非業の死を遂げた横死者も悪霊とされることから、「悪霊」とは、通常の秩序からの逸脱と関連して、人びとや村落に秩序の混乱をもたらす存在である。

5-2-2. 悪霊とモータム

善霊や悪霊に対しては一般の村人はなすすべがなく、タイでは宗教専門家がピーに起因する病や災厄の除去を行なう。仏僧による護呪の詠唱や聖水の散布、聖糸の囲繞による対処のほか [青木 1980: 29-30, TAMBIAH 1968a: 102-103]、在俗の宗教専門家の果たす役割が東北タイ村落では大きい[97]。ピーについての在俗専門家はタイの他地域ではモーピー (mo phi) と称されることが多いが、東北タイではモータムがその代表である。ここでひとまずモータムという宗教専門家について簡単に紹介したい[98]。

モー (mo) は「知識を持った専門家」[99]、タムは「仏法 (thamma)」を意味する。村人に取り憑いて病や災厄を引き起こすピーに対して、仏法に由来する力によって対処する俗人男性の宗教専門家がモータムである。

モータムには呪文に加えて薬草などの伝統医療の知識を持つ者も多い。患者からの謝礼だけで生計を立てているのではなく、他の人びとと同様に稲作を営

---

95 プリーチャー著『イサーン語－タイ語－英語辞典』による [PREECHA 1989]。
96 タイ北部のピークラスー (phi krasue)、東北タイのクメール系村落で語られるタモップ (Thamop) など、夜中に内臓とともに浮遊して汚物を食する悪霊は東南アジア各地に同様の伝承が見られる。
97 東北部村落における呪術的な宗教専門家には次のような類型がある [TAMBIAH 1970: 271]。モーソン mo song (予言者)、モードゥー mo du (占師)、モーモー mo mo (紛失物の所在を知る人)、モーヤー mo ya (薬草治療師)、モーラム mo lam (ピーファーの霊媒)、モータム mo tham (悪霊祓師)、モークワン mo khwan (魂の専門家)、チャム cham (守護霊の仲介)、ティアム tiam (霊媒)。現在のNK村では、モータムとモーヤーのみが見られる。
98 モータムについては第7章で詳述する。
99 日常語としては「モー」は「医師」を指す。病院の医師も「モー」であるし、村落に居住して薬草や呪術などの伝統的な技術によって治療を行なう伝統医療師も「モー」と呼ばれる。

むことが多い。またモータムは親から子へと世襲的に伝承されるというよりは、個人が個別にある師匠についてその知識を学ぶ。神秘的な力の源泉は仏法であり、仏教戒律やその他のタブーの遵守が求められる［林 1989: 54］。そのためモータムには若者より高齢者が多く、日常的に生肉の食事や飲酒、殺生の禁止などを守っている。近年では村や区を越えて名声が知れ渡るモータムも出現しており、居住村落や親族の範囲を超えたクライアントと持続的関係を持つ者も見られる［林 1994: 100-103］。

1960年代にウドンターニー県で調査を行なったタンバイアは、モータムなどの呪術専門家と仏僧とを対照的な存在として描いた［TAMBIAH 1970］。タンバイアによると、モータムは人の身体に取り憑いたピーを追い出す技術と知識を持つ。単なる霊媒というよりは、呪術的な力を用いて忘我状態で儀礼を執り行なうとされる。一方、仏僧は村の積徳行と葬儀を集中的に管理し、村人に善徳 (bun) を提供することで現世と来世とをつなぐ。そうした僧侶の儀礼は厳密に定式化されており、静的に執行されるという［TAMBIAH 1970: 343-344］。モータムも他の村民と同じく敬虔な仏教徒であり、モータムの唱える呪文は僧侶の経文と同じものだが、モータムはそれをもっぱら忘我的な悪霊祓除の儀礼にのみ用いるという意味で、モータムは「僧侶もどき (mock monk)」として位置づけられる［TAMBIAH 1970: 321-326］。

しかし後述するとおり、NK村周辺で筆者が観察したモータムはタンバイアが描いたほど僧侶と対照的ではない。僧侶の中にも悪霊祓除のため経文を駆使する者がいるし、モータムが保持する経文も悪霊祓除だけに用いるのではなく、僧侶と同様に日常的な詠唱が求められる。またモータムの祓除儀礼も常に忘我的に行なわれるわけではなく、淡々と執行されることも多い。仏僧とモータムが決定的に異なるのは、一方が出家者であり、他方が在俗であるという点であり、活動内容にはさほどの違いは見られない。

そもそもモータムは東北タイの頭陀行僧の伝統から派生したと林行夫は分析する［林 1989: 96, 2000: 323-335］。19世紀末から20世紀初頭にかけて、東北地方の森林山野において仏教実践として頭陀行を行なった僧侶がモータムの祖師だという。彼らは瞑想と持戒を説きながら、悪霊払いの儀礼を行なった。僧侶の教えは「仏法」として伝えられ、在俗の弟子であるモータムによって、仏教的な

守護力として読み替えられて村落に浸透した。

　20世紀初頭以降に、中央政府の主導のもと仏教の国教化が進むなか、東北タイの村落で個別に実践されてきた仏教が、バンコクの中央サンガを頂点とする制度的な仏教に接続してゆく。制度的な仏教が村落に浸透する過程で、仏法の力を駆使するモータムは「国家秩序へとつながる村落宗教の信仰改革」を結果的に促進させた。国家による中央集権化や仏教化に並行して、地方村落において仏教とピー信仰が織りなす信仰生活が再編される中で、モータムという仏教的な在俗の宗教職能者が形成された [林 1989: 6-7]。つまりモータムとは東北タイの伝統的な仏教実践の正統な系譜の先に位置づけられる世俗の宗教専門家であり、仏教僧侶とモータムの宗教実践がきわめて似通っているのは当然のことである。

　モータムの持つ呪力の源泉は「仏法」で、それぞれ直接の師匠はいるものの、すべてのモータムの究極の師匠は「ブッダ (*phraputthachao*)」とされる。モータムにとって、ピーは仏法を脅かす存在であるために「敵 (*satru*)」とみなされ、常に征服すべき存在として立ち現れる。モータムはピー、特に「悪霊」に対してきわめて敵対的な態度を示すが、このことは、「悪霊」が表象する無秩序を、仏法によって平定すべしとするモータムの仏教的規範を表している。

5-2-3. 村落守護霊とチャム

　個人に災厄を及ぼすことの多い「悪霊」に対して、村落を守護するのが「守護霊」である。守護霊は村落の秩序を庇護しながらも、時に住人に病や異常死などの災厄を及ぼす。

　一般に東北タイ村落には、2種の村落守護霊が見られる。チャオプー[100] (*chao pu*) とラックバーン (*lak ban*) である。チャオプーは「ピープーター (*phi puta*)」とも称される。ピープーターとは字義通りには「父方祖父と母方祖父の霊」を指す。親族名称を含んだピーであるが、実在の人物とはあまり関係がない。

　チャオプーは、多くの場合「ドーン (*don*)」と呼ばれる村落周縁部の森の中に位置する祠 (*san puta, tu puta*) に祀られる。東北タイの村落は19世紀以来の疎林の開拓によって作られたものが多く、チャオプーの起源も開拓と関連して語られ

100　チャオ (*cao*) は尊称で、「チャオプー」は直訳すると「偉大なる祖父」となる。

【写真5-2】村の柱ラックバーン

る。移住とともに旧村のチャオプーを新しい土地に招いて祠を設置した[SRISAKRA 1983: 56-58]、新たに拓く土地の精霊を祀って祠を建てた[PHONGPHIT & HEWISON 1990: 6]などと説明される。

　祠の管理人は「チャム (cham)」と呼ばれ、チャムが日常的に祠に関する諸事を司る。年に2回のリアンバーン儀礼 (phithi liang ban、リアンプーター儀礼 phithi liang puta) を田植え前と稲刈り後に司式するほか、村人がチャオプーに願い事をする時には付き添って参詣する。願い事が叶うと「お礼参り (ケーボン kae bon)」を行ない、豚やアヒル、鶏、酒などを供物として捧げるが、その時にもチャムが付き添って儀礼を執行する[WIROT & THADA 1991: 18-22]。

　チャム職は村落内から選出される役職である。村によっては話し合いやクジで選ばれたり、村落守護霊チャオプー自身が村人に憑依をして直接チャムを指名する場合もある[林 1993a: 660-661]。チャムとして選ばれるのは「村内で信頼の厚い正直者の男性」とされる。タンバイアによると[TAMBIAH 1970: 279]、チャムは「必ずしもリテラシーが要求されず、仏教への関心が薄い」宗教専門家とされるが、僧侶やモータムのように、ある知識を師から受け継ぐことが不可欠

な宗教専門家とはタイプが異なり、人間的な清浄さが重要な要素とされる。

　もう1つの村落守護霊である「ラックバーン」は直訳すると「村の柱」を指し、「ブーバーン (bue ban)」「サドゥーバーン (村のヘソ sadu ban)」とも呼ばれる [Wirot & Thada 1991: 14]。村落中心部の交差点や三叉路に立てられた柱で、村を創建するときに設置される。1メートル程度の高さの木製の柱に彫刻が施され、「テーワダーアーラック (thewada arak, thepharak, phi arak)」などと呼ばれるピーがラックバーンに宿るとされている。チャオプーとは異なって、特別に管理を行なう役職はない。村の真ん中に位置し、たいていそばに公共の休憩所 (sala klang) が設けられていて、日常的にきれいに整備されている。

　チャオプーをめぐる信仰も、ラックバーンをめぐる信仰もともに村の創建時の伝承と結びついて語られ、その意味では「守護霊」への信仰は村落の安寧なる継続性を支え、村落住民の共同性の後ろ盾であるとも言えよう。

5-2-4. モータムと守護霊信仰の相克

　チャオプーとラックバーンの2つの守護霊は、村落を守護する「善霊」として語られることが多いが、一方で守護霊そのものが災厄の原因とされ、打ち棄てられる事例も、東北タイでは報告されている。

> 古くはトゥープーター (ラックバーン) が祀られていたが、20年ほど前、村で疫病が流行した時に効力が疑われ、祠から精霊が追放された。今はブーバーンしか残っていない [水野 1981: 166-167]。

> サコンナコン県ワーリチャプーム郡タート村では、ラックバーンのテーパーラックから災厄をもたらされることが増えたためにラックバーンが祀られなくなった [Wirot & Thada 1991: 58]。

仏教の国教化過程における悪霊祓除師モータムの勃興を分析した林行夫は、

101　東北タイでは、プータイなどラオ系以外の民族にも同様の柱を信仰対象にしているものが多い。
102　北タイのタイヤイ村落におけるラックバーンと守護霊祠について検討した村上は、ラックバーンは村落内部の凝集性に重点がある一方で、守護霊祠は村落外部を起源とした力による守護力であると対照させている [村上 1997: 17]。

村の守護霊とモータムの関係から村落類型を3つに分類している [林 1989: 24-26]。

　　1：守護霊儀礼と悪霊払いを行なうモータムがともに見られる村
　　　1－1：モータムが周辺的な地位しか占めない村
　　　1－2：守護霊儀礼とモータムが競合しながらも分割依存している村
　　2：守護霊儀礼を撤廃してモータムが優勢な村

　1－1は、タンバイアの調査 [Tambiah 1970] にある村落類型であり、このタイプではモータムは少数で村落全体への影響は小さい。また2は守護霊が「悪霊」とみなされ追放された村落で、仏教を標榜する僧侶とモータムによって宗教的な統括がなされている類型である。一方、本論の対象であるNK村は1－2に該当するものであり、守護霊儀礼を司るチャムと、ピーを「敵」とみなし祓除を行なうモータムとが互いに異なる守護力と論理によって、村落の宗教枠組みを提供する類型である。
　モータムにとって「悪霊」は受け容れがたい敵であるが、すべてのピーが、「善霊」と「悪霊」に明確に区分できるわけでもない。特に守護霊については、ある時点で「善霊」として信仰を集めていたものが、のちに「悪霊」とみなされ、打ち棄てられることもあるのは上述のとおりである。
　ピー信仰は土着的な信仰ではあってもけっして静態的なものではない。個別の人びとの言説や実践に焦点を当てるとその動態が明らかになる。「善霊」と「悪霊」との境界は通時的に変化しうるし、また共時的にも個人ごとに可変的である。本章では善霊にも悪霊にも位置づけられる守護霊信仰を取り上げ、「善霊」と「悪霊」の境界の揺らぎを見ることで、チャムとモータムそれぞれの超自然的な力との関わりを検討するとともに、その背景にある村落の人びとのあいだで複数の共有された論理が交錯する様子を検討する。
　以下では守護霊信仰とモータムの活動がともに見られる村落の事例を取り上げて、ピーをめぐる人びとの活動の微細な検討から、ピー信仰の現代的状況を支える複数の論理を抽出する。

5-3. NK村でのモータムによる治療儀礼

　調査村NK村には2000年当時5名のモータムが存在した。80代が2名[103]、70代が1名、60代が1名、40代が1名であり、いずれもNK村出身の男性である。それぞれ得意とする技術は異なり、ピーの祓除に長けたものもあれば、紛失物探しなどの占いを中心に行なう[104]者もいる。NK村ではどのモータムも専業ではなく、主なクライアントは村内の近親者に限られており、その活動は低調である。

5-3-1. 善霊との交渉

　善霊と悪霊という言葉は、NK村でもしばしば話題に挙がる。ピーの話題は、子どもから老人まで多くの世代の男女が日常生活の中で好んで語り合うテーマである。NK村では善霊として、ピーヤート（phi yat）という親族の霊が多く語られる。

　善霊は文字通り「善」なる存在でありながらも、現実の村落生活の中に発現するのはたいてい病いを引き起こす時であり、善霊が人に病いをもたらすのは子孫たる生者に何かのメッセージを伝えたいがためと考えられている。NK村の住民はある種の病いにかかると、モータムなどの宗教専門家に依頼して病因を特定し、善霊が引き起こした病いであれば、善霊と交渉をして解決の糸口を模索する。

【事例5-1】2000年1月・NK村
　昼ごろNK村のモータムに病治しの依頼が来た。患者は同じ村の74歳の女性で、夫と2人で生活している。患者の夫もモータムだが、最近は病気がちで治療行為を行なうことはない。
　患者宅では患者とその夫、同じ村に住む娘と友人ら総勢5人がモータムの到着を待っている。寝床に腰を下ろしていた患者の前にモータムが座る。患者の

103　80代の2名は高齢と病気のため、現在はモータムとして活動することはあまりない。
104　タムソン（tam song）と呼ばれる占いで、ピーがモータムに憑依して語るのではなく、ピーとの対話形式で占う。

娘によると、患者は帯状疱疹を病んでおり、病院の注射や薬でも良くならないのでモータムを呼ぶことにしたという。
　モータムは持参した竹ひごの束と石灰を塗ったキンマの葉を取り出す。患者の娘が、蠟燭と白色の花を5組、10バーツ硬貨を盆に入れて供物として差し出す。モータムは供物盆[105]を持ち上げ、周囲には聞こえない程度の小さい声で呪文を唱える。竹ひごを1本手に取り、呪文を唱えて竹ひごに息を吹きかけたあと、その竹ひごを端から少しずつ折り曲げる。1本目の竹ひごは8つに、2本目は7つに、3本目は7つに折れる。そしておもむろに「病の原因はピーだ」とモータムは言う。見物していた娘や友人らが「誰のピーか？」と尋ねる。モータムは次々と竹ひごを折っては質問に答える。患者の女性に憑いているピーは2人で、女性の伯母のピーと兄のピーだということが竹ひごの占術によって判明する。モータムは「プラサート（*prasat*）[106]を作ることをピーが要求している」と患者たちに伝え、さらに「蒸したモチ米を家の隅に供えるように」と助言をして病治しは終了した。
　そのあと患者の女性はモチ米とキンマの葉を患部に擦りつけた。患者の娘はさっそくそのモチ米とキンマの葉を家の敷地の隅に持っていった。患者は「ブンカウチーの祭日に積徳行（*tham bun*）[107]をする」と言って笑っていた。

　【事例5-1】では、モータムの儀礼によって、患者の病いが親族のピーに起因することが判明した。しかし病因とされた親族のピーは「善霊」であり、その場にいた人びとはけっして怖がる様子はなく、儀礼の現場では時に笑顔すら浮かべながらモータムに対処法を尋ねて実践した。モータムもピーを患者の身体から追放するため暴力的な儀礼を執行するのではなく、ピーが何を求めているかを探り、ピーの要求を患者に伝えた。一般にモータムは、親族などの祖先のピーに対して、祓除するような儀礼は行なわない。特に両親の霊の場合は、たとえピーであっても敬うべきで、モータムは呪力（タンマ）を行使すべきでないとされる。「ピーは話がわかるが、人間同士は理解し合うのが難しい（*phi phut*

---

[105] モータムが儀礼を行なう際の供物のセットで、カンハー（*khan ha*）と呼ばれる。これとは別にモータムに謝礼として少額（20〜100バーツ程度）の現金を支払うのが一般的である。
[106] バナナの幹で作った家の形をした供物。
[107] NK村では例年旧暦3月に開催される「焼き米献上祭」。第4章参照。

ngay khon phut yak)」と村人は語るが、祖先霊などの善霊に対しては、モータムを媒介にしてピーの要求を訊き、それを受け容れることで問題の解決を図ることが一般的である。[108]

5-3-2. 悪霊の祓除

NK村で語られる悪霊には、ピーポープ、ピープラーイ、ピーファー、ピーパー、ピーナー、ピーソン (*phi song*) などがいる。一般的なピーの分類 [アヌマーン 1979a] では、ピーファーという天の精霊、森のピー、田圃のピーなどの自然霊は「善霊」と分類されることが多いが、これらの「善霊」はしばしば人に取り憑いて病いを引き起こすため、現在のNK村の住民には「悪霊」とみなされることが多い。

悪霊が病いや災厄を引き起こすと、善霊の場合と同じようにモータムに診断を依頼する。そもそもある病いの発生の時点では、その病いが善霊によるものか、悪霊によるものかは多くの村人には判別がつかない。そこでモータムなどの宗教専門家に診断を依頼することで、病因が明らかになる。儀礼を通じて病いが「悪霊」に引き起こされたことがわかると、宗教専門家が保持する呪文 (*khatha akhom*) を駆使して患者の身体から悪霊を追い出すよう試みる。

【事例5-2】2001年2月・NG村・モータムT氏

昨年BT区のSK村でピープラーイが発生し祓除の依頼があった。SK村で眠ったまま死んでしまうノーンターイ (*non tai*) になった男がいた。死者の娘は棺桶を手配したが、届いた棺桶は汚れていたので、別の棺桶を買ってきて死体を移し替えた。だが移し替えた棺桶には冷却器が付いていなかったため、さらにもう1つ冷却器の付いた棺桶を購入して、再び死体を移し替えた。

遺体を棺桶から何度も出し入れするのは慣習に反するものであったため、SK村にピープラーイが発生した。ピープラーイは複数の村人に取り憑き、病いを引き起こした。ピープラーイは頭頂部から身体に侵入するので、最初は頭

---

108 ピーファーというピーを駆使して治療を行なう専門家はモーラムピーファーと呼ばれ、東北タイに多い。ピーファーは守護霊の中でも最高位にあるとされ、自らの宿り主となる人物を選んで病気にさせ、その人をモーラムピーファーにさせることが多い [加藤 1999: 109]。

痛に苦しみ、のちに身体じゅうの痛みに苦しむ。これはピープラーイ特有の症状だという。

SK村では村長を中心にして話し合いが持たれ、ピー祓除で有名なNG村のモータムT氏に依頼することになった。モータムT氏は同じくモータムである兄と弟子のモータムの3人でSK村に赴き、竹筒の中にピープラーイを捕まえた。その竹筒は封印してSK村の墓地に埋めてしまった。

【事例5-3】2001年8月・コーンケーン市・40代女性
　EM村のT（50代女性）は現在娘夫婦と一緒に住んでいる。かつて夫に愛人ができた時に、自分の身体に呪的な入れ墨を施して、愛人と別れさせたことがあると噂されている。その呪的な入れ墨を受けた時に、一緒にタブー（*khalam*）を授かった。タブーを守っているあいだは呪的な効力を持っていたが、やがてTはタブーを守ることができなくなり、ピーポープが発生した。入れ墨を施した呪術師は既に他界しているので、誰にも救うことはできない。

　【事例5-2】のピープラーイは「ピット・バーン（*phit ban*）」と呼ばれる村のしきたりに背くことで発生したもので、【事例5-3】のピーポープはEM村のTが呪的入れ墨（*sak yan*）を持ちながら守るべきタブーを遵守しなかったために発生したものである。いずれの悪霊も正常な秩序からの逸脱によって発生したと位置づけられる。

　善霊と同じく悪霊も、病いや災いの発生を契機として、モータムなどの宗教専門家の儀礼を経ることで初めて人びとに認識される。善霊も悪霊も一般の村人に認識されるには宗教専門家の存在が不可欠であるという点は共通しているが、それへの対処方法は大きく異なる。一般に「悪霊」とされるピーに対しては、常にそれを「祓除する（*lai*）」「捕獲する（*cap*）」または「殺す（*kha*）」のいずれかの手段をモータムは取る。善霊への対処法に見られたような「ピーの要求を尋ね、ピーを宥める」というのではなく、モータムにとって悪霊は常に「敵（*satru*）」として語られる。悪霊は、追放し退治することが唯一の解決法とされる。

5-4. NK村での守護霊をめぐる儀礼

5-4-1. NK村のチャオプーとチャム

　NK村では守護霊は「チャオプー」と称され、その祠がある森は「チャオプーの森 (don chao pu)」と呼ばれる。村人は願い事や悩み事があると、祠の管理人チャムを伴ってチャオプーの祠に参詣する。新しいバイクを購入した時の安全祈願や、徴兵免除の願かけの際にチャオプーを頼ることが多い。結婚などで村に新しく転入者が来ると、カンハーと呼ばれる供物セットを祠に捧げてチャオプーの許しを乞うとともに、20バーツ程度を手間賃としてチャムに支払う。[109]

　チャオプーに願掛けをして、それが叶った際には「ケーボン (kae bon)」と呼ばれるお礼参りを行なう。「願いが叶えられれば、豚の頭をお供えします」などと誓って祈願する願掛けを「ボン (bon)」「ボンバーン (bonban)」と言い、願いが成就したあとで誓約どおりに返礼の供物を奉納するお礼参りを、「解く、解きほぐす」という意味の動詞「ケー (kae)」と合わせて「ケーボン (kae bon)」と言う。NK村では必ず水曜日に行なわれ、チャムとともに祠で供物を捧げる。供物には、酒の小瓶、蒸し鶏、男性用の腰布 (pha khaoma) 1枚、女性用の巻きスカート (pha thueng) 1枚とカンハーが含まれ、またチャムにも20バーツから数百バーツの謝礼を支払う。時にはケーボンのために出家することもある。第4章で触れた2000年のブンバンファイ祭りの時には、徴兵の免除が叶ったことへのケーボンとして、3名の男性が村の寺院で短期出家を行なった。

　ケーボンにおける村人と守護霊チャオプーとの関係はきわめて互酬的である [Suvanna 2000: 149-150]。善霊たるチャオプーは人間を助け、代わりに供物を受け取る。「ピーが満足すれば、見返りとしてピーによって守護される」と考えるのは、【事例5-1】で紹介した祖先霊への対処法とも通じるものである。人間とピーはあたかも供物を通じて契約を行なっているようであり、ピーはあたかも人間のように扱われている。チャオプーに捧げられる供物に酒の小瓶が含まれることも示唆的である。飲酒は仏教の五戒で禁じられており、仏教に関連する

---

[109] チャムに支払う謝礼は宗教的なものではなく、チャムの手を煩わせて村はずれの祠まで付き添ってもらったことへの謝礼である。

【写真5-3】NK村のチャオプー祠

年中行事で酒が奉納されることはない。だがチャオプーに対しては酒の小瓶が捧げられることから、チャオプーが非仏教のピーであることがわかる。

　チャオプーの森では木を切ることが禁じられている。食用昆虫やキノコなどを採集するため村人はチャオプーの森に立ち入ることがあるが、その時には「これから森に入るよ」とチャオプーに声をかけてから作業を行なうのが習わしとなっている。NK村ではチャオプーを粗末に扱うと、大蛇や虎に姿を変えて現れるとも語られている。

　1994年にはチャオプーの森に、村で2つ目の寺院、ドーンチャオプー寺が建設された。だが1999年12月に僧侶同士の不仲に起因して悪霊ピーポープが発生した噂が広まり、現在は誰も居留しない廃寺となっている[110]。こうした悪霊譚やチャオプーの変身譚が語られる森には、特別な用がないかぎり近づくのを嫌がる者も多い。

　NK村のチャオプー祠を現在管理しているのはチャム職のK氏である[111]。K氏

110　ドーンチャオプー寺のピーポープ事件については第6章で詳細に検討する。
111　2000年のチャム職就任時に71歳であった。

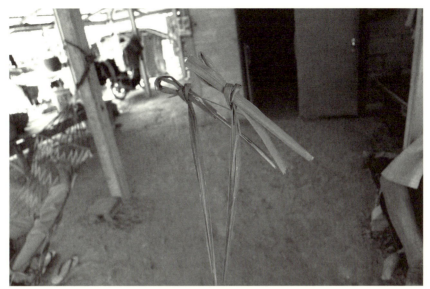

【写真5-4】カヤ草で作った供物

は日常的に祠の掃除をし、田植え前と稲刈り後の年2回、チャオプー祠でリアンバーン儀礼 (*phithi liang ban*) を執行する。リアンバーンとは「村をもてなす」の意味で、村落の守護霊たるチャオプーに村ぐるみで供物を捧げる儀礼である。2000年には村内の各世帯から5バーツずつ徴収し、カヤ草で作った牛や水牛の象徴 (*wua khwai then*) と、蒸した赤米・黒米・白米、蝋燭と線香を奉納した。リアンバーン儀礼のあと、村人が各自の田地でリアンナー (*liang na*) 儀礼によって、「田圃をもてなす」。リアンピー儀礼 (*liang phi*) とも呼ばれるリアンナー儀礼は、田圃を司るピーターヘーク (*phi ta haek*) に対して、ビンロウの実、キンマの葉、刻みタバコなどを捧げる。こちらは各世帯がその年の田仕事を始める前に自ら行なう農耕儀礼である。世帯ごとのリアンナー儀礼に先立って、村落規模のリアンバーン儀礼がチャオプーに対して行なわれることから、チャオプーは村の農事全体に関わる存在であることがわかる。

5-4-2. NK村のラックバーン

　ラックバーンは村のほぼ中央に建てられた木の柱で、NK村では「ブーバー

【写真5-5】仕舞い込まれたラックバーン

ン」「アーラックバーン」とも呼ばれる。「ラックバーンには村のピー(*phi ban*)が宿っている」と語る者もいれば、「ラックバーンにはピーはいない。ただ柱があるだけ」と説明する者もいる。確固とした共通理解がないのは、ラックバーンをめぐる専門的役職が存在しないことと関連する。ラックバーンにはチャオプー祠におけるチャムにあたる役職はないし、村人も何かの機会に参詣に行くわけでもない。

　ラックバーンをめぐっては、年に1度、陰暦7月の「開村記念祭(*bun boekban*)」が行なわれるのみである。開村記念祭は村長を中心として行なわれる。村落を開拓した際に追い出した土地のピーへの供養祭とも言われる。村の寺院から僧侶を招請して3日のあいだ、毎夕読経を行ない、ラックバーンに供物が捧

第5章　善霊と悪霊のはざま　　129

げられる。だがそれ以外の機会に村人がラックバーンに注目することはあまりない。

　チャオプーは村の外縁の森に位置し、村外での活動や村外との交渉、居住空間の外部にある田畑での農事に影響を及ぼすものであるのに対し、ラックバーンは村落内の諸問題に関わるとされる。だがチャオプーに比べると対照的にその影響力は弱い。ここまで論じてきたNK村のピー信仰は次のような見取り図で示すことができる［地図5-1 調査地NK村概略図、図5-1 NK村のピー信仰概略図］。

　NK村では、区長、村長、地区管理委員の主導により、2003年12月にラックバーンに仏像が設置され、祠が改装されて扉には鍵が付けられた。改装された祠の前面には、区長らの名前と寄進の日付が記され、祠の中央に仏像が安置されている。もともと置かれていたラックバーンの本体たる木の柱は無造作に仏像の背部に仕舞い込まれ、外側からはもはや目にすることはできない。村の居住区域の中央に位置するラックバーンには公共の休憩所が隣接しており、村人は休憩所に集まって日中お喋りを楽しんでいた。ラックバーンは村の日常の暮らしの中央に座を占めているが、現在では守護霊ラックバーンは仏教的、また行政的表象に取って代わられている。

　ラックバーンの改装について、村の50代の女性は次のように語る。「ラックバーンに仏像を置いたのは村落開発委員だ。これには村人はお金を出していない。だがチャオプーは違う。チャオプーは自分たちで維持しないといけない」。こうした言説からもラックバーンとチャオプーの相違が村の人びとに認識されていることがわかる。

　チャオプーもラックバーンもともに、村の創建時に設置され、村を守護するとされる存在である。NK村には「ピットバーン」という村で守られるべきタブーがあるが、タブーはチャオプーにもラックバーンにも関係する[112]。だが儀

---

[112] 「ピット・バーン (*phit ban*)」とは「村のしきたりへの違反」のことで、違反すると災厄が生じると考えられている。豚や牛などの獣肉を目に見えるまま持ち運ぶこと、村内での牛や水牛の屠殺、村の休憩所での飲酒、チャオプーの森での木材の伐採、仏像や死人の出た日に薪を村外から持ち込むこと、死人の出た日に髪を切ったり、洗ったりすること。死人の出た日に精米することなどが含まれる。村内での肉に関する事項や酒に関する事項はラックバーンとの関わりで語られ、森の樹木に関する事項などはチャオプーとの関わりで語られる。「ピット・ピー (*phit phi*)」とも呼ぶ。

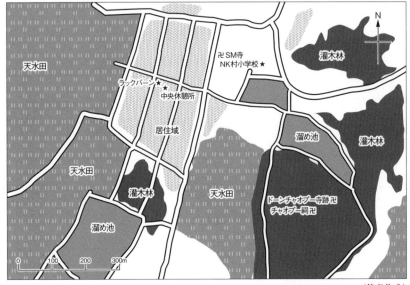

【地図5-1】調査地NK村概略図

(筆者作成)

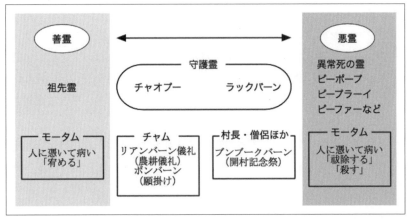

【図5-1】NK村のピー信仰概略図

(筆者作成)

礼について見ると、チャオプーはチャムを媒介として農耕儀礼や願掛けという局面で現在も村人の生活と関わりを持っているが、ラックバーンはもはや年中

行事の中で辛うじてその記憶が維持されているにすぎず、現在では守護霊ラックバーンの座は仏教や行政によって新たな意味が与えられている。村落守護霊はもともと村落に秩序をもたらし、居住者たちを守護すべき「善なる」存在であったはずである。ここに見られる「善霊」たるべき2つの村落守護霊の扱いの違いには、宗教専門家モータムとチャム双方のピーとの関わりの相違が反映されている。

5-5. 守護霊チャオプーをめぐる複数の論理

5-5-1. モータムとチャオプーの確執

　守護霊チャオプーは村落に秩序と安寧をもたらす「善霊」とされるが、既に指摘したように、守護霊そのものが「悪霊」とされる事例も報告されている。守護霊は常に人びとを庇護するわけではなく、立場や文脈が異なるとその善/悪が変化しうる。チャオプーの専門家たるチャムにとっては「善霊」であっても、一方でピーを無秩序の表象とみなし仏法によって調伏されるべしとするモータムにとっては「悪霊」になりうる。本節では、守護霊の理解をめぐるモータムとチャオプーとの確執についてある事例をもとに検討する。

　2000年現在のNK村のチャムK氏は、村会議での合議で選出された。村人の記憶を総合すると、K氏から6代前のチャムまで遡ることができる[113]。6代前から3代前までは村会議を経ながらも親族関係を通じてチャム職が引き継がれた。6代前のチャムKB氏の死後は、長男R氏と弟L氏が引き継ぎ、次はLの義妹の夫が担当した。いずれも男性であった。

　チャオプーは村落の権威の源泉の1つとされる［赤木 1987: 49-51］。チャムという媒介を通じてのみ村人はチャオプーに近づくことが可能となるため、チャム職は権威をもたらすもので村落内の特定親族に独占されることがあるという。NK村でも3代前の1996年までは特定親族によってチャム職が独占されており、

113　第4章で詳述したとおり、NK村は開拓によって1889年に創建された。キッティラート（Kittirat）という男性と僧侶イン師（khruba In）を中心にした15世帯が現コーンケーン市近くの村から移住した。創建当初はキッティラートが村長となった。

守護霊チャオプーが象徴する権威は維持されていた。だが、2代前から現在までは以前の特定親族とは関係のない人物によって引き継がれている。

2代前のチャムN氏以降はそれまでのチャムの系譜と直接の親族関係はない。N氏は村内で長老として尊敬される年長者の1人であり、村の寺院の在家総代を勤めたこともある人物である。N氏は1996年から4年間チャム職を勤め、75歳という高齢を理由に2000年に引退した。

N氏が引退したあとの2000年5月のリアンバーン儀礼では、モータムのH氏が儀礼を取り仕切った。H氏は前代のチャムである。だがリアンバーン儀礼直後の村会議で、ある出席者からH氏がチャムであることに疑義が呈された。H氏はピーを敵視するモータムであるがゆえに、チャオプーは嫌っているとするものであった。村会議での議論は「チャオプーはそもそもピーである。ピーを祓除するモータムとは気が合わない。H氏がチャムであることにチャオプーは反対している」という意見に収斂し、過去に村の在家総代を務めたことのあるK氏が新たにチャム職に就くこととなった。

BT区NG村のモータムT氏によると、モータムはチャオプーの祠に拝礼する（wai）ことが禁じられている。チャオプーの祠に近づくことすらも好ましいことでないのは、祠に祀られているのが「仏教と関係のないピーだから」である。T氏によると、村の守護霊とされるチャオプーもラックバーンも「もともとは自然霊（phi thammachat）」であり、人が森を切り開いて住み始めた時に祠を作って祀ったものという。このモータムT氏は、1982年に近隣のPR村でピープーター[114]を追放した。PR村で流行病が発生した際に依頼を受け、その原因がピープーターであると考えたモータムT氏は、ピープーターを「殺さずに捕らえて、村から追放した」と語る。それ以来PR村ではピープーターは祀られていない。

村会議での「チャオプーがモータムを嫌っている」という総意、また「モータムはチャオプーを崇めてはならない」というモータムの語りは、守護霊チャオプーと呪術専門家モータムが互いに敵対的で相容れないものであることを示唆している。ところが、チャオプーとモータムとは「敵同士」ではあっても、チャオプーの代理人たるチャムとモータムが必ずしも不仲というわけではない。

114　ピープーター（父方と母方の祖父のピー）はチャオプー（偉大なる祖父のピー）の別名。

第5章 善霊と悪霊のはざま

モータムもチャムもともに村内では尊敬される人物で、「長老」と称されて指導的立場にいる者がほとんどである。

このモータムと村落守護霊のあいだに見られる複層的な関係の背後には、20世紀初頭以来の仏教化の歴史があるだろう。林行夫によると、東北タイの守護霊信仰は1930年代以降徐々に衰退の兆候を見せた [林 1984: 89]。同時期に頭陀行僧の系譜を引くモータムが民衆に受け容れられ、その超自然的な力への信仰が広まるとともに、村落守護霊への不信が拡大した。たとえばコーンケーン県ドンデーン村では、開村以来祀られてきた守護霊ピープーターが悪霊とみなされ、モータムによって1950年に追放された。この時期から守護霊の「善霊」としての位置づけが薄れ、「悪霊」性が人びとのあいだに意識化されたという [林 1985: 353]。

仏教の優位性が制度的に確立し、村落においてもピー信仰に対して仏教が卓越するという「仏教化」過程の先に、現代の村落の信仰世界を位置づけることは間違いではないだろう。だがNK村のように守護霊とモータムが競合する村落では、けっして一様に「仏教化」されていないことも事実である。

仏教的言説が必ずしも守護霊信仰を凌駕しきれない状況は、「仏教化」の過程からではなく、むしろチャムの位置づけから理解する必要があるだろう。NK村では1996年までは特定親族のもとでチャム職が継承されていたものの、それ以降は特定の系譜の外部にチャム職が拡散した。2000年の村会議で、チャオプーとモータムをめぐる確執が議論されるようになったことも、チャム職が保持してきたチャオプーという権威の揺らぎと無関係ではないだろう。だが守護霊チャオプーの権威が近年に弱体化したというだけではなく、むしろそれを強化するような言説も同時に見受けられる。

5-5-2. チャムによるチャオプーの擁護

チャオプーの起源についてNK村では次のように語られる。

【事例5-4】2007年3月・NK村・50代女性
　チャオプーは、生前は恋人を持つこともなかった男性の僧侶であった。だから女性は好きではない。チャムとして選ぶのは常に男性である。

【事例5-5】2004年10月・NK村・チャムK氏
　チャオプーは元来ピーではなく、もともとはデート（Det）という名の僧侶であった。生まれたのは近隣のPT村で、デートは出家ののちNK村に転入した。開村間もないNK村に大きな寺院はなかったが、デート師はそのままNK村に留まった。デート師は一生還俗しなかったため、結婚もせず子孫はいない。そのデート師が亡くなった時に村人は彼を偲んで、森に祠を建てた。それが現在のチャオプーの祠である。

　PT村とNK村は古くから関わりがあって、PT村から移住してきた村人がNK村には多く居住する。とはいえ、上の語りの真偽は定かではない。多くの場合、チャオプーにおける「プー」つまり「父方の祖父」とは、実在した人物を指すよりは、土地の精霊や親族の守護霊を集合的に指す場合がほとんどである。チャオプーの別名である「ピープーター」（父方と母方の祖父のピー）という名称からも、そこで名指されるピーが単独の人物の死者の霊でないことは明らかである。一般的にチャオプーとは「土地を開拓したとき、その土地にいたピー」、あるいは「移住前の土地から開拓地に招いたピー」と想像されており、「実在の僧侶が死後に村人に祀られたもの」という理解はあまりない。
　チャムK氏によると「チャオプーは実在の僧侶のピー」であるが、「多くの人はピーと仏教との関係を十分に理解していない」とも主張して、チャオプー信仰と仏教との連関を強調しながらも、そうした理解が必ずしも村人に共有されていないことを指摘している。多くの村人はチャオプーの起源を自然霊や天の神（thewada）とみなすか、あるいはそもそも起源については無関心である。K氏のような認識は一般的なものではなく、むしろ仏教的な装いが強化された特殊なものとも言える。
　チャムは村内におけるチャオプー信仰の唯一の専門家であるが、チャムという役職はある専門的知識が伝達・集積されにくい類のものである。NK村では、チャムは村会議での合議で選出され、単純な儀礼の方法と「チャオプーに捧げられた供物を食べてはいけない」というタブー以外は、前任のチャムから引き継ぐことはない。他の宗教専門家のように、専門的知識を学習することはなく、

年2回のリアンバーン儀礼を除けばチャムのみに伝承される特有の知識は見られない。特定親族内でチャム職が継承されていた1996年まではチャオプーに由来する村落内の権威が伝えられたのであろうが、現在のNK村ではチャムであることの特権は希薄である。

　チャムに向いているのは「正直な人 (khon sutcharit)」とされる。村内で信望の厚い人間、特に「長老」として信頼されている高齢の男性が選ばれる。20世紀初頭にタイ国の仏教サンガ組織がバンコクを頂点として制度化されて以降は、サンガ組織と行政組織の2つが、村落と外部世界、特に中央政府とをつなぐ回路として整備された。そこでは世俗のリーダーとして村長、宗教的リーダーとして在家総代が位置づけられた［赤木1989: 24-27］。近年のNK村のチャム職は2代前、現職ともに在家総代の経験者であり、チャムと在家総代の両職は親和性が高いと言える。そこには制度化された仏教が村落に影響を及ぼし、守護霊チャオプーが仏教的文脈に読み替えられていく過程を見ることができる。

　またもうひとつの村落守護霊であるラックバーンの座に、2003年に仏像が設置されたという事実にも、村落守護霊の仏教化の過程が反映されている。既に述べたとおり、チャオプーとは異なり、ラックバーンには専門の宗教職能者はいない。年に1度ラックバーンの祠で「開村記念祭」が催されるが、村長を中心に村ぐるみで催されるもので、儀礼の中では僧侶も重要な役割を果たす。特定の宗教専門家によって伝えられるような知識伝統を持たないまま、村長や村落開発委員の主導のもと、祠に仏像を設置することでラックバーンの座に仏教的装いが与えられ、元来の信仰対象であったはずのラックバーンそのものは、古ぼけた木の柱として祠の裏側に仕舞い込まれた。

　ラックバーン祠の改装からは村落守護霊が仏教によって塗り替えられる様子がうかがえるが、それに比して守護霊チャオプーは完全に仏教化されたとは言いがたい。チャムK氏によってチャオプーの僧侶起源譚は語られるが、村会議では「チャオプーはモータムが嫌い」とされる。NK村のチャオプーはある場合には仏教と関連づけて説明され、ある場合には非仏教としてモータムの非難の対象となるが、仏教だから善霊、非仏教だから悪霊というわけでもない。守護霊チャオプーをめぐる「善霊」と「悪霊」の位置づけの相違は、単に「仏教」

と「非仏教」の対立から生まれるわけでも、第2節で見たように「秩序」と「無秩序」の対照から構築されるわけでもない。では、何によって「善霊」と「悪霊」の位置づけを行なうのか。次に、チャムとモータムによるチャオプーとの関わりを分析しながら、その「善霊」性と「悪霊」性を支えるそれぞれの論理について考察する。

5-6. 善霊と悪霊のあいだ

　モータムにとって守護霊チャオプーはきわめて敵対的に捉えられている。モータムはチャオプー祠への拝礼すら禁じられており、いくら村落の守護霊とはいえ、それがピーである以上、「敵」として祓除すべき存在とされる。だがモータムもまた村の中で他の人びとと共に日常生活を送らねばならない。村の年中行事にも参加するし、時には寄付金も求められる。NK村のあるモータムは次のように語る。

> 【事例5-6】2002年8月・NK村・モータム
> 　個人的にはピーとは関わりたくないのだが、村のリアンバーン儀礼で各世帯から5バーツを寄付するようにチャムから求められた。娘が言うので仕方なく5バーツを寄付した。

　モータムはチャオプーを敵視する宗教専門家でありながら、一方で家族と共に稲作を営むひとりの村人でもあり、農事に関わる年中行事であるリアンバーン儀礼にも関わらざるを得ない。リアンバーン儀礼は村の守護霊チャオプーに対してチャムが司式するものであるが、モータムであっても、チャオプーがピーであることを理由にリアンバーン儀礼そのものを否定することはない。リアンバーン儀礼が村落共同体の中で、農事を円滑にするための宗教実践であるからこそ、チャオプーがピーであることには目をつぶって受け容れる。またNK村のモータムが親族を通じて世襲的に継承されるような専業モータムでなく、5名のモータムがそれぞれ別の流派に属していることも、モータムによる仏教

第5章 善霊と悪霊のはざま

的規範の不徹底を促進させている。

モータムにとってすべてのピーが祓除されるわけではないことは、既に述べた。たとえば【事例5-1】で見たように、親族のピーは「善霊」であり、仏法の力を駆使して対決することはなく、慰撫するのが「善霊」への対処法である。20世紀以降の東北部で守護霊が追放された事例についても、村落に災厄を及ぼしたのが守護霊で、それを「悪霊」と認定したがために祓除を行なった。ピーは敵であるものの、祓除するのはそれが「悪霊」である時に限られる。モータムにとっては、チャオプーは共同体を守護するという意味では「善霊」であり、秩序を乱しうるならば「悪霊」として祓除の対象となる。だがNK村のモータムにおいて、守護霊を悪霊化して捉える仏教的規範はきわめて消極的なものである。

一方、チャムにとってはどうか。チャムは村落守護霊チャオプーに仕える存在である。多くの村人がチャムを通じて願掛けをし、リアンバーン儀礼を支援するように、チャム職はけっして村落内で貶められた存在ではない。むしろ近年まではチャオプーに由来する村落の政治的権威の源泉でもあった。チャム自身もモータムがピーを敵視することは知っているが、だからといってモータムと不仲ではない。さらに現在のチャムK氏は「チャオプーはもと僧侶だった」と語るように、チャオプーと仏教の関連までほのめかす。

チャムにとってチャオプーは常に「善霊」である。村落の農業を守護し、願掛けによって人びとに加護を与えてくれる守護霊であり、けっして「悪霊」ではない。だが近代以降、仏教が他の信仰を凌駕する中で、多くのピーが「悪霊」として位置づけられ、時にはモータムによって祓除されてきた。「善霊」と分類されることの多かった森のピー、田圃のピーなどの自然霊が、近年のNK村で「悪霊」と位置づけられるようになったのも事実であり、こうした状況を、村落に生きるチャム自身ももちろん認識しているはずである。自然霊は人に病いをもたらすことでこの世界に発現することが多く、そうした自然霊は現代では悪なる存在とされる。もともと東北タイのチャオプーは、開拓地の土地神である。チャオプーが土地の「自然霊」だと語られると、現代のNK村では「悪霊」へと読み替えられる潜在的な可能性を持つ。

とはいえ、モータムの実践にも現れているとおり、ある種のピーは「善霊」

として扱われ、その要求をうかがい宥められる。そこでの「善霊」とは親族のピーであり、祖先のピーである。ピーを敵視して憚らないモータムといえども、祖先のピーを攻撃することはけっしてない。そこでは、「仏法を善、ピーを悪」とするようなモータムの仏教的規範とは異なった、村落共同体を支える倫理規範が優先されていると言えよう。

　「善霊」としてのピーが、村落を統合する要素として機能してきたことはこれまでにも指摘されている［パースック&ベーカー 2006: 98-100, CHATTHIP 1999: 38-43］。祖先のピーは村落外の悪しき力から村人を保護し、土地のピーは村人に物質的、精神的な幸福をもたらすものである。血縁を通した祖先霊や土地と結びついた守護霊などのピー観念を通じて、過去から現在にいたる村落共同体の継続性が意識化され、ピーを慰撫する諸儀礼によって共同体の結合が維持されてきた。特に生存条件の厳しい東北タイの開拓村では、ピー信仰に関連した共同体倫理によって、強固な内的結合がもたらされてきた。ここには、モータムが語る仏教的規範とは位相のずれたピーをめぐるもうひとつの倫理規範が存在する。

　コーンケーン市に隣接するNK村では近年、住民の社会生活が変化しつつある。第4章で見たように、旧暦6月に行なわれるブンバンファイ祭（bun bangfai）では、住民の多くが平日に村外就労をして、祭の準備に割く時間がなくなったため、現金を供出してロケット花火を購入することで祭を維持している[115]。村落生活の都市化が進行するなか、それでも伝統文化を捨て去ることなく実践し続けることの背景には、村落の共同体倫理を志向する住民の意図がうかがえる。

　だが一方で、NK村のチャム職は1996年以降、特定親族を通じて継承されなくなった。このことはチャオプーに由来する権威と関連する共同体倫理が重要性を失いつつあることを間接的に示している。チャオプーはもともと村人の世俗的な誓願を集め、農事の成功を約束するもので、儀礼によって村落共同体の結合の強化を図るものであった。だがコーンケーン市での就労機会の増大など、外部社会との関わりが人びとの暮らしの中で重要性を持つにつれて、村落内部においてのみ機能するような共同体倫理は徐々に弱体化した。

　チャムK氏によるチャオプーの仏僧起源譚という奇妙な語り口は、まさにこうした2つの規範の交点に発生したものと言えるだろう。そもそもチャオプー

115　第4章のNK村の年中行事で詳述した。

信仰は土地神への信仰である。適切に慰撫されることによって、住民を助け、相互扶助を軸とした共同体倫理がもたらされる。だが東北タイにおいて仏教化が進行し、仏教的神秘力を駆使するモータムが受け容れられると、制度化された仏教は村落のピー信仰をも劣位に位置づけた。仏教的視線によって、たとえ守護霊であっても、ピーであれば祓除されるべき「悪霊」と位置づけられる。

 ところが、現実には子孫に憑いて自己の要求を伝えるような親族のピーは、モータムの祓除の対象からは外された。そこでは仏教的規範が不徹底なまま、もうひとつの共同体規範が優先され、相互扶助の対象でもあった亡き親族の霊は「善霊」とされた。だが近年にいたっては残された共同体規範そのものも外部社会とのつながりが増大する中で意義を薄め、弱体化した守護霊信仰は仏教的規範との接点を模索する。

 仏教的規範（仏法へ帰依するものこそが善）と、ピー信仰のもたらす共同体規範（相互扶助が善）の交差する部分に、「チャオプーは開村当時の実在の僧侶である」という複数の論理が混淆した見解が生じたのであろう。そのように位置づけることによって、チャオプーは、仏教的規範においても「僧侶」という善なる存在として、また伝統的規範においても「NK村の祖先のピー」として位置づけられ、チャオプーの「善霊」性はより確実なものとなるはずである。

 だがチャムK氏は「多くの人はピーと仏教との関係を十分に理解していない」とも語る。現実には、多くの村人はチャオプーの起源には関心がなく、リアンバーン儀礼に関わる神体という程度にしか考えていない。不徹底な仏教的規範と、弱体化した共同体規範の入り混じったところで、チャオプーはNK村の人びとによって消極的な関心のもとで認識されている。

 一見したところ、かつてと変わらずに継続して見えるNK村の守護霊チャオプー信仰であるが、外部状況の変化に応じて、それに関連した論理が微妙に組み替えられてきたと言える。仏教的規範と共同体規範という、村落内の2つの規範がそれぞれ弱体化しながらも、双方のあいだで消極的な均衡を保ちながら、守護霊は完全に「悪霊」化することなく、「善霊」の立場が保持され続けている。両者の関係はうまくは説明されないが、不調和なまま両者は共に受け容れられ、徹底的に一方が他方を排除しないがゆえに、どちらかの極にのめりこむことなく、従来の信仰の形が柔軟に継続される。

本章では、NK村における村落守護霊をめぐって、モータムとチャムのあいだの見解の相違を検討することで、善霊と悪霊という位置づけそのものが可変的なものであるとともに、善霊性を支える論理そのものが近年の都市近郊農村における社会変化を背景に変化している様子を示した。次章では、村落の守護霊だけではなく、より広義のピーを対象にして、その社会的現実の構成される状況を検討する。

第6章
ピーの語りが伝えるもの

　前章では村落守護霊チャオプーについての、2種の宗教専門家モータムとチャムの見解の違いから、チャオプーの位置づけが揺らぐことを指摘した。開拓村の多い東北タイでは、村の創設とともに村の柱ラックバーンと守護霊チャオプーの祠が建てられ、祠守りチャムによって村落守護霊を祀る儀礼が行なわれている。寺院を中心とした上座仏教の宗教実践は究極的には個人の来世での幸福を希求するものだが、世俗的で現世利益に関わる村人の願いはチャムを通じて村落守護霊に祈願するという2つの異なった意図を持つ宗教実践がともに観察できる。近代以降、仏教の制度化が進むと、村落の守護霊ですら非正統の宗教実践として周縁化された結果、ラックバーンには仏像が設置され、仏教と関わりの深い宗教専門家モータムと守護霊司祭チャムのあいだに葛藤が生じ、仏教とピー信仰を含む信仰世界が再編される様子を検討した。だが、東北タイに見られるピー信仰は守護霊に限ったものではない。本章では、ピーをより広義に捉えて、村人によるピーの語りを分析することから、ピーの社会的現実について考察する。

6-1. はじめに

　タイのピー信仰を扱った研究は、これまで村落守護霊を扱ったものが中心であった [CONDOMINAS 1975, SRISAKRA 1983, 赤木 1987, 重冨 1996, TANNENBAUM 1996]。その多くは、村落共同体における伝統的モラルや慣習の維持のために、守護霊信仰が機能していると分析する。だがピーに関わる信仰と実践は、村落共同体に関わるものばかりではない。共同体のモラルの維持とは無関係に見えるピーも、

村人の日常生活に頻繁に立ち現れている。実際に調査村周辺で「ピー」という名で語られる超自然的存在は、守護霊以外のものが圧倒的に多く、また村落生活に関わるピーの種類も多様である。

ピーは一般に善霊と悪霊という2つのカテゴリーに分けられることは前章で述べたとおりである [Phongphit & Hewison 1990: 69-70, Suvanna 2000: 148-149]。善霊には、祖先のピー、米のピー、村落守護霊などが含まれ、悪霊には、異常死のピーやピーポープ、ピークラスーなど特定のサブカテゴリーを構成するピーが含まれる。「ピー」と言えば「善霊」よりも、むしろ人を悩ます「悪霊」を指すことが多いとも言われ [アヌマーン 1979b: 107]、日常生活の中ではピー概念の広い部分を「悪霊」が占めると言っても過言ではない。しかし、村落守護霊についての研究蓄積とは対照的に、個人と悪霊との関わりをめぐる研究は充実しているとは言えない。[116]

本章では、タイの精霊ピーのうち、「悪霊」と分類されるものを取り上げて、東北タイ村落におけるピーの社会的布置を捉えるとともに、そこに生きる人びとにとって「ピーとは何か」を検討したい。「悪霊」を主たる分析対象とするにあたり、浜本満が挙げている「超自然的存在や事象を人類学者が論じる際の注意点」に留意しておきたい。浜本は、妖術研究をはじめとする人類学的研究が陥る錯誤として3つを挙げる [浜本 2007: 115-124]。(1) ある現象のコンテクストに注意するあまり、その現象そのものの検討が十分に行なわれないという「コンテクスト化の落とし穴」、(2) ある現象は常にその社会にとっての何かを語るものとみなし当事者不在の解釈を行なう「解釈学的スタンスの誤謬」、(3) ある実践が常に「近代化への抵抗」など何らかの意図の反映として動機や目的を想定してしまう「意図性のショートサーキット」という3つの陥穽である。これらは、浜本の論じるアフリカ妖術研究に限らず、タイのピー信仰を論じる上でも十分に注意すべきであろう。ピー信仰を、単に「村落内の政治的葛藤の現れ」や「近代化への不適応」の表現として解釈するだけ、あるいは伝統的なモラルの維持のために機能していると分析するだけではピー信仰の表層的な理解にな

---

[116] 悪霊をめぐる研究としては、博物学的アプローチ [アヌマーン 1979a 247-300, Sombat 2000]、病因としてのピーとその憑依についての精神医学的アプローチ [Phaetsangan 1986] のほか、ピーの祓除師モータムをめぐる宗教社会学的アプローチ [林 2000] などがある。

りかねない。本章で問うべきは、なぜある種の政治的葛藤や病い、その他の現象が「ピー」という語彙を通じて語られなければならないのかである。

6-2. ピーポープとモラルの解釈

6-2-1. ピーポープという悪霊

　東北タイの日常生活の中で語られるピーは村落守護霊ばかりではない。共同体に関わる守護霊以上に、個人と直接関わりを持つ「悪霊」が話題になることが多い。「悪霊」の中でも、村人たちの話題をもっとも集めるピーが、第3章で論じた「ピーポープ (*phi pop*)」である。

　ピーポープは人に取り憑く。憑かれた者は精神的に不安定になり、目まいがしたり、泣き叫んだりして、普通ではない言動や行動を示す。ひどい場合には、ピーポープに「肝臓を食われて (*kin tap*)」死んでしまう。ピーポープは自然発生するのではなく、2通りの発生経路があるという。1つは家系を通じてから継承される「家筋のポープ」(*pop suea*) で、もう1つは呪術師モータムなどがタブーを破った時に生じる「普通のポープ」(*pop thammada*) である。

　「家筋のポープ」は、ピーポープを持った人間が死ぬまえに、唾液を介して継承する。[117] ピーポープを持つと噂される人によって出された飲食物は、唾液を混入しているかもしれないので避けるべきだとNK村では語られる。

　「普通のポープ」は、モータムなどの宗教専門家が、タブー (*khalam*) を破った時に、その人が持つ神秘的力ウィサー (*wisa*) が変質して発生するとされる。たとえばモータムには多くのタブーが課せられる。たいていのタブーは守れなくてもウィサーが弱まるだけで、ピーポープは発生しない。だが動物の生き血を口にすることは厳しく禁じられており、そのタブーを破るとウィサーがピーポープに変質すると言われる。東北タイの結婚式や葬式では、生の牛肉ミンチに、牛の血とハーブ、唐辛子を和えた料理ラープ・ディップ (*lap dip*) が饗されることが多いが、モータムはラープ・ディップをけっして口にしてはならない。ほ

---

[117] 第3章で論じた映画『ピーポープの村』第1作目の最後で、ピーポープの老婆が口から白い液を口から発していたのは、「家筋のポープ」の継承を反映したものである。

かにも、儀礼を途中で止めた場合、呪文で病いを引き起こした場合、治療儀礼に過剰な見返りを要求した場合、師匠を敬わなかった場合などにピーポープが発生するという［Tambiah 1970: 318］。

ある災厄が村に起こり、ピーポープが原因として疑われると、村人はピーの祓除に長けたモータムや僧侶に依頼して、原因がピーポープであるかどうかを占う。ピーポープが原因だと判明すると村ぐるみで祓除儀礼が執行される。

ピーポープはいくつかの地域で減少したとも報告されている。タンバイアは「近年ピーポープ憑きは減少している。最後に事件があったのは1960年のこと［Tambiah 1970: 321］」と記録しているし、1980年代にコーンケーン県南東部で調査を行なった林行夫［1989: 33-34］も「以前は悪霊の代名詞であったピーポープが当時の調査村内で激減している」と記している。筆者の調査村周辺でも、「ピーポープは昔の方が多かった」と語られることがあるが、現在でもピーポープ事件は頻発しており、「過去に比べて凶悪なピーポープが増えてきた」とも語られる。

6-2-2. 1999年12月のピーポープ事件とその解釈

まずは、1999年12月から2000年1月にかけて調査村NK村に発生したあるピーポープ事件を取り上げる。以下の【事例6-1】の記述は、2000年1月22日より2月27日までのおよそ1ヵ月のあいだにNK村の複数のインフォーマントからの聞き取りによって再構成したピーポープ事件の顛末である。

【事例6-1】2000年1～2月・NK村・30代～50代男女へのインタビューより
　　NK村では開村当時に創建されたSM寺が村の中心部に位置し、村人の信仰を集めている。しかし1994年にNK村出身の僧侶T師によって新たに別の寺が創建された。新しい寺は集落の外れにある守護霊チャオプーの森（*don chao pu*）に建てられ、ドーンチャオプー寺と呼ばれた。創建時には村内から布施を募ったが、思わしい協力が得られず、最終的には村に居住するT師の親族が多くの布施を行なった。
　　T師が村を離れた1995年以後は常住する僧侶がなくなった。1997年に近隣のNU村より僧侶L師が、1999年にはタイ東部チャンタブリー県よりR師が招

第6章　ピーの語りが伝えるもの

請された。R師は呪術に長け、宝くじの番号当て占いで、コーンケーン市内からもクライアントを集めた。一方で、村人の多くは、近隣村出身のL師に愛着を感じていた。

　L師とR師がそれぞれ宝くじの番号を占い、R師の占った番号が当選したことがあった。それ以来、2人の僧侶は不仲になったと村人は噂する。1999年9月、L師が体調を崩すと、「R師が異常死の遺体の骨を私の僧坊の下に埋めたのが原因だ」とL師が主張し、R師に呪術をかけられたと訴えた。村長は事件を地区の僧団長に報告した。1999年10月、L師とR師の仲違いは激化し、R師は村を去った。去り際にR師は「これから2年のうちにL師が村人を喰うだろう」と言い残した。

　1999年11月、モチ米を喉に詰まらせて村人が死ぬという異常死が起こる。葬儀の準備のさなか、村人がL師のもとを訪ねると、僧坊の入り口で妙な声を耳にした。「これ以上悪いことをして村人を苦しめないでくれ」と、L師が僧坊の中で独り言を言っていたらしい。1999年12月、再び村に突然死が発生した。

　不吉な異常死が連続したため、村長たちはピー祓除で有名な隣村NG村のモータムに相談した。モータムは「L師のピーポープが原因」と断言した。モータムの話を信じた村人はドーンチャオプー寺に向かい、L師に村を去るよう説得した。事情を聞いたL師は自分をピーポープだと告発したモータムを罵った。「私かモータムのどちらかが死んでしまえばいいんだ！」これを聞いたある村人は、もはやL師は僧侶ではなく、ピーポープだと確信したという。

　翌朝村人がドーンチャオプー寺を訪ねると、L師は既に寺を去ったあとだった。同じ日にNK村の50代女性にピーポープが取り憑いた。NG村のモータムは村ぐるみの祓除儀礼が必要と判断して、儀礼の準備を開始した。祓除儀礼は深夜2時頃に始まった。3人のモータムが、籐の棒と竹筒を手にして、暗い村内を走り回り、ピーポープを追いかけた。午前4時頃には4体のピーポープを捕らえ、竹筒に入れて呪符で封をして墓地に埋めた。

　2週間ほど経って、さらに別の40代女性にピーポープが取り憑いた。モータムが祓除しようとすると女性に憑いたピーポープは叫んだ。「私は僧侶なのに、どうして縛り付けるのだ」。翌日には別の村人が、プーヴィアン郡から僧侶P師を招請し、祓除儀礼を執行した。P師は村内の三叉路などに呪文の書いた石

【写真6-1】呪文の書かれた石板

板を設置し、聖糸を村の周囲に張りめぐらせた。さらに「3日間のあいだ、日が暮れたあとは、村の中で買い物をしてはならない」と言いつけた。NK村にはミニマートと呼ばれる小さな商店がある。

だがすべての村人が言いつけを守らないでいると、数日後30代女性にピーポープが憑いた。翌日、再びP師が招請され、今回は「終日の村内での買い物」を禁止し、その後はピーポープに煩わされることなく村は平穏を取り戻している。

【写真6-2】廃寺と化したドーンチャオプー寺

　このピーポープ事件を検討する際に、社会的背景に目をやると、新しく設置されたドーンチャオプー寺をめぐる村人の不満と、伝統的価値観の揺らぎとも呼べる状況にすぐに気づくだろう。
　第1に、ドーンチャオプー寺の創建時の布施に対する村人の不満が事件の社会的背景として浮上する。創建者T師はNK村出身で、多くの村人から尊敬されていたが、布施には少なからぬ反対があった。結果的に、村内のT師の親族に金銭的余裕があったので布施額の不足は問題にならなかったが、多くの村人は古くからあるSM寺への布施を望んでいた。SM寺の布薩堂は建設途上で、まだ1つの寺も完成していないのに、村に2つ目の寺は必要ないという意見も聞かれた。
　第2に、2つの寺の併存による村の分裂を危惧する声もあった。同じ村に2つの寺があると、年中行事（*hit sipsong*）で、村人の寄進先が分かれてしまう。村全体が「SM寺派」と「ドーンチャオプー寺派」とに分裂する可能性がある。村落共同体の分裂を恐れて、ドーンチャオプー寺の創建に反対したと語る者もいた。

またドーンチャオプー寺の僧侶のうち、L師とR師では支持者集団が異なっていた。最初にL師を招請したグループは、かつて守護霊祭祀の管理者チャムでもあったN氏を中心としたもので、一方、R師を招いたのは村長を含む村の長老たちだった。2人の僧侶の支持者グループが異なっていた点も、ピーポープ事件の混乱の基盤にあるように思える。

第3に、村外から村内に流入する貨幣への不信感を見て取ることもできる。村外出身のR師が、呪的サービスによってコーンケーン市からもクライアントと寄進を集めた。そのことへのL師の妬みが両僧侶のあいだの確執の根本を形成しているとも言える。最終的に混乱を収めたプーヴィアン郡の僧侶P師が、村内での買い物を禁止することで混乱を収拾したという語りは、「村落外部から訪れた何かが村落内部の人間関係を破壊する」という意味で、ピーポープと貨幣を同一視する見方を内包する。

近年のタイでの世俗的信仰の隆盛を研究したジャクソン（Peter A. Jackson）によると［JACKSON 1999］、急激な経済発展を経験した90年代に、物質文化や消費主義と結びついた呪術信仰がタイ全土で大流行したという。貨幣経済化が進行し、農村から多くの労働者が都市に流入することで、「都市のポストモダンな状況と農村のプレモダンな状況の融合」が起こった［JACKSON 1999: 299-300］。この時代の社会変化は近代化論者が論じたような「合理化」や「脱呪術化」といったプロセスではなく、超自然的な力への信仰が都市の消費文化と結びつくことでさらに流行したもので、富や金をもたらす護符や呪術的力を持つ僧侶への信仰が一層活発化した。こうした状況について、仏教教義を重視する保守派からは、市場経済によって仏教のあるべき姿や伝統文化が破壊されると批判が繰り返されたが［JACKSON 1999: 313-314］、NK村の一連のピーポープ騒ぎもこうしたマクロな社会経済状況の急変と並行して理解することが可能であろう。

ドーンチャオプー寺の創設に伴う経済的圧迫、共同体分裂への不安、外部から流入する貨幣への不信など、伝統的な村落の価値観を変容させる状況が、ピーポープ事件の中に表象されていたと理解すると、事件の最後に僧侶P氏が村内での買い物を禁止したことも、村外からの貨幣経済の侵入への抵抗として読み解くことができる。このピーポープ事件について、ピーポープは従来の価値観への脅威を表象し、祓除儀礼によって村落共同体が再秩序化されたと機能主

義的に理解して、ピーポープ信仰が伝統的な村落の価値観やモラルの維持・強化と関わっていると分析することは十分可能であろう。

6-2-3. 伝統的価値観への脅威としてのピーポープ

　社会経済状況の変化とそれへの抵抗として読み解くことができるピーポープ事件は、上の事例に留まらない。コーンケーン市東部に位置するDD村でも、伝統的価値への脅威や貨幣経済の浸透との関連が目を引くピーポープ譚が見られた。

【事例6-2】2001年7月・NG村・50代モータム
　　DD村の30代の女性KがピーポープにA憑かれたと言ってNG村のモータムを訪ねてきた。聖糸を首と手首・足首に縛り、聖水を浴びせかけて問い詰めると、女性Kに憑依したピーポープが「自分はEM村のTだ」と語った。Kの夫がEM村でサイコロ賭博をした帰りに、付いていって憑依したという。モータムは、針でKの体を突きながらピーポープを誘導し、最後には足の親指から追い出した。足の指先からは黒い血が流れていた。

【事例6-3】2001年8月・NG村・50代モータム
　　女性Kの家のまわりに聖糸を施すため、NG村のモータムがDD村を訪れると、またKにピーポープが憑いていた。昨日Kの夫が再びEM村にサイコロ賭博に出かけたのが原因のようだった。さらに数日後にも、Kがピーポープに憑かれてモータムのもとを訪れた。既に何度も身体から追い出しているのに、3度も憑依されたのは、Kの夫が仏教の五戒を守らずにビールを飲んだりしているからだ。

　Kの夫は酒飲みで博打好きで、仏教的価値観からは逸脱した存在である。夫が原因で妻のKはピーポープに煩わされているとモータムは説明する。実際にKがNG村のモータムを訪ねたとき、またモータムがDD村に赴いた時にも、Kの夫は神妙な面もちで隣に座りモータムの説明を聞いていた。その意味では、モータムによるピーポープの祓除儀礼は、Kの夫の行動を諭すという倫理的な

機能を果たしたとも言えるだろう。

　一連のエピソードの中で、ピーポープとして告発されているEM村のTは実在の50代女性である【事例5-3】。かつて夫に愛人ができたとき、Tは夫を取り戻したくて、呪的入れ墨（sak yan）を施して、神秘力ウィサーを手に入れた。ウィサーの保持者にはタブーが課せられるが、Tはタブーを守ることができず、ピーポープが発生したと噂される。ピーポープの本体とされるTをめぐっては、さまざまな語りが周辺に散在している。

　【事例6-4】2001年8月・NS村・40代女性
　　Tはもともと熱心な仏教徒で、入安居（khaophansa）のあいだは寺に寝泊まりして戒律を守っていた。だが同じく寺籠もりをしていた女性たちが何人もピーポープに憑依されたので、ピーポープが疑われたTを娘が家に連れて帰った。Tは毎朝寺院に食物を寄進するが、僧侶ですらTの寄進物だけは口にしないと言われている。

　【事例6-5】2001年8月・NG村・50代男性
　　TはEM村から追放されて、DD村近くに移り住んだようだ。Tはお金もちだから、もしTのことをピーポープだと名指せば、警察に訴えられて捕まえられるかもしれない。Tがお金持ちになったのはEM村の土地を売ったからだと聞いた。道路沿いの土地で、ずいぶん高値で売れたそうだ。

　NK村のピーポープ譚【事例6-1】と、EM村のピーポープ譚【事例6-2～6-5】では細かい部分は異なるものの、事件の背景には共通する部分がある。最初に突然死や身体の不調がきっかけとなり、専門家モータムに相談する中で、ピーポープが原因であることが判明し、最後にピーポープの本体と名指された人間は住んでいた村から追放される。また、両事件ともに、ピーポープの本体とされた人物は、村外から村内に貨幣が大量に流れ込む経路の、まさにその中核に位置していた。従来の村落経済を大きく変容させる可能性の中心にいたのが、R師とL師であり、女性Tであり、彼らがピーポープの本体とされた。

　貨幣が「それまでの人間関係を瞬時に無化してしまう道具」［新谷 2003: 209］で

あるならば、伝統的価値観に支えられた人間関係は、貨幣で媒介された途端に弱体化されてしまうとも言える。貨幣経済の急激な浸透が、従来の村落共同体の価値観やモラルに対する脅威であったことを考えると、外来の貨幣経済とピーポーブのあいだに共通するものを見出すのはさほど無理なことではない。これらの事例においては、都市近郊に位置するNK村の村落経済の変化によって、従来の村落を支配してきた平等主義的な価値観が変容しつつあり、そうした社会変化に対する村人の危機感が、ピーポーブ信仰に表象されていると読み解くことができる。

6-3.「ピーに反する行為」

　NK村とDD村の2つの事例群の検討から、ピーポーブをめぐる信仰と実践が、村落での伝統的価値観やモラルの調整機構として働いていると言えるだろう。一方、ピーポーブに限らず、その他のピーの事例でも、同様の機能主義的な視角が適用できるものもある。以下では、ピーの種類ごとに分けて、いくつかの事例を紹介する。

ピークワン

【事例6-6】2000年2月・NK村・女性40代
　家族が死んで10日ほどのあいだ、誰もいない家の中で、いびきや足音、ビンロウの実をつぶす音が聞こえることがある。死んだ人が家族を心配して戻ってきたもので、ピークワン (*phi khwan*) と呼ばれる。こうしたことがあるとモータムを呼んで儀礼をする。供物盆 (*khan ha*) のほか、米、塩、唐辛子を供え、家のまわりを聖糸で囲う。

【事例6-7】2000年2月・NK村・女性40代
　「人が訪ねてくるのは良いが、ピーが訪ねてくるのは良くない」と言うように、祖先の霊がやってくると家族の誰かが病いになることが多い。土地や遺産争いをしていたり、残された家族のあいだで不仲があったりすると祖先霊に煩わさ

れる。そういう時はモータムに占いをしてもらって、先祖霊が何を欲しているのかを突き止める。先祖霊の要求を満たせば病いはすぐに良くなる。

ピープラーイ

【事例6-8】2000年2月・NK村・女性40代

　結婚せずに妊娠するのは、「ピット・ピー（*phit phi*）」にあたる行為なので、叱られるのを怖れて、隠れて堕胎することがある。堕胎して、特別な儀礼をせずに死んだ胎児を捨てると、胎児の霊はピープラーイ（*phi phrai*）になる。ピープラーイは鳥の姿で現れる。夜に家の壁をつついて大きな音を立て、母親を怖がらせる。ピープラーイは、モータムによって祓うことができるが、同じ人間が2度、3度と続けて堕胎を行なうと、事態はより深刻化する。過去に発生したピープラーイが集まって母親の身体の中に入り、母親はピーポープになる。

【事例6-9】[118] 2001年2月・NG村・男性50代

　2000年に、BT区SK村で死者が出た時に、故人の娘が棺を調達してきたが、あまり見栄えが良くなかったので、別の棺を買ってきて遺体を移し入れた。だがその棺も冷却器が使われていないものだったため、さらに高価な棺を入手して遺体を2度も移し替えた。一度棺に収めた遺体を別の棺に移し替えるというのは、「ピット・ピー」である。その結果、SK村にピープラーイが発生した。ピープラーイは多くの村人に取り憑いた。ピープラーイは人間の頭から入っていくので、多くの人が頭痛に苦しみ、体中が痛んだ。ピープラーイの祓除が終わるまでは犬が一晩中吠え続けていた。

ピーターヘーク

【事例6-10】2000年2月・NK村・女性40代

　毎年、農事を始める前に、田圃の精霊ピーターヘークにリアンナー儀礼を行なう。リアンナー儀礼は、定められた供物をピーターヘークに捧げて、その年の田仕事の許しを乞い加護を願うものである。この儀礼を怠ると、突然の頭痛

118　【事例6-9】は【事例5-2】と同じインタビューによるものであるが、本章の関心に合わせて記述の焦点を変更している。

で仕事ができなくなったり、水牛が足を痛めて耕せなくなったりする。稲刈りのあとにも刈り取った稲穂を6本、ピターヘークに供えなければならない。

　かつて、稲刈りのあと稲穂を供えるのを忘れていたら、激しい頭痛に襲われた。モータムを訪ねると、ピターヘークの仕業であることがわかり、聖糸を首と手首、足首に巻いてもらって、モータムの聖水を飲んだら頭痛が止んだ。

　これらの事例では、いずれもある種の伝統的な慣習や価値観からの逸脱を発端として、ピーが発現している。ピークワンの事例【事例6-6】【事例6-7】では親族内での不和、ピープラーイの事例【事例6-8】【事例6-9】では堕胎と納棺手続きの不備、ピターヘークの事例【事例6-10】では収穫儀礼の不備が、それぞれピーの怒りに触れた原因として語られている。特に注目すべきは、ピープラーイの2つの事例で直接言明されている「ピット・ピー」という状況である。

　「ピット (phit)」とは、「間違った」「誤り」「違反する」などの意味を持つ言葉で、「ピット・ピー」とは、「ピーに反する行為」、「ピーに背く行為」を指す。タイ北部や東北部では、「娘の親の同意を得ないで、娘と性的交渉を持つこと」[冨田1997] を一義的に表す。「ピット・ピー」を犯すと村落守護霊の怒りを買うので、供物や金銭を捧げてピーを慰撫する必要があるとされている。NK村では休憩所 (sala klang) での飲酒や生肉の売買が禁じられているし、村内で牛や水牛を殺すこと、チャオプーの森から薪を採ることも禁じられている。村に死者が出た日には、洗髪や散髪、精米すらも「ピット・ピー」とされ、違反すると村落守護霊に許しを乞わねばならない。

　だが、納棺の不備も「ピット・ピー」と呼ばれるように、「慣習に反する」行為は同時に「ピーに反する」行為でもある。つまり、そこでのピーは、村落の守護霊に限らず、ピーポープ、ピープラーイなども意味する。広い意味でのピーをも含み込んだ概念が「ピット・ピー」である。善霊も悪霊もともに含む広義の「ピー」を、慣習や伝統的な価値観と同一視するような世界観は、東北タイの農村に生きる人びとに内面化されている。

6-4. 機能主義的理解から逸脱するピー

6-4-1. 機能主義的理解に収まらない事例群

　以上の事例では、ピー信仰について、伝統的な慣習や価値観を維持、強化するような機能を見ることができた。「ピット・ピー」、つまり「ピーに反する」行為類型に象徴的に示されているように、ピーを「伝統的慣習の表象」として解釈することができるが、ピーをめぐる信仰は常にそうした機能主義的な理解にきれいさっぱり収まるわけではない。

　アフリカにおける近年の呪術研究をレビューする中で、近藤英俊は「アフリカでは富の不平等分配と呪術的思考・実践とが結びつくことが多いが、だからといって人びとが一般論として経済的格差と呪術的実践をイコールに結んでいるわけではない」［近藤 2007: 75-76］として、新しい社会経済状況への対応策として呪術を論じるような「呪術のモダニティ論」を批判する。近藤によると、呪術的実践が日常生活の中に現出するのは、当事者の身に降りかかった災いを通常の仕方で理解できない場合であり、「知らない」「わからない」と感じる状況こそが、呪術的思考の現れ出る契機だという。

　東北タイのピー信仰に目を戻してみると、社会変化の著しい都市近郊農村において、伝統的価値観への脅威としてピー信仰を読み解くような機能主義的分析は、前節までに検討した事例にはもちろん有効であろう。だが、こうした機能主義的な分析視角とは交わらないようなピーの語りも、同時にフィールドノートにはたくさん記録されている。必ずしも現代社会の変化への対応とは関連づけられないピーの側面も見過ごすことはできない。

　あるテーマのもとで論文を書く際には、フィールドノートに書き記した無数の小さな事例の中から、そのテーマに適した事例を拾い上げて議論を構成する。特定の事例を選択的に採り上げることで一貫した論考が可能になるのであるが、一方で、どのようなテーマを設定しても取り上げることが難しい事例も、人類学者のフィールドノートには無数に埋もれているはずである。こうした事例を同時に検討しないでは、近藤が指摘するような当事者自身の状況の理解を捉えることにはならないだろうし、本章の初めに挙げた浜本の言う第3の陥穽、つ

まりある状況について動機や目的を過度に想定することに陥りかねない。過度にコンテクスト化することなく、また動機や目的を強迫的に想定することなく、当事者の解釈に忠実な分析を行なうにはいかなる方法があるだろうか。まずは次のピーメーマーイの事例を端緒に考えたい。

6-4-2. ピーメーマーイをめぐる機能主義的理解

【事例6-11】2000年2月・NK村・女性40代

　昨年、夫の叔父がノーンターイ（*non tai*）という死に方をした。ノーンターイとは眠っているあいだに訪れる突然死のことである。夢の中で寡婦の悪霊ピーメーマーイ（*phi maemai*）に誘惑されてしまったのだろう。異常死なので、通常とは違う葬儀を行なった。火葬せずに墓地に埋葬し、半年ほど経った今月、改めて火葬をするつもりであった。家に僧侶を招いて読経と積徳行をしたあと、埋葬地に向かったところで故人の姉が泣きながら火葬に反対した。いま火葬をすると、自分や家族までもがノーンターイするかもしれないと怖れ、ひどく動揺していた。そのため遺体は再び埋葬することになった。いまのところ火葬の予定は立っていない。

　第2章で述べたように、タイでは、「異常死」は「通常死（*tai tammada*）」と区別されて、「ターイホーン（*tai hong*）」と呼ばれる。事故死や産褥死、自殺などは異常死とされ、その死者は悪霊ピーターイホーン（*phi tai hong*）になって、親族や村落に災厄を及ぼすとして恐れられる。異常死の葬儀は通常死とは大きく異なる。[119] NK村では、通常は亡くなった翌日の午後に僧侶を招いて火葬を行なうが、異常死ならばすぐに墓場に移動して、棺に入れて遺体を埋葬する。半年から数年後に遺体を掘り出して改めて火葬をして、その後は通常の死者と同じく、死者に徳を送るために親族が積徳行を行なう。埋葬して地中に埋めているあいだに、異常死ターイホーンが持つ怖しい力が大地の女神メートーラニー（*mae thorani*）に吸収され浄化されると説明される。

　死者の家族が善徳ブン（*bun*）を積んで死者に送り、次なる転生をより良きも

---

[119] 異常死とピーターイホーンについては、第2章を参照。

【写真6-3】通常死の墓

のにするのが追善供養儀礼（*thambun uthit suan kuson, bun chaek khao*）である。[120] 自宅に親戚や知人を集めて食事をもてなし、僧侶を招請して経文を読んだあとで、ヤートナーム（*yat nam*）を行なう。ヤートナームとは、コップに入れた水を下に置いた別の器に移し替える行為のことである。水を移し替えているあいだ、故人の名前を呼び、ブンを受け取るように促す。

　死者に徳を送ることは死者の転生にとっては不可欠な行為で、火葬を経て初めて死者に徳を送ることが可能になる。そのため死者の家族はできるだけ早く徳を送ってやり、来世の速やかな生まれ変わりを助けたいと考えるが、【事例

120　入安居の時期でなければいつ行ってもかまわないが、仏日（*wan sin*）が適当だと考えられている。

【写真6-4】異常死の埋葬地

6-11】の事件は、その「異常死の正常化」に故人の親族が反対したという点でかなり特殊な出来事であった。

　この事件の1つの核心は、ノーンターイとピーメーマーイである。1990年代初めに東北タイに多発した突然死ノーンターイを研究したミルズ(Mary B. Mills)によると、80年代半ば以降、東北タイでは、シンガポールや中東に出稼ぎに出る男性が増加し、また女性も村外で賃金労働をする機会が増加した。グローバル化した資本主義が村落生活に浸透するにつれて、伝統的な村落のジェンダー観が揺らいだ。ピーメーマーイはこうした男女の性別役割についての不安の表象であるとミルズは分析する［MILLS 1996: 267-268］。

　ピーメーマーイは夢に現れる性欲の旺盛な寡婦(*maemai*)の姿で語られる。眠っている男性を夢の中で性的に誘惑して、ついにはその男性を殺してしまう悪霊である。村にノーンターイの犠牲者が出ると、ピーメーマーイから身を守るために、家の戸口に男性器を強調した人形を立てたり、日が暮れたあと男性がマニキュアを塗ったり、女装をしたりして、ピーメーマーイから逃れようとする。ノーンターイは医学的には膵臓炎に起因した睡眠時の突然死と理解されて

いるが、ミルズの解釈学的説明も、同時代の社会状況の分析としては十分に納得できるものである。

しかしピーメーマーイを、出稼ぎによる男性の不在と、女性の村外労働の増加とに起因した、伝統的なジェンダー観の混乱の表象とみなしたところで、NK村の【事例6-11】において、故人の姉が火葬を拒んだことの説明にはならないだろう。彼女は「伝統的なジェンダー観」なる抽象的な価値観の変容に対して怯えていたわけではなく、夢の中に現れて「私と一緒に行きましょう」と誘う寡婦のピーの姿に震えていたのである。このピーメーマーイの事例を、旧来のジェンダー観の変貌への抵抗といった機能主義的な枠組みで理解しようとしても、どうしても説明しきれない部分が残ってしまう。機能主義的な分析はマクロな理解としては有効であっても、残された家族がピーという悪霊に対して強烈に感じていた恐怖までは到底説明しきれない。

6-4-3. 機能主義的視角と交錯しないピーの語り

社会経済状況の変化の中で、伝統的な価値観の変容に対するリアクションとしてピー信仰のある側面を捉える機能主義的な説明は、ある種の事例には妥当性を持つだろう。しかし、こうした機能主義的視角とは容易に交錯しないようなピーについての語りも、フィールドノートに多数記録されている。たとえば以下のような事例を見てみよう。

【事例6-12】2004年3月・NK村・40代女性
母が病気で寝込んでいたとき、子ども2人が自分の上を飛び回っていると母が話していた。しばらくしたらタイの伝統衣装を着た女性が寝台の脇に現れ、子どものピーを追い払ってくれたと言っていた。助けてくれた女性は、きっとピーフアン (*phi huean*) だろう。

【事例6-13】2000年2月・NK村・40代女性
3年前に夫と車に乗っていて事故に遭った。後ろから車が接触して、乗っていた車は反対車線に入り、向かってきた車と衝突した。私も夫も車の外に放り出され、私は気を失った。夫は意識があったので、私を道路の外まで引きずり

出してくれたが、夫はさらにもう1台の車にぶつかってしまった。幸い夫も私も無事だったが、私は意識を失っているあいだにピーを見た。白黒の色をしたピーで、自分をどこかに連れていこうとしていた。倒れていた私を夫が道路の外に出してくれなかったら、いまごろ死んでいたにちがいない。

　いずれも村で語られた他愛もないピーの話である。話の始まりも終わりも独立していて、それ以上語りの外側に広がるものではない単発的な語りである。こうした何でもないピーの話は、日常生活の中無数に語られるが、個々の語りを単独で取り出してみても、それ以上の社会的文脈の広がりは見つけがたい。機能主義的な視角によってピーが表象するものを措定しようとしても、それがきわめて困難であるような、ピーの語りが村落生活の中には無数に散在している。もちろんこうしたピーの語りについても、何らかの機能主義的な説明を作り上げることは不可能な話ではない。たとえば、【事例6-12】で病気の自分を守ってくれた「ピーフアン」は、直訳すると「家屋のピー」であることから、祖先霊による子孫の保護として解釈し、東北タイの母系親族の継続性を読み解くこともできないことではない。また【事例6-13】で、交通事故に遭った自分を連れていこうとした白黒のピーは、過去に同じ場所で起きた交通事故の死者の霊ピーターイホーンであり、適切な儀礼が行なわれなかったために発生したというエピソードが新たに加われば、それは死者を定められた葬儀などで適切に取り扱うべしという「ピット・ピー」のような慣習的強制とも関連する語りになりうる。

　機能主義的な分析の切り口は、その鋭さに差はあっても、かなり幅広い事例について応用が可能である。その果たす機能を「その社会が持つ価値観の持続」という抽象的な領域に求めるならば、ある社会において維持されている儀礼や信仰はほぼすべて「機能主義的」に分析することができるだろう。機能主義的な分析そのものが大きく的外れだと言いたいわけではない。しかし、あらゆる事例について、何らかの「社会的機能」を想定して、過度のコンテクスト化や目的や動機の想定をすることには十分注意すべきである [cf. 浜本 2007: 115-124]。またいくつかの鍵となる少数の表象に焦点を当てながら、社会全体を通して常に一貫性を想定してしまうような枠組みは避けるべきであろう [Barth 2002: 6]。

では、必ずしも他の事例と文脈的なつながりを持つわけではなく、フィールドノートの中に埋もれてしまうような小さな事例群を対象化することは可能であろうか。機能主義的な分析手法を取らないならば、いかなるアプローチがありうるのか。それはフィールドノートに記録された、些細なエピソードを集積させて、その中から当事者自身の声を丹念に拾い上げるというアプローチである。以下では、一見したところ、機能主義的な視角に入りきらないところに散在しているピーの語りをあえて対象化し、そこでのピーとは、いったい何なのかについてさらなる検討を加える。

【事例6-14】2001年8月・EM村・40代女性
　先日トゥムラにピーの話をしてから数日間、夜にうなされて眠れなくなってしまった。うなされたのは夢魔（ピーアム *phi am*）の仕業かどうかはわからないけど、怖くて電気をつけないと寝られなかった。トゥムラは大丈夫だったか？

　何よりも、あらかじめ留意しておくべきは、ピーはそこに生きる人びとにとって畏怖・恐怖の対象であるという点である[121]。それは村落守護霊であろうと、ピーポープであろうと、またその他のピーであろうと変わらない。人びとはピーについて語り合い、語りを通じてピーの確固たるリアリティを感受し、恐怖する。多くの人びとはピーを直接目にすることはなく、その意味で、ピーは語りの中にしか発現しないのだが、逆に言えば、それが語られ恐怖されることで、ピーをめぐる現実が確かに生成する。
　ではピーが語られ、恐怖される場とはいったいどのようなものか。「人が訪ねてくるのは良いが、ピーが訪ねてくるのは良くない」とNK村で語られるように、ピーが生活の中で発現する際、常に何らかの病いや災厄の形をとる[122]。

---

[121] 恐怖は緊密な人間関係を作り上げる要因となりうる。逆に言えば、自然の猛威であれ、人間関係であれ、恐怖を感じる対象が除去されてしまうと共同体内部の人間関係は弱体化するとも言えよう［トゥアン 1991: 304］。
[122] 林行夫によると、コーンケーン県の調査村において災厄の原因となる悪霊は、次のように類型化されている［林 1989: 33-34］。(1)生活世界から排除される異界に住む無数の自然霊、(2)成長過程途上で死亡し、生活世界への執着を残す人間の死霊、(3)転送されるべき功徳を要求するために憑依する祖霊、(4)守護霊の制裁としての「悪霊」的効果。その結果としての災禍、(5)ウィサーを把持する者が戒を破ったために生じる悪霊の5類型である。

第6章　ピーの語りが伝えるもの

だからといって、ピーを単に「病や災厄の原因」と自動的に読み替えるのではなく、同時にそれが恐怖の対象であることに、ここでは着目したい。

　原因不明の病いや突然の災厄などの異常な現象を前にして、人びとはそれを理解しようとする。不可解な事象についての理解がいかになされるかという問題は、人類学では、アザンデの妖術研究を行なったエヴァンズ゠プリチャード［2001］によって提起された問いである。アザンデでは災厄の原因が妖術に帰せられることが多く、妖術による説明は、災厄が「いかに」起こったのかという物事の経験的側面を語るものではなく、「なぜ」起こったのかという特定状況のもとでの因果関係を物語るものとして、「なぜ」の問いを焦点化するのが妖術の語りだと論じた。だが、エヴァンズ゠プリチャードの分析を検討した浜本満は［1989: 86-89］、「なぜ」の問いに対応する語りは、常に「原因」を語るわけではないと言う。「なぜ」の問いは、「語りの人称性を先鋭化し、特定の事実が有意味指定された物語」を導くものであり、アザンデにおける妖術の語りは、単なる出来事の経緯や因果関係ではなく、語り手の解釈が多分に織り込まれた物語として提示される点に特徴があるという。「災因論」と名付けられた問題系は、「なぜ」と「いかに」の単純な対置から、のちに物語論へと展開するが［長島1987, 浜本・加藤1982, 小田1986など］、タイのピーの語りに関しては、「なぜ」と「いかに」を対照させることによって、必ずしも分析が深まるわけではない。

　つまり、東北タイでピーによって引き起こされたとされる病いや事件に苦しむ人びとは、「いかに」の問いから得られる「非人称的な出来事のメカニズムの説明」によって納得するわけでもなければ、「なぜ」の問いによって導かれる「ある状況での特定個人による運命論的な説明」に満足するわけでもない。それでも人びとは、「いかに」あるいは「なぜ」の問いを繰り返すことで、その病いや不幸な出来事を理解しようと努めるのだが、ある好ましくない不幸な現象についての問いの連鎖は、いずれ必ずどこかで頓挫する。要するに、最後のところは「わからない」のである。それ以上の問いを発することすら無意味であり、その状況の理解不能性に対して人びとは恐怖する。

　沖縄の民俗知を研究する後藤晴子は、ファブレ゠サアダ［Favret-Saada 1980］や関一敏［2006］の論考を引きながら、調査地でのタブーや霊的存在など非経験的領域をめぐる日常的な語りを分析して、現在の彼らの思考や行動は理性的・

経験的・科学的でありながらも、同時に「もしかしたら」や「かもしれない」という思考法が常に伴っていることを指摘する［後藤 2009: 46-47］。東北タイの事例に目を戻すと、ピーの語りが現実感を持つのは、まさに恐怖を喚起させる場合であり、恐怖という感情とその表出は、理性的・経験的に把握されている世界に亀裂をもたらし、そこに非理性的な世界の把握が可能な余地を作りだす技法とも言えるだろう。

　日常世界の中に、恐怖を介して非理性的な世界の存在を確信させる「わからなさ」が挿入される。理性的・経験的な理解においては、「わからなさ」は理解の放棄であって、それ以上の何かを生成するものとは考えられないが、恐怖の感情を伴う「わからなさ」はそれ自身を結節点としながら、次々と新たな語りを繋ぎ、集積させる。そのことこそが、ピーの語りの重要な特性と言える。

　江戸期の妖怪について歴史学的研究を行なう香川雅信は、日本の妖怪について意味論的な理解を提示しており、タイのピーを考える上でも非常に示唆的である。

　　　　日常的な因果領域で説明の付かない現象に遭うと、通常の認識は無効化され、心に不安と恐怖が喚起される。このようないわば意味論的な危機に対して、それをなんとか意味の体系の中に回収するために生み出された文化的装置が「妖怪」だった。それは人間が秩序ある意味世界の中で生きていく上での必要性から生み出されたものであり、それゆえに切実なリアリティをともなっていた。民間伝承としての妖怪とは、そうした存在だったのである［香川 2005: 21］。

　そもそもピーは人びとの怪異譚の中でのみ発現するが、その語りのただ中において「恐怖」というリアリティを生成させる。【事例6-14】の「よくわからないけど、寝付けなかった」という言葉の裏には「ひょっとしたらピーの話をし過ぎたために、ピーが機嫌を悪くして眠れなくなったのかも……」という漠然とした不安が見え隠れする。「わからないけど、でも……」という「わからなさ」や「理解不能」の部分をそのままに叙述する意図がピーについての語りのまさに中心にあるだろう。

村落守護霊やピーポープを機能主義的に分析した際に、「伝統的な慣習の変化とそれへの抵抗」の表象としてピー信仰を位置づけた。もちろん、ピーについてのある種の語りには機能主義的な理解が有効であろう。だが、ピーとは何かをめぐって、ピーの総体を包括的に捕捉するためには、ピーを「伝統的な慣習」と読み替えて結論づけるだけでは不十分である。ピーは伝統的な慣習や価値観であるというよりは、むしろ慣習の正当性の根拠との関わり方を示すものである。

なぜ守護霊の祠の森の木を切ってはいけないのか。なぜ結婚前に性的関係を持ってはいけないのか。なぜ村の中で牛や豚の肉をさばいて販売してはいけないのか。なぜ、そうした行為が「ピット・ピー」として「慣習に反する」行為なのか。

それは「ピーに反する」行為だからである。ピーに反する行為は恐ろしい帰結をもたらすものである。このことが究極的答えであり、そこから先の問いはピーという存在の正当性そのものを疑うことになる。しかし「わからなさ」は「わからなさ」として存在する。それ以上のなにものをも知り得ることはできないし、「わからなさ」の存在を疑うことはできない。知り得ないからこそ、その「わからなさ」は恐怖を伴う。ピーとは、恐怖を強烈に発現させる「わからなさ」と表裏一体である。伝統的慣習、突然の異常死や原因不明の病、そのほか不可解な事件は、わかりやすい前触れや原因もなく、日常の中に突如として立ち現れる。これらを物語る中での、恐怖によって導かれた「わからなさ」の部分、「理解不能性」こそがピーの居場所であり、理解できないからといってその状況を排除するのではなく、その「理解不能性」を、日常世界の中に許容して表現するということこそが、「ピー」の語りの本質である。

6-5.「見えない」ピーを「語る」こと

ピーは「語り」の中にしか存在しえない。だが「語ること」によって、人びとは恐怖し、強烈なリアリティを感じ取る。一方で、多くの人びとがリアリティを感じるのは、あるものが「見える」ということでもある。視覚的なもの、ま

たは図像化されたものに実在感を強く感じ取ることは日常的にも経験することである。では、タイのピーにおける「見え」あるいは「視覚表現」とはいったいどのようなものか。その「見え」は「語り」といかに関わりながら、ピーをめぐる現実をいかに構成しているのか。

6-5-1. 日本の妖怪における「見え」

　この問いを考えるにあたって、まずは超自然的存在の視覚表現がきわめて活発な日本の「妖怪」についての研究が参考になる。民俗学者の小松和彦は、日本の妖怪概念を、「現象」「存在」「造形」の3つの意味領域に分けて整理している［2006: 10-20］。

　小松によると、第1の意味領域は、出来事や現象としての「現象－妖怪」である。たとえば山仕事をしていて川の近くから小豆を洗うような音が聞こえてきたとする。近くに行っても音の出所がわからないような怪音現象を「小豆洗い」と呼ぶように、恐怖や不安を含む怪異体験が人びとの想像力を刺激し、そこに生み出される物語が「現象－妖怪」である。

　第2の意味領域は、人間の制御外にある超自然的存在としての「存在－妖怪」である。特に江戸時代以降、「現象－妖怪」の「存在－妖怪」化が急増したという。

> 「小豆洗い」という妖怪は、現象であって、存在ではない。ところが、この「小豆洗い」という神秘的現象が、「小豆洗い」という妖怪存在に変化していったのである［小松 2006: 14］。

「怪音が聞こえることを〈小豆洗い〉と呼ぶ」のではなく、「〈小豆洗い〉が怪音を立てている」と時が経つにつれて変化したと小松は指摘する。現象に則して「名づけ」が行なわれると、現象の個別化や細分化が進行し、やがて現象が実体化して「存在－妖怪」として想像されるのは日本の妖怪に広く見られる特性だという。

　第3の意味領域は、造形化・視覚化された「造形－妖怪」である。古代以来、怪異（「現象－妖怪」）やその原因として実体化された超自然的存在（「存在－妖怪」）が妖怪として語られてきたが、こうした妖怪が造形化されるようになったのは、

絵巻の製作が始まる中世以降のことである。妖怪伝承に沿って絵師が造形化し、ひとたび造形化されると、その図像は共有され固定化する。これら3つの意味領域が重層しながら、現代の日本において妖怪文化が活性化しているという。

　小松の挙げる妖怪の3つの意味領域は、超自然的存在との3つの関わり方を示している。「現象-妖怪」とは、人がある不可解な事態を直接経験することで怪異のリアリティが構成されること、「存在-妖怪」とは、語りの中で「実体化」した存在によって怪異のリアリティを受容すること、「造形-妖怪」とは、視覚的に固定化されることで、強化された「実体」が現実となり、怪異以外の領域にもその「実体」が拡散していく状況と言い換えることができる。

6-5-2.「見え」が不在のタイのピー

　さて、「語り」の中でしか存在し得ないピーは、小松に従えば「現象-ピー」であり、「存在-ピー」である。たとえばNK村で2人の僧侶L師とR師の確執に起因して発生したと語られたピーポープ事件【事例6-1】では、立て続けに起こった2つの異常死が発端にあり、その原因として「ピーポープ」の存在が疑われ（「現象-ピー」）、ピーポープの同定が行なわれる中で、L師を本体とする「ピーポープ」が実体化され（「存在-ピー」）、近い将来に予想される次なる災厄を防ぐために、L師が村から追放された。

　では、小松が第3の意味領域として挙げた「造形-ピー」はどうか。日本の「妖怪」以上に、現実感を持って語られるタイのピーでは、視覚的な実体を持つことで、ピーのリアリティは強化されていると言えるだろうか。NG村のモータムは、ピーポープの姿について、次のように語る。

【事例6-15】2001年6月・NG村・50代男性
　ピーポープにはさまざまな姿形がある。ブタやネコ、サルなど動物の姿で現れる。むかし、ピーポープの祓除儀礼をしていたら、豚が怒って人に向かって飛びかかっていったのを見たことがある。

また次のような記述もある。

目撃者の証言から、ピーポープはネズミやマングースのような姿だろうと推測できる。イサーン語では何体ものピーポープを持っている人のことを『ハーンテムガム』と呼ぶ。これは「手一杯に尻尾を握っている」という意味である［KIMTHONG 1990: 34］。

　だが、ピーポープは常に動物として視覚化されているわけではない。調査村での聞き取りでは、ピーポープの姿形を質問しても、「見たことがないからわからない」という答えが圧倒的に多い。

【事例6-16】2001年8月・NG村・50代男性
　村でピーを祓う儀礼をすると、ピーポープの発する大声が聞こえてくるので、誰もがピーポープを祓っていることを知って見物に来るものである。姿は見たことがない。

【事例6-17】2000年2月・NK村・40代女性
　昨年末にピーポープを追い払うためにモータムが2人村にやってきた。深夜2時ごろ、2人のモータムが村内を走り回ってピーポープを追いかけていた。モータムたちにはピーポープの姿は見えるものの、村人たちには何も見えない。モータムたちは「あっちだ！ こっちだ！」と声を上げながらピーポープを追いかけて村の中を走り回り、集まった村人たちも怖がりながらモータムの後ろを追いかけた。午前4時頃、ようやく村の集会所のあたりでピーポープを捕まえることができた。

　ピーの祓除儀礼を行なうモータムはともかく、そうでない普通の村人にはピーポープの姿は「見えないもの」と認識されている[123]。ただ、大量出血に起因して発生するとされるピープラーイについては、その姿について一定の共通認識がうかがえる。

---

[123] 本章では専門家ではない多くの一般の人びとにとってのピーの社会的現実について考察を行なっているが、一方、ピーに関する専門家であるモータムに注目すると、異なったピーとの関わり方がうかがえる。モータムによるピーの理解については、第7章で検討する。

【事例6-18】2001年2月・NG村・60代男性
　堕胎をすると大量の血が流れ、その血を求めてピープラーイが集まって来る。すると妊婦は気を失って倒れてしまう。ピープラーイは夜には鳥の姿になって空中を飛び回る。ピープラーイがもたらす災厄を防ぐには、聖糸を家のまわりにめぐらし、妊婦にも聖糸を巻き付ける必要がある。

【事例6-19】2000年2月・NK村・50代女性
　何年も前に、義妹が結婚前に妊娠して、堕胎を計画していた。あるとき義妹と森を歩いていたら、彼女は急に気分が悪くなって、そのまま流産した。まだ肉の塊のような胎児は袋に入れて森に投げ捨てた。お金がなかったのですぐに医者に連れていくこともできず、動けなくなった義妹をその場に残して、家に助けを呼びに走った。家に向かう途中、ずっとカラスが大声で啼きながら後ろを追いかけてきた。あれはピープラーイにちがいない。

　ピープラーイは定型的に鳥の姿で語られるが[124]、その他のピーも同時に俯瞰すると、ピープラーイが特定の姿で形象化されるのはむしろ例外的な事例であることに気づく。その他のピーはけっして特定の姿で語られないし、個々のピー概念の細別化は、日本の「妖怪」のようには徹底していない。たとえば、ピーポープのうち、ポープ・スア (pop suea) という家筋に沿って伝えられるピーポープは、NG村では「ポープ・ピーファー (pop phi fa)」とも呼ばれるように、東北タイで有名なピーポープであっても、ピーファーという別のピーと混同して語られる。

　タイのピーは多様な名前で呼ばれ、それぞれ際立った特徴を持ちながらも、ピーの細分化や個別化は不徹底で、日本の妖怪のように、造形化された個々の妖怪が異なった怪異現象と結びつけられるほどではない[125]。逆に言えば、日本の妖怪は造形化されたからこそ、細分化や個別化がこれほどまでに徹底された

---

[124] 堕胎で大量の血が流れたところに発生するという「ピープラーイ」が鳥の姿をしているという語りは、日本における妖怪「ウブメ」や「ウバメトリ」、その起源とも言われる中国の「姑獲鳥」「夜行遊女」が鳥の姿として描かれるのと共通している [江馬 1976: 83]。
[125] ラオスにおいてもピーやテーワダーを図像化して表現するような芸術伝統が見られないと指摘されている [HOLT 2009: 17]。

のであろう。

　第2次大戦後すぐ、ヘーム・ウェーチャゴンが挿絵付きのピーの物語本を出版し、「1バーツ本（katun lem la bat）」と呼ばれるホラー漫画が流行するが、そうした書物の中でもピーは死んだ人間を模した姿で描かれるばかりで、ピーが特定の姿で図像化されることはなかった [TCDC 2010: 12]。近年では映画やドラマで「ピーポープ」が描かれることも増えたが、第3章で論じたように、『パラサイトデビル（Pop wit sayong）』（2000年）では「腹の膨らんだ怪物」のような姿、『ローン（Lon）』（2003年）では「白髪の老婆」として描かれており、その図像表現が一定しているとは言いがたい。

　日常生活の中で強烈なリアリティを持つピーは、もっぱら「語り」の中に生成し、けっして特定の姿形が想像されているわけではない。もちろんある場合には、ピーは「目撃」される。既に取り上げた事例でも、病床で悪霊を追い払ってくれた女性のピーフアン【事例6-12】、交通事故現場で自分を連れていこうとしていた白黒のピー【事例6-13】、カラスの姿で追いかけてきたピープラーイ【事例6-19】などは、まさに普通の人の目に〈見えた〉ものである。とはいえ、通常はピーの姿は〈見えない〉[アヌマーン 1981: 150]。だが姿が〈見えない〉としても、そのことゆえにピーの「語り」への信頼性が揺らぐわけではない。

　中村雄二郎 [1979: 282-284] によると、「近代の知」においては、諸感覚のうちで視覚が絶対的優位に立ち、「見るもの」と「見られるもの」、主体と対象とが分離し、モノや自然が対象化されてきた。しかし語りの中でリアリティが構成されるピーをめぐっては、「視覚的表現」は必ずしも重要ではない。ピーの語りも、視覚的な経験に重点をおいたものではない。ピーをめぐる語りにおいて、視覚経験の占める割合が小さいならば、ピーの語りがもたらす強烈なリアリティは、何に由来するのか。

　ピーについての「語り」がしばしば話者の、あるいは話者の知人の「直接体験」を綴っていることは忘れてはならない。ビンロウをつぶす音を聞いて故人が家に戻ってきたことを知り【事例6-6】、祓除儀礼で足の親指から流れた血を見てピーポープが体外に排出されたことを知り【事例6-2】、原因不明の頭痛に襲われることでピーターヘークの怒りを知る【事例6-10】。日本の「造形−妖怪」では、形象化された妖怪の「見え」が怪異を規定し、その妖怪のリアリティを

生成するのだが、タイのピーでは「見え」という視覚的要素は二次的なものにすぎず、話者が何かを見た、聞いた、感じたという直接経験こそが、ピーのリアリティの基盤を作りだす。

　重要なのは、いずれのピーの語りも、語り手やその近い知人の「直接経験」を語っていることである。前節で論じたように、ピーについての語りは、何かを完全に説明し尽くすことを追求するのではなく、語り手や聞き手の恐怖の感情を媒介に、そこに「わからなさ」や「理解不能性」という要素が存在することを許容する余地を作りだす。「理解不能性」という要素だけではその語りは完全な理解を放棄するものにすぎないが、同時にその語りが話者や近しい知人の「直接経験」であるからこそ無視することもできない。「よくわからない」ことと、「実際に経験した」ことは互いにうまく接合するものではないが、その相容れない2つのものが並置された語りによって、気味の悪い後味が生み出される。両者の関係は調和的に説明されないながらも、恐怖という感情が挿入されることで、不調和なままに共に受容され、ピーの現実そのものを作り出す。

　ニューギニアのオク地域 (Ok)、バクタマン社会 (Baktaman) の儀礼について考察したフレドリック・バルトは、彼らにとっての神秘性とは、何かについての知識の欠如が引き起こすものではなく、むしろ積極的に世界を理解するために作り上げられた構築物だと言う。彼らにとっての神秘性は、ある種の経験を目の前にした人びととの「恐怖」(awe) の経験と、それに対する究極的な答えが見つからないことを表すという [BARTH 2002: 4]。

　ピーとその語りについても、それらを単なる非科学的で不可解なものとして捉える必要はない。むしろ東北タイのラオ社会における、ある種の経験の語り口の特性が、ピーを媒介にして現出していると見ることができる。ピーとは、語り手の「直接経験」が言語化されたものであるが、それは同時に「理解不能」なものである。直接経験しながらも、理解不能な現象について、相容れなさを抱えたまま両者を共に日常世界に配置し、そこに恐怖を生成させるのが、ピーの特質である。

6-6.「理解不能性」と「直接経験」が構築する社会的現実

　序章で次のようなやり取りに触れた。タイで「私はピーポープの調査をしています」と自己紹介すると、多くの場合「ピーは本当にいるの？(*phi mi ching rueplao*)」と訊ねられる。「本当にいるかどうか」はよくわからないので、私はそのままタイ人に問い返すことにしている。すると彼らは次のように答える。「わからない。でも怖い (*mai rue tae klua*)」。

　そもそもピーについて「存在するかどうか」という問いは立てられない[126]。上座仏教を信仰する東北タイ村落において、ピーは、伝統的な慣習の表現であり、病苦の原因であり、そしてなによりも「理解不能性」そのものである。ある不可思議な現象についての問いかけを積み重ねた先の、行き止まりの部分にピーは位置している。ピーを語ることで、それ以上は「わからない」という状況を対象化し、それが「理解不能」であることを宣言する。そのことによってピーをめぐる現実が構築される。

　「わからなさ」、「理解不能性」は実在感の欠如をもたらす。しかし、語りの中に散りばめられた語り手本人やその知人の「直接経験」こそが実在感を強化する。「よくわからないのだけど、私の／知人の経験では…」という直接経験の価値を重視する立場は、「極端な経験主義」とも言える。「わからないけど怖い」という非理性的な語りは、「極端な経験主義」を通じて、一瞬にして聞き手の通常の理解の枠組みを超えて受容され、「わからなさ」と「経験主義」の相容れなさこそが、強烈な恐怖を喚起させる。

　「極端な経験主義」によって不可解な語りの正当性が、理解されないままに保証される。そうした不可解な語りが無数に積み重なることで、その語りの説得力が増幅し、語り手の直接経験が多数沈澱した部分に、ピーの色濃い現実が現出する。たとえば、本節の冒頭で紹介したNK村のピーポープ事件は、2000年2月にピーポープが僧侶によって制圧されたのちにも、新たな語りを次々と

---

[126] 香川雅信は、「妖怪は本当にいるのか」という問いは人文科学のアプローチには無意味だが、多くの人びとは「いる」・「いない」という2項対立でしか捉えられず、これは近代の妖怪に対する態度の反映だと指摘する。香川によると、江戸時代には「ある／ない」の2項対立を超えたところで、いわば「生活の潤い」として妖怪を扱っていた[香川 2005: 293-294]。

第6章　ピーの語りが伝えるもの　　171

生成している。

　【事例6-20】2001年6月・NG村・50代男性
　　L師は現在でもピーポープを持っていて、引っ越した先のNW村では頻繁にピーポープ事件が起きている。NW村にもL師がピーポープかもしれないと疑う者がいるが、L師を追い出そうとはしない。何の根拠もなしにL師をピーポープとして告発すると、逆にL師から訴えられて警察に逮捕されてしまうかもしれないから。だからNW村の人たちはおとなしくしている。

　【事例6-21】2001年6月・NK村・40代女性
　　私の娘は、L師の孫と今年結婚した。生まれてくる孫はピーポープになるかもしれない。現在でもNW村で時々ピーポープが悪さをするという。たぶんNK村から追い出されたL師のピーポープである。たとえ年を取ってL師が死んでも、ピーポープを引き継ぐ子孫がいなければ、ピーポープが存在し続けて村に災いをもたらすと聞いたことがある。

　【事例6-22】2001年6月・NG村・50代男性モータム
　　L師は自分がピーポープであることを認めないから救うことができない。今でも僧侶をやっているようだが、L師は戒律を守っていないから、L師に寄進をしても、徳を積めるはずがない。L師自身がポープだと認めれば、私のモータムの術で治すこともできるが、自分で認めなければ救うことはできない。実はピーポープとその持ち主をまとめて殺してしまう術も私は知っている。それを使えばL師はあと1週間で死ぬだろうが、師匠に禁じられた術なので使わないことにしている。

　これらの語りは1999年のNK村のピーポープ事件の記憶の残滓というよりは、事件のあとで新たに発生した語りである。こうした語りが繰り返され、村人たちの記憶に蓄積する中で、1999年のNK村のピーポープ事件は日常生活の中にさらに深く痕跡を残し、個別の事件を超えて「ピーポープ」という抽象的概念が実体を持つものとして、そのリアリティを強化する。

病床で母親が見たという悪霊から助けてくれた「ピーフアン」【事例6-12】、ピーの話をし過ぎたために夜に眠れなくなった原因として想像された「ピーアム」【事例6-14】は、いずれもその語りだけを取り上げるのでは、それ以上の社会的文脈の広がりは想定できず、他愛もない怪談にすぎない。しかし、それらがまったく別の語りの中の「ピーフアン」や「ピーアム」と併置されることで、「ピーフアン」や「ピーアム」といった抽象的概念の総体が実体化してゆく。

ピーの語りは、語り手の直接経験と理解不能性を併せもち、恐怖を持って感受されることによってリアリティを確保するが、そのピーの語りが存在することが、同時に別のピーの語りを正当化し、その結果、総体としてのピーの語りはさらなる強固な現実を構築する。

それぞれの語りは直接経験に基づく個別のエピソードである。個別のエピソードの積み重なりは互いに整合性を持たないが、複数の語りがばらばらに蓄積するだけでも、総体としてのピーのリアリティが構成されてゆく。これは、板木が互いに端の方を重ね合うことによってできあがっている1枚の平面のようなものをイメージすると捉えやすい［図6-1 板木の寄せ集めとして見るピーの語りの総体］。

それぞれの板木は個別のエピソードを表す。多くの人びとにとって目に見えないピーについての語りは個別には不安定なものであり、それだけを取り上げても首尾一貫したピーのイメージが構成されない。つまり、個別の板木だけでは安定して配置できず、強烈な社会的現実を構成するものとは言いがたい。だが、ある種の語りはピーポープやピープラーイといったカテゴリー名を中心に集積を作る。集積を成した板木の一群はより安定性を高めるように、個々のカテゴリーをめぐる語りも互いを強化してリアリティを高める。またカテゴリー名を持たない、より抽象的なピーという言葉を用いた語りは、互いに何の関連も持たない独立したもののように見えるが、それらは少なくともピーという概念を共有する。他愛もないばらばらなエピソード群ですら、互いを支え合うことで全体としてピーをめぐる大きな社会的な現実の平面を生成させる。きわめて個人的な「理解不能性」と「直接経験」を持つ語りではあるが、それらが無数に積み重なることによって、強烈な社会的リアリティを発現させる。

コーンケーン市内のバスで偶然隣に乗り合わせた20代の女性にピーの話をしたところ、「ピーなんているわけがない。あなたは大学院にまで行ってピー

第6章　ピーの語りが伝えるもの　　173

【図6-1】板木の寄せ集めとして見るピーの語りの総体

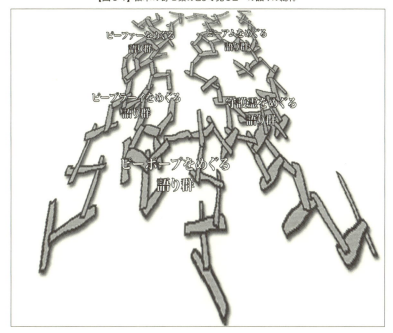

を信じているの？」とピーに関心を持つ私自身までもが激しく非難された。その女性はコーンケーン県では珍しいクリスチャンであった。伝統的なタイの宗教複合の実践空間から一歩外に出ると、ピーの語りが持つ「理解不能性」を含み込んだ世界理解は許容されない。タイでは、西洋起源のキリスト教は「近代性」や「発展」を象徴する宗教と見られることが多い。「理解不能性」と「極端な経験主義」によって支えられる、ピーをめぐる世界認識は、近代科学の知からは本質的には排除されるべきものなのであろう。だがピーをめぐる民俗的な知は、近代科学的な世界把握をも容易に侵食し、そこに疑うことのできない日常的な現実を構築する。

　本節ではピーを取り巻く社会的現実について、ピーをめぐる語りを素材に検討してきた。ある種のピーについては村落の伝統的なモラルの維持という側面から機能主義的に分析することができるが、一方でそうした分析視角から抜け落ちるピーの語りも多く存在することを指摘した。「ピー」を論じる際に、村落

の価値観の維持と関わるとみなすだけではなく、別の切り口でピーの語りに光を当てることで浮かび上がるピーの本質について考察を行なってきた。

　ピーの語りには他愛もない話が多く、それらは別の社会的次元と直接の繋がりを持つとは必ずしも言えない。だが、そうした語りはある状況の「わからなさ」、理解の不可能性を共通して含みもつ。「わからない」ながらも、それを「直接経験」したと語ることを通じて、人びとは「恐怖」を感じる。自分自身が「見た／聞いた／体験した」という生々しい直接経験と、状況が「よくわからない」という理解不能性は、そのままでは相容れず、日常の世界把握は破綻をきたす。しかし、そこに「恐怖」という感情が生成し、両者のひずみに入り込むことで、直接経験と理解不能性が結節し、ピーの語りは強烈なリアリティを人びとに感受させる。こうした語りが多く蓄積することで、ピーなるものの実体がさらに強化されてきたと言えるだろう。

　第2部では、ピー信仰が東北タイ村落の中でどのような社会的現実を構成しているかを描出してきた。第4章では、立場の違う人びとによって村落守護霊が複層的に意味づけられている様子を示し、第5章では、機能主義的な視角のみに収まりきらない些細なピーのエピソード群の分析から、村落生活においてピーの語りが現実感を獲得する機序を考察した。とはいえ、ピーをめぐる現実は人びとの語りによってのみ維持されているわけではない。ピーは言説空間の中でのみリアリティを発露させるのではなく、東北タイ村落にはモノと身体を媒介にしながら、人びとの視覚と触覚を刺激し、より直接的にピーやその他の超自然的現象に関与する人びとがいる。これまでにも言及したモータムをはじめとする知識専門家モーの存在である。次の第3部では、この知識専門家に焦点を当てて、ピーについての現実構築のもうひとつの局面について検討を行なう。

第3部
精霊を統御する呪術師たち

第7章
悪霊を可視化する技法
―モノを媒介にしたピーと呪術の具象化―

　第2部では、村落守護霊の意味づけが人びとの立場や状況によって可変的であること、目に見えないピーについての語りが極端な経験主義と理解不能性という特徴を持つことを指摘し、精霊ピーが語りの中でいかにして意味づけられ、そこにリアリティが構築されているのかについて議論を重ねてきた。だがピーはただ語りの中だけに存在するのではない。第3部では、東北タイにおけるモーと呼ばれる特別な知識を持った専門家を取り上げて、一般の人びととは異なったかたちでピーやその他の超自然的な存在と関わりを持つ人びとについて考察を行なう。

7-1. 知識専門家としてのモー

　第6章では、精霊ピーとは何を意味するのか、語りに注目して検討した。ある種のピーについての語りは機能主義的な視角によって分析できるが、その他の大部分のピーの語りはあまりに断片的で、個別のエピソードの集積に過ぎない。だがそうした日常生活の中に散在するピーの些細な物語群を分析することで、ピーの総体について対象化することを試みた。東北タイ村落におけるピーとは、ある状況について「わからなさ」と「直接経験」をともに織り交ぜる語りの中に現出するものであり、「わからないけれども、怖い」という恐怖の感情が、「わからなさ」と「直接経験」という2つの相容れなさを結びつけることで、ピーの現実が構築されていると論じた。

　多くの人びとにとって、ピーは直接目に見える存在ではなく、また直接手で触れることもできない。捉えどころがないからこそ、「わからないけど、怖い」

【写真7-1】ピーを取り憑けて占うモードゥー

と感じながら、互いに無関係で断片的な語りを日常生活の中で無数に紡ぎ出し、そこにピーのリアリティを発生させる。

　一方、ピーをめぐる現実は、単に人びとのとりとめのない語りの中にだけ存在するわけでもない。多くの人びとにとっては見ることも触れることもできないが、ある種の人びとは、ピーやその他の超自然的力を、感知し統御する能力を持つ。調査村NK村周辺で、典型的なのはモータム (mo tham) と呼ばれる呪術師である。ほかにもモーピー (mo phi)、モークワン (mo khwan)、モードゥー (mo du)、モーラムピーファー (mo lam phi fa) など、「モー (mo)」と呼ばれる多くの専門家が東北タイに存在する。

　「モー」とは、「知識を持った専門家」のことである。現代タイ口語では病院医師も「モー」と呼ばれるし、薬草師 (mo yasamunphrai) や産婆 (mo tamyae)、按摩師 (mo nuat) など伝統医療の専門家も「モー」である。「モー」の後ろに付く語によってその人が持つ知識の焦点が示される。「モータム」は「タム (仏法)」の、「モークワン」は「クワン (魂、霊魂)」の、「モーヤーサムンプライ」は「ヤーサムンプライ (薬草)」の知識に長けた専門家を指し示す。彼らの知識は常にある特定の領域での実践と結びついている。たとえば、モータムは、仏法を背景にした力を用い[127]

127　タイ仏教では、制度的に男性しか出家が認められていない。仏法の力を背景とするモータムも男

て、呪術やピーの祓除、病治しや招魂儀礼などを行なう知識専門家である。

　ピーをめぐる知識と実践がモータムの活動の焦点であるならば、モータムにとって、ピーは必ずしも理解不能な存在ではない。多くの人びとにとって、ピーのリアリティは「理解不能性」と「直接経験」、また両者を結びつける「恐怖」を軸に強化されるが、モータムにとっては必ずしもそうではない。ここではピーを対象とする知識専門家に焦点を当てることによって、前章とは異なったピーをめぐる社会的現実のあり方を検討する。

　さらにモータムと呪術との関わりについても言及する。東北タイ村落でサイヤサートと呼ばれる呪術は、ピーと同様に見えない、触れない、不可知のものであるが、その超自然的な力は、何らかの病いや災厄の生成、あるいはその解消というかたちで人びとの現実と関わる。モータムは呪術を取り扱う職能者でもあり、呪術によって身体の変調を治癒し、人に憑いた悪霊を祓除する。呪術をめぐる現実はモータムなどの知識専門家モーを中心に広がっている。

　「不可知」のピーや呪術を専門的に取り扱うモータムは、いかにしてその専門的知識を獲得するのか、またどのようにしてピーや呪術などの目に見えない超自然的力と関わりを持つのか。本章では、モータムの知識と実践が持つ独自の論理を明らかにしながら、村落に広がるピー信仰と呪術をめぐるもうひとつの現実について論ずる。

7-2. モータムとは何か

7-2-1. モータムの社会的布置

　まずはモータムをめぐる先行研究を概観しながら、本論の方向性を明らかにしたい。東北タイのモータムに関連する先行研究としては、S. J. タンバイアの『東北タイにおける仏教と精霊祭祀』(1970年) と、その30年後の林行夫『ラオ人社会の宗教と文化変容』(2000年) が主要な著作である。

　タンバイア [Tambiah 1970: 338] は東北タイ・ラオ族の村落宗教体系の複数の要素を共時的に構造化して捉え、村人が持つ基本的な2組の宗教観念、功徳 (*bun*:

性に限られている。

善）と悪徳（*bap*：悪）、魂（*khwan*：生）と死霊（*winyan*：死）を軸として村落の宗教実践を4つの要素に分類した。その中で、モータムは、悪徳と死霊に関わりを持つと位置づけられた。

　タンバイアによると、モータムは善と死を司る仏教僧侶とは対極的な、悪霊祓除の専門家とされる [TAMBIAH 1970: 321-322]。モータムは、僧侶が道徳を説くために用いる経典を、悪霊を攻撃し追放するために使用し、僧侶が距離を置くべき女性の病いを主に治療するというように、僧侶と類似しながらも、モータムを僧侶の逆像とする。村落宗教の構造を描き出して、上座仏教を相対化しながら、宗教実践の全体を総合的に捉える視角を提供した点はタンバイアの最大の貢献であろう。

　これに対して林行夫は、タンバイアが、それ以前の仏教と呪術を対照させる二元論的図式を乗り越えた点を評価しつつも、総合的な体系化を目指すあまり、現実を過度に単純化したと批判する［林 2000: 29-30］。「解明すべき宗教的現実の、ローカルな場での生成過程を捨象」し、地域性への視座が欠如しているため、結果として村落の宗教的現実が歪められていると言う。その上で、林は特定村落における社会的・歴史的形成過程を地域の文脈から理解する試みを提示した［林 2000］。

　林は、東北タイ村落の開拓移住史を緻密な記述から明らかにした上で、仏法の力によって悪霊を祓うモータムの歴史的展開と、村落仏教の制度化過程との連関を、土着信仰の「仏教化」のプロセスとして検討した。林によると、モータムは、それ以前の宗教専門家とは異なった新しい要素を持つ。モータムの守護力の源泉は「仏法」であることから、モータムを「仏教徒として生活世界と異界を調節する空間を構築し、生活世界に幸運と安寧をもたらす存在」と位置づける［林 2000: 275］。モータムは、タンバイアが描き出したような非仏教の要素ではない。もっぱら男性が所有する知識である「仏法」を媒介として、男性的権威と位階的な社会関係を生み出し、同時に、その力の保持者（男性）と信奉者（女性）を、仏教と国家の秩序に参加させる実践主体こそがモータムだという［林 2000: 334-335］。

　従来「悪霊祓い」や「治療師」としての側面ばかりが強調されてきたモータムを、国家と村落の近代的な編成プロセスと関連づけた林の議論は意義深いものである。しかし、林の議論はモータムの持つ仏教的側面を強調しすぎる傾向が

ある。確かに林が論じたような専業のモータムに仏教的様相を見ることは妥当であろうが、東北タイ村落のモータムは仏教を強調するものばかりではない。正統な仏教に関心を示すことなく呪術的実践を執り行なうモータムも多く存在するが、林の議論では、そうしたモータムの宗教実践の裾野の広がりを見落としてしまう恐れがある。

　ここで本章の主題に戻って、「理解不能」であるピーや呪術がいかにしてリアリティを獲得するのかという問題設定について確認しておきたい。本章での問いかけは、タンバイアによる図式化や林による宗教社会誌の視角とは、必ずしも関心を同じくするものではない。本論は、村落宗教の全体論的な構造化というよりは、ピーや呪術をめぐる個別の実践に注目するものであり、また村落宗教の変容に伴う社会編成の分析というよりは、ピーや呪術などの超自然的力の社会的現実のあり方を分析するものである。前章ではピーの本質である「わからなさ」を論じることで、一般的な村人にとってのピーの社会的現実のあり方を論じたが、本章はその問題関心を引き継ぎながら、ピーや呪術などの専門家モータムの立場から、異界のものが社会的現実へと変換されるもうひとつの経路を明らかにする。

7-2-2. NK村におけるモータムの現状

　2000年の調査開始時、NK村にはモータムは5人いた（80代2人、70代1人、60代1人、40代1人）。彼らは竹の棒を使った卜占、魂結び儀礼（*phuk khen*）、ピーの祓除などを行なった。80代の2名は、高齢のため治療儀礼などの依頼を受けることは最近ではほとんどない[128]。またNK村のモータムには村外からもクライアントを集めるような活発な活動を行なっている者は見られない。NK村住民の信奉者、つまりクライアントをもっとも多く抱えるのは、NK村のモータムではなく、隣村のNG村のモータムT氏である。

　NG村にはモータムが4人存在する（80代1人、50代1人、40代2人）。80代のモータムは高齢のため現在活動をしていない。50代のT氏はNG村、NK村のほか、DY区、BT区でも知られるモータムで、40代の2名のモータムもT氏の弟

128　一般的には高齢のモータムの方が優れているとされるが、治療儀礼のためクライアントの自宅を訪れるのは高齢のモータムには苦痛だと考えられ、NK村では若年者のモータムほど依頼が多い。

子である。T氏はピーの祓除儀礼のほか、ピーや呪術が引き起こした病いの治癒、護符の作成、卜占などさまざまな活動を行なう。

T氏は本書のモータムに関する記述において、主要なインフォーマントである。2001年7月以降、筆者自身がT氏のもとでモータムの弟子入りをして、彼の持つ秘匿的な知識を学ぶ機会を得ることができたためである。次章以下では、NG村のT氏の事例を中心に紹介しながら、ある人がいかにしてモータムを志し、またいかにして知識を獲得するのかを概観することで、村人がモータムになるまでのプロセスを詳述する。なお、本章での記述の多くは、モータムT氏から弟子として学んだ内容に多くを負っている。

7-3.「モータムになる」理由

7-3-1. モータムの系譜

モータムT氏は1945年にBT区DN村に生まれ、結婚して同区NG村に転入した。1985年より10年ほどNG村の副村長[129]を務めていたように、T氏は村人からの信望も厚く、村長選挙の際に候補者として名前が挙がることもある。

T氏が生まれたDN村では、父親PM氏(1907～94)もモータムであった。PM氏はコーンケーン県プーヴィアン郡[130]の僧侶R師からモータムの知識を学んだ。かつてDN村でピーポープ[131]の災禍が発生した時に招請されて、悪霊を祓除したのがR師であった。PM氏はR師の偉大な力に感銘を受け、プーヴィアン郡のR氏を訪ね、2週間ほど滞在してR氏よりウィサー (*wisa*) と呼ばれるモータムの知識を学んだ。PM氏は当時20歳で、出家の経験はなかった[132]。PM氏のモータムの力は強力で、DN村だけではなく、NK村やNG村にも多数のクライアントを抱えていた。PM氏はその知識を息子のT氏に伝承した。

129　副村長 (*phu chuai phuyaiban*) は選挙で選ばれた村長 (*phuyaiban*) の指名により選出される。
130　プーヴィアン郡 (*amphoe Phuviang*) はコーンケーン市から西に65kmほど離れたところに位置する。
131　呪術師モータムなどがタブーを破った時に発生する悪霊で、まわりの人間に取り憑いて病を引き起こし、時には村落規模で不幸が相次ぐことがある。詳しくは第3章、第5章を参照。
132　モータムは仏法の力を標榜する宗教専門家であるが、必ずしも僧侶 (*phra*) や見習僧 (*nen*) としての出家経験は求められない。PM氏も息子のT氏も出家経験がない。

【図7-1】モータムT氏をめぐる師匠−弟子関係

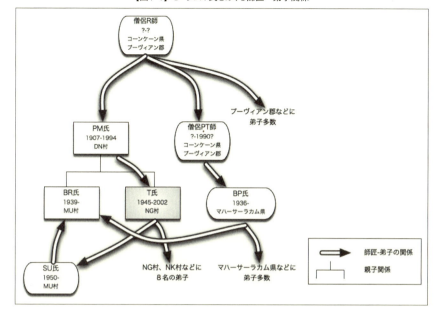

　T氏は幼いころから父が祓除儀礼や治療儀礼を行なうのを目にするなか、モータムに関心を持つようになった。20歳になると父のもとでウィサーを学び、今ではNG村だけでなく周辺の地域においてもモータムとしての名声を得るにいたった。現在T氏には弟子が8名いる。NG村に2名、NK村に1名、DN村に1名、MU村に1名、ほかの地域に3名である。

　現在BT区MU村に住むT氏の兄BR氏も、父親から伝えられたものを引き継ぎたいと思い立ち、今から10年ほど前にモータムを志した。BR氏は2人のモータムのもとでウィサーを学んだ。1人は同じMU村に住むT氏の弟子のモータムで、もう1人はマハーサーラカム県（changwat Mahasarakham）に住むモータムBP氏である。BP氏は父PM氏の兄弟弟子から学んだモータムで、その意味では、BR氏の知識は、父親PM氏や弟のT氏とも同じ流派のものである。

　T氏もBR氏も父親をきっかけにモータムを志したが、NK村やNG村と周辺村落における10数人のモータムの中では、そうした動機はむしろ例外的である。もともと親族にモータムがいたのはT氏とBR氏の兄弟ぐらいで、その他

のモータムは異なる動機でモータムを志した。以下の4つの事例はその他のモータムの志望動機についての語りである。

【事例7-1】2001年2月・NK村・60代・モータムS氏
　4年前に激しい頭痛に襲われた。病院や村のモータムに診てもらっても原因はわからなかったが、NG村の有名なモータムT氏に診てもらうと、ピーファーが痛みの原因だと判明した。聖水をかけてもらい、聖糸を首と手首に巻くとすぐに痛みは治まった。その後すぐ弟子入りを決意した。

【事例7-2】2000年2月・NK村・80代・モータムH氏
　小学校4年生の時に村でピーポープ騒ぎが起きた。招請されたのがプーヴィアン郡の僧侶BM師で、彼は手際よくピーポープを制圧した。それが印象に残っていて、30年ほど前にプーヴィアン郡に行ってBM師から学んだ。

【事例7-3】2001年2月・DY村・50代・モータムPO氏
　幼いころDY村には2人の優れたモータムがいたが、タブーが厳しかったため、彼らのもとで学ぼうとは思わなかった。25歳のころ病気になり、同じ村のモータムからもらった薬草がよく効いたので、そのモータムから学ぶことにした。それ以来、優秀なモータムの噂を聞くたびに訪ねて行きウィサーを学んだ。これまで4つの村で5人の師匠から学んだ。

【事例7-4】2001年7月・チャイヤプーム県・20代・僧侶
　17歳で出家をして26歳の現在まで出家生活を続けている。2年ほど前に東北タイ南部のクメール族が多く居住する地域へ出かけ、戻ってきてから身体の調子を崩してしまった。病院に行っても原因がよくわからなかった。同じ村に住んでいるT氏の長男から紹介されて、NG村のT氏のもとに治療に訪れた。原因はクメール族の呪術であることがわかった。T氏の力に感銘を受け、そのウィサーを学ぶことにした。

　【事例7-1】～【事例7-4】のように、身体の不調や村落における不吉な出来事

など、何らかの災厄に見舞われたことが契機となって、モータムを志す場合が多い。林行夫によると、自分と家族・親族を悪霊の災禍から守るためにモータムとしての学習を志したと語るモータムが多く、彼らのほとんどはもっぱら親族内部での活動に終始するという［林1989: 62］。NG村、NK村の事例もこのことを裏付けており、T氏やBR氏のように父親がモータムであったためにモータムを志し、親族以外に多くのクライアントを持つタイプのモータムはむしろ例外的である。林は、このようなクライアントを親族の外部に拡大していくタイプ、〈クライアント拡大型〉のモータムはより専業的な職能者としての性格を帯び、謝礼額もより大きくなると指摘する［林1989: 63］。

一方、ほとんどのモータムは親族内もしくは村落内でのみ活動を行なう。NK村の多くのモータムのように、村外にクライアントを持つことはあまりない。またT氏は彼の教えを学ぶ弟子が多いのに対して、他のモータムは弟子を持たないか、ごく少数である。

謝礼は、T氏の流派では、通常の治療儀礼でクライアントが支払う謝礼はおよそ10バーツから100バーツ程度である。謝礼の額はクライアント次第で、モータムが自ら金額を要求することは多くの流派でタブーとされている。悪霊ピーポープを村ぐるみで祓除する儀礼では、より大きな謝礼が支払われることもある。たとえば、1999年にT氏がNK村でピーポープを祓除した際には6体のピーポープを祓除して、6000バーツを謝礼として受け取った[133]。一方、親族や村落内で活動を行なうモータムの場合、クライアントは1回あたり5～20バーツ程度の謝礼を支払う程度で、依頼の数も非常に少ない。

クライアントと弟子の数の多寡が、モータムとしての名声と直接に結びついており、多くのクライアントと弟子を抱えるモータムは結果的に優れたモータムとして語られる。病の治療に訪れる「クライアント」も、モータムとしての知識を学ぶ「弟子」も、タイ語でともに「ルークシット (*luksit*)」と呼ばれる。「ルークシット」とは「師匠について学ぶ弟子」であり、「治療を求めて訪れるクライアント」でもある[134]。モータムにとっては、病いや災厄に苦しみ、救いを求める「クライアント」は潜在的な「弟子」となる。クライアントと弟子のあいだに

---

133 この祓除の様子については、【事例6-1】で詳述した。
134 大学など教育機関の「教え子」も同じく「ルークシット」と呼ばれる。

截然とした境界線を引くことはできない。【事例7-1】～【事例7-4】も、クライアントが病いや災厄の解消を経験することをきっかけに、師のもとで学ぶことを志したもので、こうした動機が一般的である。

弟子にとっての「師匠」は、タイ語で「クルー (*khru*)」または「アジャーン (*achan*)」と呼ばれる。タイの伝統的な知識伝承の局面において、〈クルー−ルークシット〉(師匠−弟子) 関係は重要な意味を持つ。モーという伝統的な知識職能者のみならず、寺院での仏教教育や、大学などの公的教育、ムエタイ (*muaithai*) のような格闘技においても同様である。モータムも例外ではなく、モータムの日常的な活動を支える大きな要素が「師匠−弟子」関係であり、それを通じて弟子／クライアントは、モータムをめぐる知識を獲得していく。

7-3-2. 弟子−信奉者−患者

ルークシットは、「クライアント」と「弟子」の2つの意味があり、それぞれが師匠とのあいだで持続的な関係を取りもつ。まずはクライアントとしての「ルークシット」に注目してみると、モータムのもとを訪ねるすべてのクライアントが「ルークシット」と呼ばれるわけではない。たとえばピーに起因すると思われる病いにかかり、知人などに紹介されあるモータムを訪ねることがある。こうしたクライアントには、病院で治療を行なっても容易に症状がよくならない慢性病を病んでいる者も多く、彼らは特定の治療者に頼るというよりは、数多くの治療師のもとを訪ねて治癒を願うことが多い。このように単発的な治療で数回程度の訪問で終わるクライアントは単に「患者 (*khon puai*)」であって、「ルークシット」とは呼ばない。

「ルークシット」とその他の「患者」とを区別するのは、定期的に師匠のもとを訪問するかどうかである。たとえばモータムT氏のルークシットは、少なくともタイ正月 (*wan songkran*)、入安居 (*wan khaophansa*)、出安居 (*wan okphansa*) の年に3回はT氏の自宅を訪れて、供物を捧げる。[135] たとえばタイ正月では、供物盆

---

[135] 「水掛け祭り」として有名なタイ正月ソンクラーンは4月13日で、タイでは一般に太陽暦の元日や中国正月よりも盛大に祝われる。また陰暦8月の満月から3ヵ月は、僧侶は寺に籠もって修行に専念する期間とされており、それを雨安居 (*phansa*) と呼ぶ。雨安居が始まる日を「入安居 (カオパンサー)」、雨安居が終了する日を「出安居 (オークパンサー)」と呼び、特に「出安居」の日には大きな蠟燭を寺院に献上する祭りが各地で見られる。

(khan ha)[136]、石鹸や洗濯粉、米などを寄進するとともに、ルークシットは「T氏がこれからも健康で幸せでありますように」と願いを込めながら、香水（nam hom）を師匠T氏の手に注ぎかける。ルークシットはT氏の足下に座し、T氏の呪文によって聖化された水を頭から掛けられ、聖糸を手首や首に巻き付けてもらうことで、悪霊からの守護や健康の増進などを祈願する。

　近年のタイ正月は、若者たちを中心に、楽しみのために誰彼となく水を掛け合うイベント、いわば「水掛け祭り」と化しているが、伝統的には年長者や僧侶の手に水を掛けることで敬意を表すためのものでもある。同日には、村の寺院の仏像に香水を注ぎかけるソンプラ（son phra）という「灌頂」の慣習も実践されている[137]。タイ正月のルークシットによるモータム訪問時の水掛けと香水掛けは、仏法の力を標榜するモータムによって、仏教における「灌頂」の変異した姿であろう。

　定期的な訪問を行なうことで、人はあるモータムの「ルークシット」となる。それは病いを治療する意図で訪れる「患者」や「クライアント」というよりは、あるモータムを崇敬する「信奉者」である。多くの場合、両親が信奉するモータムを、その子どもも信奉することとなり、年3回の訪問には子どもも同伴することが多い。だからといって、信奉するモータムは1人だけとは限らず、複数のモータムを信奉してもかまわない。またあるモータムよりも効果があると判断すれば、別のモータムの信奉者に切り替わることも珍しいことではない。

【事例7-5】2000年2月・NK村・40代女性
　以前は同じ村のモータムPR氏のルークシットだったが、夫にピーファーが憑いたとき、一向に良くならなかったので、村の僧侶とモータムSN氏に相談した。2人ともNG村のT氏を勧めるので、T氏に診てもらうと快癒した。それ以後、PR氏ではなくて、T氏を信奉している。

136　カンハーは、5本の白い花、5本の蠟燭などをまとめて盆に載せた供物のセットで、それぞれ8本ずつ載せた供物セットはカンペート（khan paet）と呼ばれる。ともに東北タイでは供物として頻繁に用いられる。
137　仏像に掛けられた香水は下に置かれた盆で集められ、信者たちが各々持ち帰る。仏像に触れた香水は神聖なものと考えられており、自宅やバイクなどに振り掛けて、幸運と安寧を願う。

【事例7-6】2001年2月・NK村・40代男性
　10年ほど前までは、T氏のルークシットではなかった。だが、父に憑いたピーポープをT氏が祓ってくれてから信奉するようになった。それ以来NK村ではT氏の信奉者が増えたように思う。

　定期的な訪問によって再確認される〈クルー－ルークシット〉関係は、一時的な「患者」と長期的な「信奉者」という2種のクライアントを区別しながらも、その関係もまた固定的なものでなく、モータムへの信頼に応じて流動的に再編される。
　一方、モータムの知識を学ぶ「弟子」も「ルークシット」と呼ばれる。「弟子」も、「信奉者」や「患者」と同様、最初は何らかの病いや災厄からの救済を経験することが多く（【事例7-1】～【事例7-4】）、のちに自らの決心によって、モータムとしての知識を学ぶべく、「師匠」たるモータムに教えを乞う。
　モータムT氏によると、志願する者をすべて「弟子」として受け容れるわけではない。重要なのは「誰かを救いたい」という真摯な思いがあるかどうかだという。師匠は、志願者になぜモータムの知識を学びたいのかを尋ねる。「自分の身を守るため」というだけでは不十分であり、「家族の病いを癒したい」「村人を助けたい」というように他者を救済する目的がなければ、弟子として受け容れないとT師は語る。2009年9月、筆者の師匠の1人であるモータムBR氏を5年ぶりに訪ねたとき、筆者が最初に言われたのは「最近どうしてる？」ではなく「最近人を癒しているか？」であった。モータムの知識は何よりもまず人を助けるために使うべく認識されている。
　またモータムには道徳的な清廉さが求められる。金銭のためにモータムの術を行なうのではなく、人を救うのが自分の義務と感じることが必須であるという。モータムには多くの厳しいタブーが課せられており、タブーの遵守によって、モータムは村人からの信頼を得る。年老いたのちも、長老として村内の重要な決定事項に関わることが多いのもそのためである［SERI & HEWISON 1990: 78-79］。

7-4.「モータムになる」過程

7-4-1. モータムと知識

　モータムになるための過程は、アジアの多くの宗教専門家に見られるような直観的で体験的な行為による修行［岸本 1961: 68-72］というよりは、知識の獲得が中心である。かつて東北タイでは、知識ウィサーを学ぶため、東北タイの各地や、同じラオ系民族が居住するメコン川の向こうの現在のラオスを、数ヵ月から数年かけて遍歴する伝統が見られた［Phongphit & Hewison 1990: 49］。より神聖（saksit）なる知識の噂を聞きつけると、その持ち主を訪ねて新たな知識を学ぶ。そのため、モータムは複数の師匠を持つことが多い。また学ぶ知識も悪霊払いの呪文だけではなく、病治しに効力があると聞くと伝統医療の専門家からも知識を学ぶ。時には薬草師や毒吹き消し師（mo pau）のもとで呪文や薬草についての知識をも学ぶ。そうして複数の師匠から得た知識を場面に応じて使い分ける。モータムでありながら、薬草師であり、毒吹き消し師であるというように、多種のモーを兼ねることは珍しいことではない。

　同じく災厄に見舞われても、すべてがモータムを志すのではなく、モータムになりたいと思わない者も多い。モータムを志す者には、未知なる知識への欲求、知識が持つ力への憧れを感じる者が多い。「好奇心」や「向学心」とも呼びうるものが多くのモータムに見られる。より多くの知識を学び、自らの知識の種類と量を増やすことに満足を覚えるような人物がモータムに多い。これは伝統的な知識専門家モーに広く共通する姿である。

　モータムのもうひとつの人物特性として、他のモータムの知識や技術を批判的に語ることが多い。彼らは村で噂として語られる他のモータムの治療や祓除の成果をよく記憶していて、他のモータムが自分より優れているかどうかを敏感に把握している。他のモータムがピーの祓除儀礼に失敗すると、そのモータムの未熟さの証左と考えるし、自分の知識や力で対処しきれない場合には、クライアントに自らが信頼するモータムや師匠のモータムを紹介することもある。

【事例7-7】2001年2月・NK村・60代・モータムS氏
　私はまだ経験が少ないので、ピーポープを村から追放するような大がかりな儀礼はできない。また護符を作成するような知識もない。師匠のT氏ぐらい強力でないとそういうことは無理だ。

【事例7-8】2001年7月・NG村・60代・モータムT氏
　他のモータムやモードゥーが治せないといって、患者を連れてくることがあるが、それは彼らの力が弱いからである。かつてピーに憑かれたと依頼があったが、足が痛くて起きられないことがあった。クライアントの家まで行けなかったので、「モータムのTが来るぞ」と患者の家のまわりで私の名前を叫びなさいと指示を出したら、それだけでピーは患者から出て行った。ピーも私のことをよく知っているのだ。

【事例7-9】2001年2月・NG村・60代・モータムT氏
　父の兄弟弟子から学んだというマハーサーラカム県のモータムBP氏の力は私よりも強力だ。BP氏のもとには多くのクライアントが訪れ、土日ともなると朝早く行かなければ会うことすらできない。チェンマイやサムイ島からもクライアントが来て、多い日には1万バーツを超える布施が集まる。BP氏は毎年のようにトートカティン儀礼 (bun thotkathin) [138] を行なっているという。守っているタブーも私よりも厳格である。師匠である私の父親よりもはるかに優れていると思う。

　以上の【事例7-7】～【事例7-9】に現れているように、モータムは仏法を背景とした神聖なる力を持つとされるが、クライアントや弟子の数に多寡があるように、すべてのモータムが一様な能力を持つわけではない。モータム自身も、自分の力の位置づけを、村の人びととの語りから、または他のモータムの術を目の当たりにすることで把握する。時に傲慢なまでに自分の力を誇示するかと思

138　「カチナ布奉献祭」のことで、陰暦の11月から12月に行なわれる年中行事。出安居を迎えた僧侶に、カチナ布と呼ばれる特別の僧衣を、その他の寄進物とともに、故郷の寺などに奉納する。祭りを主催すると大きな徳が得られるが、祭りの食事などもすべて寄進者が負担するので、大きな経済的出費を伴う。

えば、容易に他のモータムの優越を認めてしまったりもする。自分よりも優れているとと認める相手は、自分の師匠【事例7-7】や、自分の流派に属する上位のモータム【事例7-9】であることが多い。自らの流派に所属するモータムが優れていると語ることによって、同時に彼らに学んだ自らの能力の正当性をも間接的に主張する。他のモータムの知識の様子を敏感に把握し、自他の知識の優劣を図りながら、まさに知識専門家として日常的な活動を実践している。

7-4-2. 呪文の学習

　ある人が師匠から知識を学ぶことが許されたあとの学習過程は、呪文の学習、ヨッククルー儀礼、タブーの遵守と大きく3つに分けられる。どれを先に行なうかは、流派によって異なる。たとえばNG村のT氏の流派では大部分の呪文を修得した後でヨッククルー儀礼を行なうし、DY村のPO氏が学んだ流派では、個々の呪文を学習するたびにヨッククルー儀礼を行なった。またタブーについても、学習の初期の段階から課せられる場合もあれば、ヨッククルー儀礼を経たのちに義務づけられることもある。順序には相違があるも、これら3つの要素は多くのモータムに共通している。

　呪文とは、モータムが治療や悪霊祓除の儀礼で用いる経文のことで、パーリ語の詩文を指す「カーター (khatha)」、あるいはブッダの威光を意味する「クンプラ (khunphra)」と呼ばれる。呪文はモータムが学ぶもの以外にもあり、それらは「カーター」と呼ばれる。たとえば息を吹きかけることで治療行為を行なう呪医モーパオ (mo pao) は、治療に用いる経文を「カーター」と呼び、「クンプラ」と呼ぶことはない。彼らはモーパオの力は仏教とは関係がないからだと説明する。それに対し、仏法の力に由来するモータムの呪文は、「カーター」であり同時に「クンプラ」である。

　通常、入門者は師匠の自宅を訪ねて呪文を学ぶ。数日間だけ師匠の自宅に滞在して集中的に学ぶこともあれば、ときどき通いながら学習を継続する。師匠が唱えた呪文、あるいは師匠が保持するノートに書かれた呪文を、自分のノートに書き写し、その文句を暗記する。暗唱できるようになると、次の呪文をノートに書き留めて、さらに次の呪文へと学習が進行する[139]。師匠は、ある呪文

139　モーウィサー (mo wisa) と呼ばれる知識専門家には、呪文を書き記すことを禁じる流派もある。書

が全体として何を表し、どういった場面で唱え、どういった効果があるかを説明する。呪文の文言はイサーン語の部分もあるが、パーリ語やサンスクリット語で書かれた部分も多く、たとえ師匠であっても詳細な意味がわからないことが多い。

また学習に用いられるノートは現在ほとんどがタイ文字で書かれているが[140]、一部の呪符では東北タイで伝統的に用いられた文字(akson boran)であるタム文字[141](akson tham)やコーム文字[142](akson Khom)も見られる[ANUMAN 1969: 275]。そうした文字の一部を声に出して読むことはできるが、多くは体系的にタム文字やコーム文字の読み方を習得しているわけではない。呪文で使用されている言語がわからないのと同じように、文字も使用者に理解されていないことが多い[143]。

T氏の場合、自身の師匠である父のノートも保管しているが、古くなって読みにくくなったノートは、随時新しいノートに書き写す。現在使用しているノートは3年ほど前に、子ども向けの学習帳に書き写したものである。ノートそのものは神聖ではないが、呪文が書かれることで神聖な力が付与されると考えられ、ノートは通常仏像を安置する仏棚の上に保管されている。

T氏の弟子となった場合、覚えるべき基本的な呪文は17篇ほどある。長いものはA4用紙4枚にもわたるパーリ語・サンスクリット語文である。普通の村人はそれらの言葉の意味をほとんど理解できないので、ただタイ文字で表記された音声だけを頼りに、長大な呪文を暗記する。モータムにはかなりの記憶力が求められる[HAYASHI 2000: 173]。

モータムの知識は、師匠から弟子へと筆写を通じて伝承されるが、伝承過程

かれてしまうと力が失われるとされる。また伝統文字のコーム文字を用いて呪文を書く場合にも元の意味がたどれないほど崩した字体で書かれたりする[HAYASHI 2000: 173]。

140　1960年代末に近県のウドンターニー県で調査を行ったタンバイア[TAMBIAH 1968b: 92, 1970: 132-133]は「必ずしも読み書き能力が必要でない儀礼専門家」としてモーソン(mo song)、モーラムピーファー(mo lam phi fa)と並んでモータムを分類する。だが筆者の調査村では「文字を使わなくても昔はモータムになることができた」という語りはあるものの、現在のモータムの学習過程や儀礼実践は常に文字と関わっている[cf. 林 1984: 94]。

141　タム文字は古代モン系文字の影響を受けた文字で、主に宗教文書に用いられた。「タム文字」の名は、もともとパーリ語仏典の書写に用いられたことに由来し、現在でも宗教的な文書は「タム文字文書(nangsue Tham)」と呼ばれることがある[飯島 2001: 588, DHAWAT 1999]。

142　コーム文字は古代クメール系文字で、主に碑文や仏教文書に用いられた。

143　たとえばマレーシアのムスリムではタイ語やタイ文字が呪文として用いられるし、カンボジアではタイ文字やチャム文字が呪符に用いられる[HAYASHI 2000: 171]。

第7章　悪霊を可視化する技法　　193

で一部が誤って書かれたり、脱落したりすることは頻繁に起こる。筆者がモータムT氏のもとで呪文学習をしていた際にも、数ヵ所の間違いが見つかった。

　(1) 2001年7月20日に学習した一節
　ayatancha witha tanchaappri tanchasuwi tanchasupawai tanchakarotha appewa nammat

　(2) 2001年7月21日に筆者が暗誦したものを師匠が訂正した一節
　ayatancha witha tanchaappri tanchasuwi tanchasuwilekhi tanchasuwattatsi tanchakarotha appewa nammat

　(3) 2001年8月24日に筆者が暗誦したものを師匠が訂正した一節
　ayatancha witha tanchaappri tanchasuwi tanchasupawai tanchasuwilekhi tanchasuwittatsi tanchakarotha appewa nammat

　上の3節はタイ文字で書かれたパーリ語文をアルファベットに翻字して表記したものである。最初にモータムの師匠T氏が筆者のノートに記載したのは7月20日で(1)、翌日筆者がその呪文を暗唱すると一部が訂正された(2)。さらに1ヵ月後、偶然筆者が師匠T氏の前で呪文を唱えた時に、T氏は誤りに気付いて再び訂正を行なった(3)。呪文の伝承過程での誤りは珍しいことではないとT氏は語る。
　モータムの呪文には、いくつかの特徴が見られる。まず複数の言語の混合が挙げられる。現在はノートにタイ文字で記載されているが、言語はパーリ語とイサーン語である。タイ文字で書かれたパーリ語はタイ語の声調(5声調)でもイサーン語の声調(6声調)でも読むことができるが、儀礼執行時に呪文を読む時にはイサーン語の声調に従って詠唱される。またモータムのタイ文字によるパーリ語記述は、公的な仏教教育で教授されるパーリ語のタイ文字正書法とは整合しない部分が多い。たとえば、

モータムによる記述
　saphasotthiphawantume
僧侶による訂正
　satha sotathi phawantu me

　上段はモータムがタイ文字でノートに記したもので、下段はパーリ語の知識を持つ僧侶がそれを訂正したものである。それぞれアルファベットに翻字した。タイ文字による表記の違いや、分かち書きの有無といった相違点はあるが、両者を声に出して読むと、その音声はほぼ似通っている。

　タイでパーリ語やサンスクリット語などインド借用語の標準表記法が整備されたのは1950年代のことである［ENFIELD 1999: 259-260］。それ以前は表音文字であるタム文字やタイ文字を使って、統一された規則なしにパーリ語音を書き表していた。モータムの呪文学習の現場においても、音声に基づいたパーリ語表記が慣例的に行なわれていたことが、上の呪文の伝承の状況から見てとれる。たとえば最初の語について、モータムは「*sapha*」と記述しているが、僧侶は「*satha*」と訂正した。音声を通じて伝承される中で、「*tha*」と「*pha*」が誤認されて伝えられてきたのであろう。

　呪文学習の現場ではノートが用いられるが、ノートに書かれた文字、表記が正しいかどうかを師匠が見て確かめることはない。書かれた文字はあくまでも音声を書き留める道具にすぎず、呪文学習の確認や訂正は常に音声を介して行なわれる。筆者は研究目的で呪文を書き留め、表記の精確さにばかり注意していたため、いくつかの誤りに気づくことができたが、通常の村人が呪文を学ぶ時のように、音声を中心にして学習が行なわれると、必ずしも元のかたちが正確に再現できないことは明らかである。学習の場ではノートに呪文を書き留めてはいるが、実際に行なっているのは文字表記の再現ではなく、音声の再現なのである。さらにそうして獲得された音声も、呪文が実際に使われる場面では、本人にしか聞こえない程度のささやき声で唱えられるだけである。音声を介した伝承の正確さが確認される局面はなきに等しい。

　また多くの呪文に正式な表題が付いていないものも、モータムの呪文の特徴の1つである。表題が付いた呪文もあるが、ほとんどは最初の数フレーズをも

って、その呪文の呼び名にする[144]。また呪文の内容については、個人差があるものの、多くのモータムは意味を断片的にしか理解していない。筆者自身がT氏のもとで呪文を教わった際にも、ある呪文がどういった効果を持つものか、どのような場面で用いるものか、また全体としていかなる意味であるかについては説明されるが、単語ごとの意味を筆者が問うてもそれに答えることはできない。T氏にはパーリ語の逐語訳ができるような知識はなく、また伝統的なモータムの実践の中でそうした知識は必要とされることはなかった。モータムの学習過程において、経文の意味までをも学ぶことは稀であり、ほとんどは暗唱ができた段階で学習は完了したとみなされ、それ以上を求めることはない。

モータムの知識ウィサーは、現在ではノートに書き写すことを通じて学習されるが、そこで伝承されるのは音声そのものである。繰り返しになるが、呪文を学ぶとは、呪文を唱えることの習得を意味する。

仏教寺院などで行なわれた伝統的な教育の中で「読み」が重視されたのは、実践の中では「書くこと」よりも「読むこと」の方が必要とされたからであろう[145]。東北タイでは、経典や仏教文学など僧侶にとって重要な情報を記すために、ヤシの葉から作られる貝葉（*bailan*）が用いられた。

貝葉（貝多羅葉）とはヤシ科タラパヤシ（*tonlan*）の葉を加工して作った筆記媒体である[146]。葉を火であぶって切りそろえ、鉄筆（*lekchan*）で傷を付けて文字を書きつける。表面を切り込んだ部分に、炭やインクを満たして文字を浮かび上がらせる。最後に貝葉の中央部に開けた穴に紐を通してまとめて冊子にする。手の込んだものでは、貝葉を束ねた側面部に金箔や朱色を施して、木製のカバーで最前面と最後面を覆って装飾する［Tambiah 1968b: 91］。

144　たとえば「アーヤタンチャウィタータンチャ…（*ayatancawithatanca..*）」という呪文であれば、「アーヤタンチャ（*ayatanca*）」あるいは「アーヤタンチャの節（*bot ayatanca*）」と呼ぶ。
145　僧侶はかつて次のように学習を行なっていた。朝食のあと教師である僧侶が紙に文章を書いて読み上げる。見習僧はその文字を覚えて読み上げる。教師がそれをチェックし、「読み」が完全であれば、次に「書き」の練習を行なう。「読み」が第一で、「書き」は二次的であった。毎月、あるいは2ヵ月に1度テストが行なわれ、出来の悪い生徒には体罰も加えられた［Tambiah 1968b: 98-99］。東南アジアの伝統的な書承文化では、書かれた文字情報よりも、読まれた音声に重点が置かれることが多い［cf. Daniels 2009: 187-188］。
146　貝葉はもともとインドで経文を彫りつけて記されものが、仏教の伝来とともに東南アジア各地に伝わった［飯島 1998: 108］。タイ北部と東北部、ラオス全域、チェントゥン周辺からシプソンパンナーまでタム文字の書承文化は共通しており、飯島はこれらの地域を「タム文字文化圏」［1998: 112-113］と呼ぶ。

【写真7-2】鉄筆を使って貝葉に文字を書く

　作られた写本は大部分が寺院に奉納された。貝葉の奉納は積徳行（thambun）である。コーンケーン市内のTT寺には500束以上の貝葉文書が納められているが、その多くが40年ほど前までに周辺の村落などから奉納されたものである。[147]

　奉納された貝葉文書のうち仏教説話は、葬式やブンパヴェー祭（bun phawet）、ブンカオサーク祭（bun khaosak）などの年中儀礼で詠み上げられた。僧侶の説話や説教を聴くことで、イサーンの人びとは地域に伝わる物語について知り、また歌謡や映画などが身近でなかった時代には、村人にとって大きな娯楽ともなった。仏教と関係の深い文書を写経して、寺院に納め、それを僧侶が読み村人に聴かせるなか、宗教的な道徳観・倫理観が普及したという［DHAWAT 1995: 258］。宗教的な文字は読まれることの方が圧倒的に多く、伝統的な媒体に記された呪文や経文は、「書かれた文字」であるよりは「詠まれる音声」と言えよう。[148]

---

[147]　DY村の寺院には100束ほどの貝葉文書が保存されている。昔はもっとたくさんあったのだが、いくらかは燃やされてしまったと在寺の僧侶が語っていた。1940年代にタイ国政府により焚書が行なわれたようである［飯島 1998: 109］。
[148]　林［HAYASHI 2000: 181］によると、地域ごとの上座仏教は個々の文字により差異化され、詠唱の

モータムは文字という媒体を通じて呪文を学び、音声として記憶の中に刻み止める。呪文が書かれたノートそのものが聖なる力を帯びるように、呪文を暗記することは、聖なる力を身体の中に取り込むことをも意味する。まさに「呪文の学習は身体を変容」させる［林 2000: 176-177］。モータムは、呪文というかたちで獲得しうる知識に関心を示し、それを自分の身体に取り込んで保持することで神聖な力を自らの身体に蓄積する。身体に宿った聖なる力は、呪文の詠唱を通じて音声を介して再び世界に現出する。

7-4-3. ヨッククルー儀礼

　T氏の流派では、一定の数の呪文を暗唱できるようになると、ヨッククルー儀礼を行なう。ヨッククルーとは「師匠 (khru) を崇める (yok)」という意味である。「クルー」つまり「師匠」とは、直接的には「眼前にいる師匠のモータム」を指すが、その師匠の師匠、さらにその師匠をも意味し、究極的には師匠の祖である「ブッダ」を含意する。

　ヨッククルー儀礼は、仏教の雨安居期 (khaophansa)[149] には行なわない。雨安居の期間はブッダが天に昇って母マーヤー (Maya) に説法をしているため［cf. 渡辺 1974: 195］、地上にいる人びとはブッダから神聖な力を受け取ることができない。モータムもクンプラを弟子に分け与えることができないという。T氏によると、雨安居が明けたあとの、「固い曜日 (wan khaen)」たる火曜日がヨッククルーに適した日である。

　以下、モータムT氏の流派で、筆者が行なったヨッククルー儀礼[150]を簡単に記述する。

音声により統合される。
149　雨安居に入る入安居 (wan khaophansa) は陰暦8月の満月の日で、この日に寺詣でや蠟燭の行列 (hae thian) を行なう。僧侶はこの日より3ヵ月間寺に籠もり、在家信者も禁酒に励むなど宗教的な生活を実践することが望まれる。3ヵ月後の陰暦11月の満月の日は出安居 (wan okphansa) と呼ばれ、入安居と同じく盛大な祭りが開かれる。
150　2001年7月よりNG村のT氏の弟子となって呪文を学んだが、ヨッククルー儀礼を行なう前、筆者が長期調査を終えて日本に帰っていた2002年11月に亡くなった。その後、短期調査で訪れた際に、T氏の兄でMU村在住のBR氏によってヨッククルー儀礼を執行した。

【事例7-10】2004年3月・MU村

　弟子である筆者はカンハーとカンペートの供物セット、蠟燭1本、線香、炒り米、香水を用意し、白い布を敷いた盆の上に載せる。師匠と筆者は、ともに左肩に布 (pha sabai) を掛けて、仏日に寺院を参詣するのと同じ正装に整える。[151]

　供物を載せた盆を持って寺院に行き、本堂の仏像の前に師匠と筆者が座り、三跪拝を行なった。師匠が蠟燭に火を付けて供物盆の上に立て、その盆を両手に持ったまま、パーリ語で経文を唱え、それに続いて筆者が同じ経文を繰り返す。

　それが終わると、筆者は供物盆を両手で持ち、正座のまま頭上に掲げて目を閉じるよう師匠に指示される。師匠は筆者の背後に回り、しばらく経文を唱える。詠唱が終わるころに、筆者の背中に息を吹きかける。なぜか吹きかけられた息がとても熱く感じられ、その熱さが脊椎をじわじわと伝わっていく感覚がする。そのあと、師匠はイサーン語で仏像に向かって弟子である筆者の説明をする。

　「このたびトゥムラがモータムになる。モータムを志したのは、村人を助けたいからである。これからはトゥムラを守ってください」

　さらに師匠が筆者に語りかける。

　「目の前のブッダを見なさい。今後苦しいことがあったら、このブッダの顔を思い浮かべなさい」

　ヨッククルー儀礼の中で、ブッダあるいは師匠から弟子に分け与えられ、弟子の身体に宿る力は「クンプラ」と呼ばれる。一方で、師匠から教わる呪文も、同じく「クンプラ」と称される。クン (khun) は「功徳」、プラ (phra) とは「ブッダ」や「僧侶」を指し、クンプラは「ブッダがもたらす神聖なる功徳」を意味する。クンプラとは「聖なる力」であり、同時に「呪文」でもあるが、それが「ブッダの言葉」として捉えられているかぎり、仏教と矛盾するものではなく［水野 1981: 171-172］、むしろモータムと仏教との関わりを強く保証するものでもある。T氏によると、モータムの知識の全体を木に喩えると、幹にあたる部分がクンプラであり、枝葉の部分がウィサーだという。たとえば、護符の作成はウ

151　パーサバイを肩に掛けるのは仏日の参詣だけでなく、モータムが治療儀礼などを行なう時には、必ず何らかの布を左肩に掛ける。この布1枚を身につけることで、モータムは日常的なモードから宗教的なモードに切り替わる。

ィサーであり、敵の身体に水牛の額の皮を送り込んで攻撃する術もウィサーである。ウィサーよりもクンプラの方が高位にあるとT氏は説明する。林行夫によると、ウィサー[152]は両義的な力で、病を引き起こしたり、恋愛呪術に用いたり、悪い目的に使われる場合もあるのだが [Hayashi 2000: 174-175]、クンプラは「ブッダの功徳」であり、常に善の側に置かれている。

　呪文を暗記することで身体に呪文に宿っているクンプラが蓄積し、それに加えてヨッククルー儀礼を執行することで師匠＝ブッダからクンプラが分け与えられる。ヨッククルー儀礼を経ることによって、弟子の身体内に既に蓄積されているクンプラという神聖なる力が実効性を持つ。呪文の学習とヨッククルー儀礼は、どちらが欠けても不十分であり、両者が組み合わさることによって、モータムの力が本来の効果を発揮すると考えられている。

7-4-4. タブーの遵守

　ヨッククルー儀礼を終えると、モータムの力の根源たるクンプラが弟子の身体に宿り、技術的な知識ウィサーも使用可能になる。さらにクンプラやウィサーを良い状態で身体に保持するためには、カラム (*khalam*) と呼ばれるタブーを遵守する必要がある。

　モータムが守るべきとされるタブーは流派によって大きく異なるが、ほとんどの流派に共通するのは仏教における五戒 (不殺生・不偸盗・不邪淫・不妄語・不飲酒) の遵守である。また洗濯物を干す紐の下をくぐり抜けてはならない、女性の巻きスカート (*phasin*) に触れてはならない、雨安居の期間は自宅で就寝しなければならないなど、日常生活に関わるさまざまなタブーが課せられる。食に関するタブーも豊富で、病死の獣肉が禁じられるほか、「十種の獣肉」[153] (人間 *manut*、熊 *mi*、獅子 *rachasin*、虎 *suealueang*、豹 *sueadao*、大虎 *sueakhrong*、馬 *ma*、象 *chang*、犬 *ma*、猿 *ling*)、いくつかの野菜、さらに生の血が入った食事[154]が禁じられる。

152　ウィサー (*wisa*) はタイ中部語でのウィチャー (*wicha*) で、「学問」「知識」の意味。学校での「科目」もウィチャーと呼ばれる。
153　流派によって十種に数えられる動物が多少異なる。DY村のモータムPO氏の食タブーでは、豹、猿の代わりに蛇 (*ngu*)、猫 (*maeo*) が含められる。
154　ラープディップ (*lap dip*) という生の牛肉や水牛肉をミンチにした料理が東北タイではしばしば食される。

タブーを守らなければ神秘的な力が失われ、治療儀礼が効かなくなったり、自分自身の寿命を短くしたりする。タブーを破り、モータムとしての潔癖さが損なわれると、自分の身体に保持するウィサーが悪霊ピーポープに変質し、災厄を及ぼすとも考えられている。

　これらのタブーは仏教僧侶の戒律に準じたものとされる。たとえばT氏は次のように語る。「十種の獣肉に含まれているもののうち、虎や豹などは現代のタイでは食べることはない。しかしタブーとしてブッダの時代から伝承されているものであり、ブッダの言葉・伝統を遵守することがなによりも重要なのだ」。タブーについてもブッダや仏教を説明原理とすることで、タブーとそれを遵守するモータムの正統性を主張する。

　これらの学習過程を経て、人はモータムとなる。村落規模での祓除儀礼など大規模な儀礼は新参のモータムでは処理できないので、師匠が行なう儀礼を手伝いながら、その手法を学んでゆく。たとえば1999年12月のNK村でのピーポープ祓除儀礼の際にはモータムT氏は2人の弟子ととともに儀礼を執行した。T氏は儀礼の補助のためだけではなく、実際の経験をさせるために弟子を同行したと述懐する。呪文の学習、ヨッククルー儀礼、タブーの遵守のいずれにおいても、師匠と弟子の関係が基盤にあり、そこでの「師匠」とは、現前のモータムだけではなく、究極の師匠としての「ブッダ」が常に念頭に置かれている。モータムがその学習過程の中で獲得する神聖なる力は、ブッダ＝仏教という説明原理によって強固に支持されたものである。

7-5. 悪霊を可視化する技法

　モータムの神聖なる力は、呪文の学習、ヨッククルー儀礼、タブーの遵守を通じて得られる仏教起源の力である。モータムはその力を駆使して、ピーが引き起こした病いの治療儀礼を行ない、災厄をもたらしたピーの祓除儀礼を行なう。モータムが抱えるクライアントの病いや苦悩の多くは、ピーに起因するものであり、東北タイではモータムはピーに関わる専門家として位置づけられる。

　タイにおけるピー信仰が、20世紀の初頭以降に周縁化されてきたことは、

第2章で論じた。西欧列強の植民地化の脅威が迫るなか、国王を中心としながらタイ仏教の「近代化」を推し進めるなか、土着の信仰であるピー信仰が排除され、純化された仏教が国教化される。首都バンコクを頂点としたサンガ組織のもとで、国内のあらゆる寺院と僧侶が位階的に配置され、地方村落の宗教実践においても、再編されたタイ仏教がピー信仰を含むその他の周縁的な宗教実践に比して卓越した地位を獲得した。

20世紀前半、頭陀行僧の伝統から生まれたモータムによるピーとの関わりに目をやると、仏教によるピー信仰の排除の構図が前面に浮かび上がる。だがそれだけでは、個別のモータムの多様な宗教実践は総じて仏教に組み込まれてしまい、モータムとピーの柔軟な関係が捉えきれない。現実にはモータムは神聖なる知識ウィサーによってピーを祓除しながらも、ひとたびタブーを破ると、そのウィサーは悪霊ピーポープへと変質してしまう。このモータムが持つ知識の両義性は、宗教構造の二元論的理解では十分に掬い取れない。モータムの善なる力は上座仏教の地域伝統に由来するものではあるが、その同じ力がタブーを破ることによって悪霊に読み替えられるという二重性までは、仏教によるピー信仰の周縁化という枠組みでは理解しきれない。

またタンバイアによって仏教の対極に位置づけられてきたピー信仰についても、仏教に対する在俗的な対立項を形成していると捉えるのはあまりに表層的である。ピーとは、ある局面では村落の社会規範を表象し、また別の局面にはそうした意味の探求すら寄せつけない「理解不能性」を示していることは、前章で論じた通りである。ピーをめぐる社会的現実の多様性を検討するためには、ピー信仰を周縁的信仰としてではなく、社会生活の中で前景に配置して記述する必要があり、そのためにはピーに関する専門家であるモータムの個別の宗教実践への注目が必要となる。本節では、モータムのピーに対する具体的な宗教実践を取り上げながら、両義的な力を持つモータムが、いかにして理解不能なピーを統御しうるのかを分析し、専門家たるモータムの立場からピーの存在論を考える。

7-5-1. ピーに起因する病いや災厄の見分け方

モータムのもとには身体の不調を訴える病者が頻繁に訪れる。病者の振る舞

【写真7-3】シアンモーで用いられる造花スアイ

いや言動からピーが憑いていることが明らかな場合もあるが、その病いがピーに起因するものか不明なことも多い。その場合は病いの原因が何かについていろいろな方法で卜占を行なう。

　NK村のモータムH氏やS氏は、細く切った竹の棒を使って占う、シアンモー (sian mo) という卜占を行なう。[155] 病者の家族が、花1組、蠟燭1組と10バーツを供物として奉納したあと、モータムが幅5mm、長さ15cmほどに切りそろえた竹の棒の束を持って、まわりの人に聞こえない程度に呪文を唱え、竹の束に向かって息を吹きかける。その時モータムは卜占の内容を頭の中で思い浮かべる。たとえば「奇数ならピーが病の原因、偶数ならそうではない」と声に出さずに決めて、竹の棒を1本手に取り、端から折り目を付けてゆく。端まで折ったあと、折り目の数を声を立てずに数える。同じことを3回繰り返して、折り目の数が奇数の棒が多ければピーが原因であり、偶数の棒が多ければピーは原因ではないことがわかる。[156]

155　シアンモーを行なう者はモーモー(「見る」ことの専門家, mo mo) と呼ばれる。
156　「折り目の数を心の中で予測して、その後に折り目の数を数えて確かめる」という手法は、普通の

第7章　悪霊を可視化する技法　　203

【写真7-4】シアンコーンの呪具

　また同じくNK村のモータムS氏は「震える言葉（khamsan）」という卜占の技法も使う。小さく切ったバナナの葉を花に円錐状に巻いたスアイ(suai)[157]を作り、それを手に取って呪文を唱える。そして「病いがピーに起因するものなら震える、そうでなければ震えない」と心の中で決める。そのまま座って目を閉じ集中すると、身体が震え出すことがある。身体の震えの有無によって占う方法で

村人は知らない。筆者はモータムとしてこの術のやり方を教わったが、その時に同席していた他の村人は「そんなやり方とは知らなかった！」と驚いていた。
157　タイ北部の精霊祭祀や仏教儀礼でも一般的に見られる[田辺 1993c: 629]。

ある。

さらにNG村では魚籠を用いたシアンコーン (siang khong) というト占もある。村で相次いだ不幸はピーがもたらしたものか、村落守護霊の司祭チャムを誰にすべきかなど、村落規模のト占に用いられる技法である。村の集会所に人が集まり、モータムやモーパオ[158]などがト占を執行する。カンハー、蠟燭1組、香水を供えて、魚籠に対して合掌したのち、呪文を唱えて、魚籠に息を吹きかける。信頼できる正直な人に魚籠を持たせて、サッケー (sakkhe) を呼び寄せる[159]。そして魚籠に対して「村に災いをもたらしているのはピーポープか？ ピーポープなら上がれ。そうでなければ下がれ」と語りかける。ピーポープであれば、持たせていた魚籠が上の方に持ち上がろうとするし、そうでなければ魚籠は下に向く。ピーポープでないことがわかった場合は、ピープラーイなど他のピーの可能性も探って、原因が判明するとシアンコーン儀礼は終了する。

ト占では、竹の棒やバナナの葉、魚籠などさまざまな「道具」を使用することで、ピーが病いや災厄の原因かどうかを判別する。ト占を行なう前には、ピーを感知することはできず、人びとは不安感を抱くほかないのだが、ト占を経ることで、ピーはその存在を顕わにする。シアンモー儀礼においても、「震える言葉」においても、普通の村人は、モータムがどのような技法を使って、竹の棒を折っているのか、バナナの葉を持って震えているのかまでは知りえない。そうした知識は通常の村人は持ち合わせない。だが、技法の内実を知らないまでも、村人はそこで通常は見ることのない道具を目にする。細かく切り分けられた竹の棒や、バナナの葉で作った造花、通常は魚を捕るために使われる漁具などが、日常的なコンテクストから切り離されて用いられることで、そこにト占という日常性から離れた場が生成する。

またモータムが儀礼を執行する際には、常に左肩にパーサバイと呼ばれる布を掛ける。きれいに縫い整えられた儀礼専用の布とは限らず、日常的に用いる木綿の布 (pha khao ma) だったりするが、それがひとたびモータムの左肩に掛け

---

[158] アジャーン・バオ (バオ先生) とも言う。バオ (pao) とは「息を吹きかける」ことで、病を治療したり、毒を払ったりする。

[159] T氏によると、サッケーとはテーワダー (thewada 天の神霊) の別名だという。しかしパーリ語に詳しい僧侶によると、サッケーとはパーリ語で、単なる呼びかけの間投詞だという。その僧侶によると、村人には「サッケー」をテーワダーやその他の神の名前だと勘違いする者が多いが、それは誤りだという。

られると、その人は儀礼の執行者となる。たとえモータムが唱える呪文が聞き取れなくとも、モータムが何を念じながら儀礼を執行しているのかはわからなくとも、その宗教儀礼の成りゆきは、目の前の道具を介して、目に見えるかたちで示される。つまり呪術的な力は「可視化」される。その意味で卜占が人びとにとって感知され、説得力を持つためには、「道具」は不可欠な要素と言える。

7-5-2.「話せばわかる」善霊

　病や災厄の原因がピーであったとしても、常にそれらを祓除するわけではない。第5章で詳述したとおり、ピーは、善霊と悪霊に大きく分けられる。善霊には、親族のピー、先祖のピー、村落守護霊などが善霊で、人びとを諭し、何かを伝えるために、病いを引き起こすと考えられている。子孫がよく喧嘩をする、積徳行をあまりしないなど、善霊は自分の子孫の生活に対して不満を持つと現世に顕現する。

　原因が善霊だとわかると、引き続いて卜占を行なうか、霊媒（mo song）を介して直接に対話をするなどして、要求を聞いて宥めるのが一般的である【事例5-1】。NK村では「ピーは話がわかるが、人は話しても理解するのが難しい（phi phut ngai khon phut yak）」と語られるが、善霊は要求を満たすことでコントロールが可能であることを表した言い回しであろう。

7-5-3.「祓除すべき」悪霊

　ピーポープ、ピープラーイなどの悪霊に対しては、対話によって病いや災厄を解決することはできない。取り憑かれて病いが引き起こされると、その悪霊を追い出すほかない。モータムが力を駆使して祓除する対象が悪霊である。悪霊が取り憑くと、体調を崩して気分が悪くなるほか、目眩がしたり、突然泣き叫んだり、他人との会話を嫌って、目を合わせなくなるなどの徴候を見せる。

　悪霊を追い出すための、ライピー儀礼（phithi lai phi）は次の事例のとおりである。

【事例7-11】2000年2月・NK村・80代・モータムH氏
　患者は、供物盆、白い木綿の糸、水を入れたバケツを準備する。モータムは供物を患者の前に置き、蠟燭に火を点す。蠟燭のしずくをバケツの水に垂らし、

呪文を詠唱して、息をバケツの水に吹きかける。これによってバケツの水が聖化される。モータムは患者に聖水を飲ませたあと、患者の体に聖水を掛ける。次に患者の首筋から足先までを木の棒で打ち、ピーを追い出す。ピーを患者の身体から追放したのち、呪文を唱え、息を木綿の糸に吹きかけて聖化し、聖糸 (saisin) を患者の手首に巻き付ける。

通常のピーではなく、ピーポープが憑いている時は、あらかじめ患者の手首と足首に聖糸を結んで、ピーポープの逃げ道を閉じておく。聖糸で患者の身体の中に閉じ込めたピーポープに詰問し、ピーポープの本体は誰か、何の目的で患者を病気にしたのかなどを聞き出したあと、聖水と木の棒を使って身体から追い出す。

【事例7-12】2000年2月・NG村・50代・モータムT氏
　ピーポープが取り憑いたと疑われると、家族が患者を連れてくる。患者だけではモータムを怖がり、私のところに来ようとしない。供物盆カンハー、香水、聖水、炒り米を供物として用意する。まず、患者の首と両手首、両足首を聖糸で縛り、供物の花の上で、蠟燭の火を回しながら呪文を唱えて、患者に息を吹きかける。患者に聖水を飲ませ、身体に浴びせかける。聖糸で縛られているので、ピーポープは逃げ出すことができずに、声を上げて苦しむ。ピーポープの本体の名前と居住村、何体のピーポープがいるかなどを聞き出す。[160] ピーポープが拒絶すると、頭を押さえつけて白状させる。ピーポープは痛み苦しむが、患者本人が苦しんでいるわけではない。最後に、聖糸を解いて、ピーポープを身体から追い出す。

　NK村のH氏とNG村のT氏は流派が異なるため、供物の種類などは異なるが、ピーの祓除儀礼の基本的手順は共通している。ピーポープへの対処法では、聖糸で閉じこめた上でピーポープの本体についての情報を聞き出す部分が同じで、こうした実践が積み重なることで、ピーポープをめぐる現実が作られていく。

---

[160] T氏によるとピーポープは強力なものほど数が多い。3体以上が合わさって初めてピーポープとして発現し、もっとも強力なピーポープでは、1人の患者の中に9体が潜んでいるという。

ピーの祓除儀礼は閉鎖的に行なわれるわけではない。患者の家や村で施術する場合には、その家に近所の人や親戚たちが集まって、「憑いているのは誰のピーだ？」、「ピーは何を欲しがっているの？」と集まった人たちも即興の会話を挟みながら、儀礼に参加する。またモータムの家に患者が訪ねて来るときも、患者が1人で来ることはなく、家族や親戚が複数付き添って訪ねてくる。患者だけでなく、複数の関係者がモータムの祓除儀礼を目撃し、モータムに詰問されることで患者の口を通してピーポープの声を聞く。ピーポープは、その本体である現存の人間の名前や居住村を明らかにする。ピーポープが口にした名前と住所によって、異界の存在たる悪霊が、現実の村落空間に占める座標を確定する。本体を明らかにしたピーポープはもはや「理解不能」な存在ではなくなり、モータムと、ピーポープの本体とされた人間を介して、ピーポープはこの世界に具象化される。

7-5-4. 道具を媒介にしたピーの可視化

　ピーポープのように、ピー自身が自分の来歴を語ることによって、ピーが具象化される場合もあるが、多くの場合ピーは語る口を持たない。卜占の場でモータムが道具を呪術的に用いることは既に紹介したが、ピーの祓除でも「道具」は重要な役割を果たしている。

【事例7-13】2001年8月・NG村・50代・モータムT氏
　DD村のKにはよくピーポープが取り憑くので、Kの自宅を聖化することにした。まずはKの身体からピーポープを追い出し、その後、聖糸を家の周囲に巻き付けるとともに、呪文を吹きかけた小石を、家の1階部分にばらまいた。こうするとピーポープはKのもとに戻ってこられない。

【事例7-14】2000年2月・NG村・50代・モータムT氏
　ピーポープは身体から追い出すだけだと戻ってくることがある。何度も憑かれるなら、ピーポープを竹筒に閉じこめて埋めてしまうのが一番だ。だが大がかりな儀礼が必要なので、村ぐるみで災禍が相次いで起こった時に取る方法である。1999年12月のNK村のピーポープ騒ぎでは、弟子2人とともに、ピーが

嫌う藤の棒を持ってピーポープを追いかけた。最後には4体のピーポープを竹筒に閉じこめ、赤い呪符で封印して墓地に埋めた。ピーポープは全部で9体いたが、残りの5体は捕まえられなかった。そこで村の4隅に呪文を書き付けた石を配置し、ピーポープが戻って来られないようにした。

【事例7-15】2001年8月・NG村・50代・モータムT氏
　かつてモーラムピーファー[161]をしていたが、やめたあともピーファーに悩まされ、ピーファーを祓って欲しいというNL村の50代女性が来た。娘に付き添われて連れて来られた時は正気を失ったように何かを叫んでいた。聖糸を首と手首・足首に巻き付け、呪文を書き付けた棒で身体を押さえつけ、鉄筆[162]で額に呪文を書き付けた。さらに聖水を掛けて、ピーファーを追い出した。だがピーファーは血筋に沿って発生するので、また憑かれるかもしれない。

【事例7-16】2001年8月・NG村・50代・モータムT氏
　後頭部の痛みがなかなか取れないというNT村の25歳の男性が訪ねてきた。1年ほど前にサッカーをしていたら、突然後ろから殴られた感じを受けた。だが後ろには誰もおらず、まわりの人は何も目撃していなかった。これはピーサイ（*phi sai*）である。聖糸を首と手首・足首に巻いて聖水をかけると、男性の身体ががたがたと震えだした。ピーを追い出したあと、足の爪に鉄筆で呪文を書きつけた。

　いずれの祓除儀礼でも、呪文だけでなく、モータムの用いる道具が決定的な役割を果たしている。ピーを近づけないように家の周囲に張り巡らせた聖糸、聖化して家の中にばらまいた小石、ピーを封じ込めた竹筒、書き付けた呪文と鉄筆、いずれも日常の中に存在するありふれた道具にすぎないが、モータムが用いることで、そのモノは日常的な次元から離床し、異界の存在と直接に触れ

161　精霊ピーファーの力を借りて、踊りによって病治しなどを行なう女性の知識専門家のこと［加藤1999］。
162　T氏の鉄筆は父親である師匠から譲り受けた物である。細い木の棒の先に釘などをはめ込んで自分で作ることもできる。自作の鉄筆には、師匠が呪文を吹き込むことで、聖なる力が宿ると考えられている。素材はピーが嫌うタマリンドの木が良いとされている。

【写真7-5】モータムの持つ鉄筆

合う特殊な道具、「呪具」となり、それを介してピーの存在が保証される。いわば、ピーは道具を介して「可視化」される。

　【事例7-13】〜【事例7-16】にあるように、モータムが使用する道具はもともと呪具としてデザインされたものではない。ある手順を取ることで、日常生活の中にある道具が「呪具」へと変容する。治療儀礼や祓除儀礼では、道具を両手で挟み、合掌 (wai) のかたちで口元にモノを添え、まわりの人に聞こえないぐらいの小声で呪文を唱える。呪文を詠唱した直後、合掌した手に持った道具にフーッと息を吹きかける動作が頻繁に観察できる。この呪文の詠唱と息の吹きかけこそが、道具を聖化する技法である [PATTARATORN 1997: 71-72, SWEARER 1981: 15]。

ピーを身体から追い出す局面を見ると、ピーは抽象的な意味で身体に憑依しているのでないことがわかる。その場にいる人間に、単に「ピーが取り憑いている」と言葉で語るだけではなく、儀礼の所作を通じて、身体のどこにピーが位置しているのかを具体的に示す。T氏によると、ピープラーイとピーポープは身体の出入り口が異なる。ピープラーイは人間の頭から入って、頭から出て行く。ピーポープは人間の足の親指から入って、足の親指から出て行く。身体からピーを追い出す時には、棒で叩くことでピーの居場所を身体内のどこかに特定したのち、聖水と聖なる棒を使用しながら、ピーの種類ごとに定まった出口に向けて誘導していく。その様子は、身体内でのピーの現在位置をあたかも示しているかのようであり、憑かれた者も儀礼を見ている傍観者も、きわめて明確に身体の中にピーが具象化される様子を体感する。

　モータムの身体に宿る聖なる力はクンプラと呼ばれ、またモータムが学ぶ呪文もクンプラと呼ばれる。言い換えると、モータムはクンプラ（＝呪文）を暗記することで、自らの身体にクンプラ（＝聖なる力）を宿らせて、自分の身体を聖化する。クンプラははるか昔にブッダが語った言葉の伝承とされている。はるか昔のブッダの言葉が、ブッダの時代と現代とのあいだの、無数の「師匠」と「弟子」のつながりの中で、生きた人間たちを通して断絶することなく伝承され、現在の自己の身体に宿っているという感覚、それがモータムの持つ聖なる力クンプラである。

　現前のモータムが唱えるクンプラと、その身体から吐き出される息も、まさにブッダ本人から連綿と継承される聖なる力を帯びたもので、その聖なる呪文を、息を介して吹きかけられることで、モノはブッダから伝わる聖なる力を獲得し、呪具となる。

　北タイの書承文化を研究したヴェイドリンガーによると、前近代の仏教社会においては、口頭伝承が、文字による伝承よりもより真正性を持つと考えられていた [VEIDLINGER 2006: 175-176]。書承の現場では書き手と読み手は必ずしも同席する必要はないが、口承では、常に語り手と聞き手の両者が同じ場を占めなければならない。語り手と聞き手、つまり師匠と弟子が直接に顔を合わせ、師匠の語る声を弟子の耳が受けとめる。直接かつ同時に両者が音声を共有することで伝承するのが口承であり、書かれたものによる伝承ではその直接性と同時

性が断たれると考えられた。貝葉を写本する際にも、古いものを見ながら書き写すのではなく、古い貝葉はまず音声として読まれ、それを聴くことによって文字を書き写し、貝葉が再生産された。そのため音声を介して伝えられた手書きの貝葉は、口頭での伝承と同じ聖性を伝えるものとされた。[163]

普通は見ることのできないピーはモータムが用いる道具を媒介にして可視化される。そこで用いられる道具は、モータムの身体を介して、呪文の詠唱と吐く息によって仏教的な神聖力が付与されたものである。それゆえ、モータムの儀礼的所作とその道具によって可視化されたピーは、クンプラというブッダの威光に照らされて表象され、モータムにとってのピーは常にブッダの敵として祓除されるべきものとして具現化するのである。

7-6. 呪術を可視化する技法

前節では、モータムのピーに対する儀礼行為を取り上げた。モータムが身体化した仏教的な神聖力クンプラが道具に付与され、そこで生成した聖なる呪具を用いながら、患者の身体に憑依したピーを可視化する局面を分析した。一方で、東北タイの宗教実践の細部に目をやると、仏教的な力を媒介としない超自然的な力、サイヤサート (*saiyasat*) と呼ばれる呪術も見られる。

90年代以降のタイの都市部における信仰の変容を検討したピーター・ジャクソンは、「サイヤサート」概念には2種の対照的な評価が見られると指摘する [JACKSON 1999: 312]。90年代以降、ラーマ5世信仰や観音信仰 (*Kuan Im*) など富を追求する信仰が、商人のあいだに流行しているが、彼らにとってサイヤサートは積極的な評価を受けている。「サイヤサート」はタイの正統な文化であり、超自然的な力を駆使する手段として肯定的に捉えられている。一方で、正統仏教からは「サイヤサート」は迷信で、忌み嫌われる。この2つの見方は対照的ではあるが、共に「サイヤサート」を仏教とは異なる力とみなしている点は共通する。

163　かつての仏教教育では伝統文字を介して師僧から弟子への経文が伝承された。仏教における究極の師は「ブッダ」であり、経文の書かれた貝葉は「ブッダの教えあるいはブッダそのものを含む」[STRONG 2004: 38] と考えられていた。

仏法を中軸において教義中心的に仏教を理解するならば、サイヤサートは排除されるべきものだろうが、同時に村落で実践されてきた宗教生活を見るならば、仏教は土着の呪術的実践と結びつきながら、現在まで継承されてきたことも事実であろう。

筆者が長期調査のあいだ借りていたコーンケーン市内のアパートで、隣の部屋に住んでいた公務員の40代の女性は、サイヤサートによって、もと住んでいた村を離れざるを得なかったと涙ながらに語っていた。

【事例7-17】2001年9月・コーンケーン市・40代女性
　7年前に体調を崩した。初めのうちはサイヤサートなんてまったく信じていなかったから、病院に通っていた。でもどこに行っても治らないので、まわりの人が勧めるモータムや呪術師 (mo saiyasat) を頼った。噂に聞いたモーはすべて訪ねた。ブリーラム県やローイエット県、ウドンターニー県にも行って、たくさんのモーに会ったが効き目はなかった。
　あるモータムの治療儀礼では、折り畳んだキンマの葉 (bai phru) を身体に押し当て、その上に卵を置いた。卵は倒れずに、キンマの葉の上にぴたりと立った。モータムが呪文を唱えて、折り畳んでいたキンマの葉を開くと、中から釘や人間の頭皮・頭髪らしきものが出てきた。とても信じられなかった。
　「このまま同じ家に住んでいると、死んでしまう」と何人ものモーが警告したので、それを信じて村から出て、コーンケーンの街に移り住んだ。夫とも不仲になってしまった。あるモーは「夫が恋愛呪術 (sane) にかけられている」と言っていたし、別のモーは私に「異常死の女性の霊 (phi taihong) が憑いている」と話していた。最近でも髪を洗っていると何かに頭を殴られたように感じたり、突然頭に油が浮かび出てきて異臭を発したり、不思議なことばかりが起こる。もうどうしようもない。

【事例7-17】では、病いや原因不明の事態に直面して、もともとは呪術を信じなかった女性が、モータムの治療儀礼の中で、「身体から取り出された」モノを

164　呪術によって、身体の中にさまざまなモノを送り込んで、その人を苦しめるとされる。

目の当たりにして、サイヤサートが原因なのかもしれないと心変わりした様子がうかがえる。夫への恋愛呪術の疑いや、異常死の女性の霊などの逸話を受け容れ、新たに自分自身の身のまわりの不思議な経験をそれと関連づけて語り始めている。サイヤサートと呼ばれる呪術にはさまざまなものがある。敵を殺す術、水牛の皮を敵の腹の中に送り込む術、人を好きにさせる術、嫌いにさせる術、失くした物を見つける術などその効果は多岐にわたる。

<u>犬に言葉を食わせる術</u>
【事例7-18】2002年7月・NG村・50代・モータムT氏
　カンハーと6バーツを供物として捧げ、術をかけたい人の名前を紙に書いて、折り畳んだ紙に呪文を吹きかける。その紙を燃やして出た灰をひとつかみのモチ米にふりかける。腹を空かせた犬を見つけて、そのモチ米を食べさせると、名前を書かれた人は、うまく言葉を話すことができなくなる。

<u>水牛の皮を身体の中に送り込む術</u>
【事例7-19】2001年8月・NG村・50代・モータムT氏
　供物盆カンハーとカンペートを捧げたのち、術をかけたい人の名前と呪文を鉄筆で水牛の皮に書き付ける。呪文を唱えて水牛の皮に息を吹きかけながら、その皮を小さく折り畳む。これを続けると、水牛の皮は徐々に小さくなり、やがて粉状になる。粉と化した皮に呪文を唱えて息を吹きかけると、その粉は地面に落ちることなく、遠くの方に飛んでいく。そうすると狙った人の食べ物に紛れ込み、その人の腹の中でどんどん大きくなって激しい腹痛を引きおこし、時に死にいたらしめる。

　これらの呪術はNG村のモータムT氏から聞き取ったものである。ウィサーを保持するモータムもサイヤサートと同様の術が可能だが、T氏によると、これらは悪しき目的で用いるもので、人を殺しかねない術は仏法に反するから使ってはいけないという。悪しき呪術を用いることは悪徳(*bap*)を生む。一方、かけられたサイヤサートを解くことは善徳(*bun*)を積む。仏法を後ろ盾とするモータムの力は、サイヤサートをかけるためではなく、解くために、つまり積

徳のために用いるべきだとT氏は言う。T氏のもとには呪術をかけられた疑いのある人が、解いてもらうために訪れることも多い。

【事例7-20】2001年8月・NK村・50代・モータムT氏
　2年前、GN村の僧侶W師が訪ねてきた。「気分が優れないので、聖水を飲ませて欲しい」と言う。T氏は呪文を吹き込んだ聖水をW師に飲ませた。するとW師は突然喉を詰まらせて、部屋の窓から顔を出して吐いた。吐き出したのは水牛の皮であった。呪術で送り込まれたのだろう。水牛の皮は遠く離れたところに埋めた。その水牛の皮を、呪術をかけた人のもとに送り返すこともできたが、誰も傷つけたくなかったので埋めてしまった。W師がスリン県に行った際に、呪術に苦しむ人を助けたそうだ。おそらく、それを知った現地の呪術師が怒ってW師に呪術をかけたのだろう。スリン県にはクメール系民族が多く、彼らは呪術に長けているから気をつけた方がいい。

【事例7-21】2001年7月・NK村・50代・モータムT氏
　昨日NW村の20代の女性が訪ねてきた。以前バンコクで働いていた時に、同僚に妬まれてサイヤサートをかけられた。体の具合が悪くなって、友人に相談したところ、ある同僚が呪術師を雇って自分にサイヤサートをかけたらしい。
　その後、東北タイ南部のクメール族の村を訪ねて治療を行なったが、完全には治らなかった。T氏がキンマの葉を使って診たところ、クメール族の治療師によって既にサイヤサートの一部は除去されているのだが、完全には取り除かれていないことがわかった。
　女性に痛みの在りかを訊ねながら、その場所に聖水をかけてゆく。痛みの部分がサイヤサートの所在である。T氏は、膝のあたりにあった何かを、徐々に足のつま先に誘導していった。足先でサイヤサートを摑まえて、そこに針を刺すと血があふれ出た。血と同時にサイヤサートも外に排出された。

　仏法を後ろ盾とするモータムのクンプラと、仏教との関連を否定するサイヤサートとのあいだには大きな差があるように見える。だが、他人がかけたサイヤサートをモータムが解くことができ、またT氏が言うように、サイヤサート

と同様の効果をモータムも引き起こすことができるのならば、ブッダの威光たるクンプラと呪術サイヤサートとのあいだの差異は曖昧なものであろう。

　たとえば【事例7-21】で、NU村の女性がかけられたというサイヤサートは、「呪術」という抽象的な知識と実践を指すだけではなく、呪術によって体内に入り込んだ、実体を持つ何かをも「サイヤサート」いう語で表現している。こうした「サイヤサート」概念の二重性は、学んだ呪文(クンプラ)が体内に取り込まれると神聖な力(クンプラ)となるという「クンプラ」概念の二重性とも類似したものである。

　モータムが保持する力はクンプラと称されるが、同時にウィサーとも呼ばれ、時に2つの語はモータムにとっても混同されて用いられる。T氏によるとモータムの知識のうち根幹にあるのがクンプラであり、細かい部分がウィサーだという。ウィサーはさらに善なる目的で使われるウィサーと、悪しき目的で用いられるイウィサー(*iwisa*)とに分かれ、水牛の皮を身体の中に送り込む術などは後者のイウィサーに含まれる。人を傷つけるサイヤサートはイウィサーと同一視される。

　モータムがタブーを破った時に、モータムの身体の中で変質して悪霊ピーポープを発生させるのは、まさにウィサーである。クンプラは文字通り「ブッダの威光」を示すものであるが、一方のウィサーは両義的な力であり、クンプラ以上にウィサーはサイヤサートと類似した概念だと言える。ある場合には悪霊に苦しむ人を助け、別の場合には悪霊に変質しうるというモータムの聖なる力の両義性は、クンプラという仏教力に由来するのではなく、むしろウィサーという知識の性質から導かれるものであろう。モータムの知識の根幹である「クンプラ」はブッダに由来するかぎり、常に善なる存在であるが、非仏教的要素のサイヤサートに類似したウィサーをも同時に保持することによって、モータムは善悪の両義性を帯びる。

　前節ではモータムの治療儀礼・祓除儀礼の分析から、暗記による呪文の身体化と、呪文と息による神秘力の道具への転化、というモータムの宗教実践の2つの特徴を指摘した。だがそうした特徴は、仏教伝統を標榜するモータムに限られたものではなく、サイヤサートという東北タイにおける神秘力の観念に広く共通したものである。呪術執行者によって、具体的な道具を媒介としながら

「不可視」の存在が「可視化」され、ピーやサイヤサートといった感知しがたい存在が、確固たるリアリティを持って村落の日常世界の中に配置されてゆく。

　第3部では、東北タイの村落社会の中で、精霊や呪術などの超自然的な存在や力を制御する専門家に注目して、彼らがいかに超自然的な力と関わり合い、一般の人びとが専門家の実践をいかに受容しているかを考察する。本章では、モータムが持つ超自然的力が、いかに獲得され、その力の正統性がどこに求められるのかについて検討を行なった。モータムは呪文を学び、師匠を崇め、タブーを守ることによって、自らの身体に聖なる力を宿らせ、その力は、呪文の詠唱とその吹きかけによって世界に発現する。だが、そもそもモータムが保持する特別な力や、それによって統御されるべき精霊ピーは、一般の人の目に見えない。だが、悪霊の祓除儀礼の中では、悪霊と問答し、呪文と聖水を吹きかけることによって、不可視のピーの所在を明らかにし、呪術的な実践の中では、聖なる力を宿した道具を媒介することで、不可視の力を具体的に表現する。モータムは呪具を用いた儀礼を通して、超自然的な存在と力を具象化する。それによって、呪術の専門家以外の一般の人びとが、ピーと呪術の存在をなかば可視的に受け容れ、村落社会の中にそれらのリアリティが構築される。続く第8章では、モータムに加えて伝統的な薬草師を分析の対象として、近代医療と競合するような病治しの現場において、超自然的力がいかに発現され、受容されるのかについて検討を行なう。

第8章
近代医療をまとった薬草師たち

　前章では、仏教という正統性を付与されたモータムの聖なる力が、悪霊の祓除や呪術の中で、具体的な道具を媒介にして発現し、不可視のピーや呪力を可視的に表現するという超自然的なものの具象化の局面について検討した。本章では、薬草師による伝統医療を分析の対象とする。薬草師による病治しは、現代の東北タイ農村においては、近代医学と伝統医療の知識が交錯する局面で展開される。時に呪術的実践をも含む薬草師の持つ医療知識の現代的布置を考察する。

8-1.「伝統医療」という問題系

　タイでは、近代医療が普及する以前、さまざまな治療専門家が病治しを行なってきた。本章で考察する薬草師のほかにも、モータムやモーラムピーファー、マッサージ師など、広義の「病治し」には複数の選択肢があった。現在では、病院や保健センターのほかに、個人経営のクリニックや薬局などが都市部を中心に展開しており、都市近郊農村の住民にとってもそれらは医療の重要な場となっている。本章では、東北タイ村落の医療の現代的状況を背景として、伝統的な医療知識が持つ特徴を検討することを課題とする。そこで、まずは「伝統医療」をめぐる問題系について簡単に整理しておきたい。
　医療人類学において、伝統医療と近代医療の併存状況、あるいは医療の多元的状況についてはこれまでにも報告されてきた。一方の極に「近代医療」（西洋医療、生物医学）を、他方の極に「伝統医療」（民俗医療、民間医療）を位置づけ、より経済的負担が小さく、地域的・文化的な文脈に即した伝統医療が継続してい

る状況を描くというのが典型的なアプローチである。「人々が抗生物質や予防接種、手術などの効果を認めても、必ずしも伝統的な医療システムを捨て去るとは限らない」[マッケロイ＆タウンゼント 1995: 372] として、西洋医学と伝統医療とが競合しながらも病者を処置する医療状況を分析するのが一般的な研究視角と言える。その上で、当該社会においてある疾病がいかなる意味を持つか、その原因と対処の方策にはいかなるものがあるか、複数の医療システムが存在するなか、いかなる要因である医療システムが選択されるかが論じられてきた。

　分析枠組みの前提になるのは、近代医療、すなわち西洋近代医学と、その土地固有の癒しのシステム、いわゆる伝統医療の二分法である。前者は治療の対象を病者個人として、個人の一時的な心身の不調の回復を目的とするのに対して、後者は病いの集団性や社会性を重視し、社会関係の調整や社会的規範の再確認を主たる目的として [波平 1982: 68-70]、両者の対照性を前提とした。

　だが当然ながら2つの医療システムを対照的に捉える視角は、多元的な医療状況に置かれた当該社会のすべての人に共有されてはいない。当該社会における近代医療の医師や研究者は、両者を別種のものと捉えるだろうが、その他の治療者、あるいは病者は必ずしも同様に医療システムを理解しているわけではない。そこでは医療をめぐる知識が不均等に社会に配分されていることを踏まえた上で、個別の病いと癒しの状況に即したかたちで「近代医療と伝統医療」という二元的な枠組みを捉え直す必要があるだろう。近代医療システムが現代世界の医療全体に及ぼした影響は非常に大きいが、単純に伝統医療と対比的に捉える図式にはより慎重であらねばならない。

　近代医療の有効性は、たとえば伝染性疾患に対する予防医療、救命救急医療の進歩、外科的医療の発達などの点において大いに評価できるが、慢性的病いや精神疾患に対して決定的な対処法がないことも指摘されている [黒岩 1991: 148-149, 波平 1990: 199-200, GOLOMB 1993: 31]。近年では近代医療の側にも、患者と患者の周辺、さらには治療者も含めた「語り」に治療効果を認める「ナラティブ・セラピー (narrative therapy)」のような考え方も見られ [クラインマン 1996, マクナミー＆ガーゲン 1997]、対象を個人とするか集団とするか、あるいは生物化学的な治療か、精神的な治療かという指標での、近代医療と伝統医療の区画はもはや妥当なものとは言えない。

第8章　近代医療をまとった薬草師たち

　医療人類学者の池田光穂［2001: 66-68］が注意を促しているように、そもそも「伝統医療」という概念は、「近代医療」との社会力学的関係の中で作られたものである。にもかかわらず、多くの研究では「伝統医療」があたかも実在するかのように描きがちである。「伝統医療」は、「近代医療」の何らかの要素が欠落したものとして構想されたもので、つまりは「伝統医療は近代医療によって発明されたものに他ならない」。「伝統医療」と名指した時点で、それは常に「近代医療」を措定しており、両者は対照をなす一組のものとして語られるのは必然であろう。しかしながら、現実の医療現場において両者の混淆した実践が行なわれていながらも、それらはなお理念的に異なるという語り口が、研究者のみならず当事者に見られることも無視できない。「伝統医療」と呼ばれるものを研究視角に含める際には、こうした錯綜した医療状況の全体こそを視野に入れなければならない。

　本論の舞台である東北タイ村落でも、伝統医療と近代医療を二分法で捉えるのは単純にすぎる。この地域では、「ナラティブ・セラピー」のように近代医療の側に新しい潮流が芽生えているというよりは、むしろ伝統医療の側に従来の分担領域を拡張するような動きが観察される。東北タイの多くの地域で、近代医療は既に村落生活に深く浸透しており、近代医療の圧倒的な影響力を前提にしなければ現実から遊離してしまう。とはいえ、病院で提供される「近代医療」とは明らかに異なるような治療実践が村落部で観察され、またそれらが「近代医療」と対照的なものとして治療師や患者によって語られるのも事実である。

　ここで問われるべきは、「伝統医療」あるいは「近代医療」と呼ばれているものの複合的状況、本書で言うところの〈不調和な共受容〉の状況を対象化し、両者の重なり合いとズレを示すとともに、それでもなお両者の間に違いがあると人びとが考えるような、両者を究極的に区分する核とも言える部分についての把握であろう。先取りして言うと、2つの医療の背後にある知識のそれぞれの特性が両者を結びつけながら差異化し、村落部での医療実践が構成されている。

　以下では、東北タイ村落における複数の薬草師の活動に焦点を当てて、その知識と実践を検討する。当該地域の伝統的な治療専門家には、薬草師のほかにも呪術的な治療師が存在する。だが近代医療と伝統医療の複合状況を俯瞰するならば、「薬草」というモノを媒介とすることで、両者の重なり合う部分を視野

に入れ、村落での実践を現代的な状況のもとで読み解くことが容易になる。そこに生きる人びとが近代医療に絶大な信頼を置きながらも、同時に伝統医療を利用し続けるという、単純に「伝統的」でも「近代的」でもない村落の医療状況の現在をめぐって、薬草師の知識の現代的様態について考察する。

8-2. タイにおける伝統医療

　「伝統医療」という概念は「近代医療の陰画」[池田 2001: 67] として成立してきたものである。薬草師の治療実践に入る前に、まずはタイにおける近代医療と伝統医療の歴史的関係について概観しておきたい。本節ではタイにおける医療の歴史を記述しながら、近代医学、伝統医学、土着医学という3つの概念について紹介した上で、タイの伝統医療が持つ独自の病因論を紹介する。

8-2-1. タイの医療の歴史

　タイの伝統医療の祖と目されているのが、ジーヴァカ・コーマラパット (*Jivaka Komarabhaca*) である。ブッダと同時代の治療師とされ、仏教経典にもジーヴァカの治療の様子が記されている。現在でも伝統医療の治療師にはジーヴァカをブッダと同様に信仰する者が多い [SALGUERO 2007: 22-26]。

　19世紀以前の医療状況についての記録はあまりないが、アジアやヨーロッパとの交易が盛んであったアユタヤ朝期 (1351～1767年) には既にインドや中国、西洋の医療が影響を与えていたようで、寺院では医学教育も行なわれていた [SALGUERO 2007: 7-10]。医療師は宮廷医と民間医に区別されていた。村落部で医療実践を行なう一般の民間医と異なり、宮廷医 (*mo luang*) は、都市で王族や貴族に医療を施し、その知識と役職は世襲された。この宮廷医の知識が19世紀末以降に公的な「伝統医学」としてまとめあげられていく。

　バンコク朝以降は、インド起源のアーユルヴェーダが伝統医療の中で卓越する [SALGUERO 2007: 94-96]。バンコク朝の創建当時はビルマの脅威、また19世紀後半以降はヨーロッパによる植民地化の脅威から王朝を維持しなければならず、バンコク朝はアユタヤ朝をモデルとして、自らの文化を古典的で正統なものと

第8章　近代医療をまとった薬草師たち

【写真8-1】ワットポー寺院の彫像

示す必要に迫られた。医療においても、西洋起源でも中国起源でもない、もう1つの土着の医学伝統としてのタイ医療を正当化するため、アーユルヴェーダ伝統が強調され、アユタヤ期の医学知識の集成が行なわれた。

ラーマ3世期（1824〜51年）には、当時の宮廷医らの医療知識が集成されて、ワットポー寺院（Wat Pho）に壁画や石刻文、彫像として収められた。この時代は、東南アジア大陸部においてヨーロッパ諸国の影響が増してきた時代で、ヨーロッパ列強の脅威にさらされるなか、タイの伝統知識を有形化して内外に示す目的で医療知識が図像化して集成された［飯田 2006: 44］。

西洋医療がタイに伝わったのは1820年代以降のことである。特に1830年代以降に医療伝道を重視したプロテスタントの活動が活発化すると、近代医学の

知識が王宮を中心に広がっていく。タイで著名な伝道師で西洋医のブラッドレー (Dan Beach Bradley, 1804～73年) は1835年に訪泰し、天然痘の予防接種や、白内障の外科手術などをタイで初めて実践した。[165]

ラーマ5世期 (1868～1910年) には、多くの西洋医がタイを訪れ、1887年創設の国立シリラート病院や1889年設立のシリラート医学校でも教鞭を執った。このころから西洋由来の医療を「近代医学 (*kanphaet phaen pachuban*)」、宮廷医による医療を「伝統医学 (*kanphaet phaen boran*)」と区別するようになり、西洋医療の浸透ともに、その逆像としての「伝統医学」が概念化されていった [飯田 2006: 48-49]。

20世紀初期、シリラート医学校では近代医学と伝統医学の双方が学ばれたが、両者が同じ次元に並列されることでその違いが一層認識されるようになった。その結果、これまで秘匿的に伝承されてきた伝統医療の知識が、近代医学の知識に比べて断片化していることが改めて問題視された。伝統医療の標準化の遅れを解消するため、1907年には伝統医学を扱った教本が印刷され、チュラーロンコーン大学やシリラート医学校で使用された。[166] テキスト化された医療知識とそのカリキュラムを作り出すことで、宮廷医の「伝統医学」を正統化した。だが新たに集成された「伝統医学」から、呪術的な治療や地方土着の医療実践などは排除された [SALGUERO 2007: 94-96]。

この過程は同時期に中央サンガによる仏教の制度化によって地方の土着的な宗教実践が排除されていったプロセスと類似する。[167] 政府によって「伝統医学」の公認化が進むなか、従来の医療実践は公認された「正統」と非公認の「非正統」に二分された。これ以後、宮廷医の伝統を受け継ぐ正統の「伝統医学 (*kanphaet phaen boran*)」は、地方で実践された非正統の「土着医学 (*kanphaet phaen ban*)」とは対照的なものとして捉えられる。この2種の伝統的な医療は現在の村落での医療実践を考える上でも重要な区分となる。

20世紀前半を通して、近代医学は医療の現場で圧倒的な効力を発揮し、伝統医学は徐々に影響力を失っていった。1915年にはシリラート医学校での伝

---

165 タイで初めてタイ語印刷に成功したのもブラッドレーであり、ラーマ4世との親交も深く、英語や科学的な知識を国王に伝えたりもした [LORD 1969: 69-92, 飯田 2006: 46]。
166 1908年までにダムロン親王によって縮刷版が出版され、この時代の教本は現在も伝統医学校で標準的な教科書として使用されている。
167 第2章参照。

統医学教育が廃止され、1923年に医療従事者登録が義務づけられると、伝統医学の専門家は公的な医療の場から排除されてゆく [飯田 2006: 51, SALGUERO 2007: 37-39]。

しかし伝統医学が公的な場から完全に排除されたわけではなく、伝統医には公的な資格免許が発行されている。第2次世界大戦前までは無試験で資格を取得することができたが、戦後は公衆衛生省が設定した教育課程の修了と国家試験の合格が義務づけられた。伝統医学は医学、薬学、産婆学の3科に分かれ、[168] 免許保持者のもとで、医学は3年以上の、薬学と産婆学は1年以上の訓練を受けたのちに国家試験を受験できる。合格すれば、医師や看護師と同様に、「伝統医療師 (mophaen boran)」として公認される [飯田 2006: 53-54]。1957年にはワットポー寺院に伝統医療学校が設立され、20世紀初めの教本がカリキュラムに組み込まれた [SALGUERO 2007: 17]。タイの伝統医学の原理のほか、解剖学・生理学的な身体機能の解説など近代医学の知識が収められたが、古典的テキストに含まれていた呪術的実践は排除された [飯田 2006: 54, MULHOLLAND 1979: 84]。

1970年代以降は、WHOによる伝統医療の再評価を受けて、タイ政府も伝統医学の標準化を推進した。ここでの「伝統医学」とは公的な歴史に沿ったもの、つまり宮廷医の伝統を汲むもので、近代医学によって効果と安全性が認められたものに限られ [IIDA 2010: 140]、呪術的な「土着医学」はまたしても排除された。ここにおいて、タイにおける制度的医学は、19世紀以降の西洋由来の「近代医学」と、同時期に公的に再編された伝統的な医学である「伝統医学」と、公的な伝統医学から排除された呪術的な実践を含む「土着医学」という3つの流れを見ることができる。もちろん、村落における医療現場では、「伝統医学」と「土着医学」が混淆することも多く、両者を総称して本章では「伝統医療」と呼ぶ。

2005年当時、全国に3万7157人の公認の伝統医療師がおり、病院の83.3%、保健センターの22.4%が伝統医学を取り入れていた [SALGUERO 2007: xi-xii]。また近年では一部の大学で、伝統医学の修士課程が設置されており、西洋近代科学の代替として「土着の知恵 (phum panya)」を再評価する90年代以降の社会思潮に

---

168 これら伝統医療師のうち、薬学の受験者が他の2つに比べて多い [BRUN & CHUMACHER 1994: 229-230]。

後押しされながら、伝統医学の再評価は急速に広がっている［飯田 2006: 70-72］。

　90年代以降「土着の知恵」という思想は注目を集めているが、それはあくまでも公的に認可された「伝統医学」を対象とするものであって、非正統の「土着医学」をめぐる状況は現在も変わっていない。都市中間層は、「健康」や「自然」をキーワードに商業化され、「土着の知恵」によって権威づけられた「伝統医学」の活発な消費者となったが、村落住民は必ずしも公認された「伝統医学」を享受することはない［IIDA 2010: 140］。村落での「土着医学」の専門家のほとんどは公的な伝統医療学校での学習経験はなく、土地に伝わる医療知識に基づく「無資格医」ではある。「伝統医学」が制度化されるなか、こうした無資格の土着医療師は取り締まりの対象になりつつある［木島ほか1973: 238, SALGUERO 2007: 99］。

8-2-2. タイの伝統医療の論理

　以上のような歴史を経てきたタイの伝統医療には、大きく2種の病因論が見られる。人体を構成する4つの要素の内的平衡が乱されることによって病いが生じるというものと、外部から異物が身体に侵入することで病気が引き起こされるとするものである。

　前者は、インドのアーユルヴェーダと中国医学の影響を強く受けたものである。上述の2つの伝統的な医療のうち、制度化された正統的な「伝統医学」に見られる病因論である。人体は、土 (din)、火 (fai)、風 (lom)、水 (nam) の四大素 (that) から構成され、それらのバランスが崩れると身体に異常が現れる。季節[169]、年齢[170]、時間[171]が病いの主要な原因、場所[172]と行為[173]が副次的な原因となって、四大素の調和を乱す。身体の52の部位は四大素のいずれかと対応し、身体の異常は、その部位での四大素の乱れが原因とみなされる［SALGUERO 2007: 45-46］。診断は、患者と家族の病歴を含めて行なわれ、病名や原因が明らかになると、投薬や簡単な手術、マッサージ、呪文などによって治療が行なわれる［MULHOLLAND

169　季節の区分にはいくつかあり、4ヵ月ずつ3つ、3ヵ月ずつ4つ、2ヵ月ずつ6つの季節に分けることがある。
170　少年期0～16歳、中年期：16～32歳、老年期：32～64歳と分けられる。
171　午前6時からの昼と午後6時からの夜に分かれ、それぞれ3時間ずつ4つの時間に分かれる。
172　異常が起こった時の所在地の気候で、暑／温／涼／寒に分けられる。
173　通常の能力を越えて何らかの活動を行ったどうかが問題とされる。

1979: 84]。

　後者の病因論では、身体に外から何らかのものが侵入することで異常が発生すると考える。悪霊や呪術などが外部からの異物とされ、東北タイではモータムなどの専門家が呪術を駆使して治療を行なうことが多い [Salguero 2007: 70-71]。また外部からの侵入とは逆に、身体内部からの流出も健康状態に関連して想像される。霊魂 (*khwan*) が何かの機会に身体から離れてしまうと、病気になったり精神的に不安定になったりする。そのためクワンを身体につなぎ止めるスークワン儀礼 (*phithi sukhwan*) が執行される [Phongphit & Hewison 2001: 64]。

　前者の四大素論を中心とする病因論は身体の内的システムの均衡によって説明するもので、20世紀初頭以降に正統な「伝統医学」として公認されていった。そのかたわら、後者の外部からの侵入や内部からの流出に重きを置く病因論は、非科学的として「伝統医学」から排除され「土着医学」として位置づけられながらも、村落部で非公認の医療師によって継続されてきたと総括できる。

8-3. 東北タイ村落における病治しの諸相

　本章においても、前章までと同様にコーンケーン県ムアン郡のDY区NK村、NL村、DY村、またBT区NG村などの調査村を事例として分析を行なう。いずれも通勤や通学、買い物などで日常的にコーンケーン市域と関わりを持っている都市近郊農村で、「近代医学」以外に、薬草治療や呪術的治療など「伝統医学」や「土着医学」が現在も活発に継続している地域である。本節では、まず調査地域における病治しに関連する専門家の活動について概観する。

8-3-1. 薬草師の病治し

　「薬草師」は、タイ語で「モーヤー (*mo ya*)」、「モーヤーサムンプライ (*mo ya samumphrai*)」と呼ばれる。「ヤー (*ya*)」は薬一般を、「サムンプライ (*samunphrai*)」は薬用植物を表し、「ヤーサムンプライ」は「植物性の生薬」を意味する。「モーヤーサムンプライ」とは文字通り「薬草知識に熟達した専門家」のことで、「モーヤー」と略称される。

タイの薬草治療は、タイ古来の伝統医学に由来し、インドのアーユルヴェーダの影響を強く受けている［大木 2002: 66］。伝統医学協会の本部は、バンコクのワットポー寺院に設置され、伝統医療学校も同寺に置かれている［木島ほか 1973: 238］。しかし東北タイなど地方の薬草師の多くは、首都バンコクを中心とする制度的な「伝統医学」の直接の影響を受けることは近年までなかった。彼らは土地の薬草師から知識を学び、土地に産する植物を用いて治療を行ない、経験と知識を土地の後代の人びとに伝承するという、地方独自の文化伝統によって「土着医学」の知識と実践を再生産してきた。

調査地域では、扱う薬草の種類は専門家ごとに異なり、治療方法も多様である。ある薬草師は症状に応じた薬草を与えるだけで治療をするが、別の薬草師は薬草の投与に加えて呪文の詠唱も不可欠と考える。また病因論として「四大素の内的平衡」理論を取る薬草師が、場合によっては「異物の外部からの侵入」論によることもある。こうした相違は薬草師の流派によるもので、どの師匠について学んだかによって異なる。前章で論じたとおり、村落の知識職能者モーにとって師匠と弟子の関係は最重要である。薬草知識は師匠から弟子へと秘匿的に伝えられ、師弟関係の外には、植物の種類や使用される呪文の詳細は明らかにされないのが普通である。

治療に用いられる薬草は、山や森に自ら出向いて採取し、自宅で乾燥保存する場合が多い。自宅の敷地内で栽培することもあるし、村落内に自生している草木を治療に用いることもある。薬草師が扱う症状は「痛み (*puat*)」が多い。関節痛や膝の痛み、腹痛、腰痛など部位はいろいろで、身体に抱える「痛み」が緩和しないという理由で薬草師を訪ねることが多い。

伝統的な薬草師の活動が、昔も今も変わらないわけではない［PHONGPHIT & HEWISON 2001: 99］。現在では、単純な医薬品なら村や街の薬局で購入できるし、街の病院や区の保健センターでの診療も一般的である。また伝承されている薬草も、労働環境や自然環境の変化から入手困難なものが増えている。遠く離れた山林で薬草を採取するのには大きな手間と時間がかかるが、平日の日中に賃金労働をすることの多い現在、薬草採取に割く時間が減少した。さらにキャッサバなど商品作物の栽培のため林地が農地化されたことで、もともと自生していた薬草の種類も減少しているという。山や森に入って薬草を採取して、それ

を加工するのは汗と土に汚れる仕事であって、村の若い世代は関心を失いつつある。

　一方で、政府やNGOの中には、伝統医療の活動を支援する動きも見られる。近代医学の医師の中には伝統医療に共感して薬草師と相互交流を行なう者も見られる。村落の薬草師は近代医学の衛生観念などを学び、近代医学の医師は村落の伝統的な疾病観や治療の方法について学びあう。また公衆衛生省によって、薬草師は「伝統薬学の医療師」として公認されており、国家試験に合格すると公的な伝統医療師としての免許も付与される。だが村落で活動する薬草師には、そうした有資格者はまれで、大半は非公認の薬草師ではあるが、それでも現在まで村落医療の一角を担ってきた。

8-3-2. モータムの病治し

　調査地域では、病治しに関わることの多い専門家として薬草師のほかに、前章までで論じた呪術師モータムがいる。薬草師と同じく、モータムの知識も師弟関係を通じて秘匿的に伝承される。モータムとして弟子入りすると、仏教の五戒のほか、いくつかのタブーの厳格な遵守が求められる。タブーを破ると聖なる力が失われ、時にはピーポープという悪霊が発生するとも言われる。モータムは、呪術的な力を駆使するとはいえ、現存の師匠とブッダを崇める敬虔な仏教徒で、村人からの信頼が厚い人格者である場合が多い。

　調査村ではモータムは30代から70代の男性で、ピー (*phi*) と呼ばれる精霊や、呪術 (*saiyasat*) に起因する病いを治療する。ピーや呪術に関連する何かが病者の身体に入り込んだのが原因とされ、呪的な力を駆使して異物を体外に除去することを目指す【事例7-22】。

　ただし卜占により、善霊が病いの原因だとわかると、ピーの要求を満たすことで対処を試みる。たとえば親族のピーによって病が引き起こされた場合、親族間での争いごとをピーが諭していると解釈されるなど、現存の生者の社会関係と関連づけてモータムがピーの意図を説明することが多い【事例5-1】。

　病院で治療を受けたものの、経過が思わしくない時にモータムに治療を依頼することが多いのは、薬草師の場合と同じである。慢性的な病い、特に肩や腰の痛みを訴える病者が多いが、時には突発的な腹痛や頭痛がピーに起因すると

されることもある。【事例5-1】では竹の棒とモチ米とキンマの葉を用いて治療が行なわれたが、別の事例では、聖化した水【事例7-22】や、キンマの葉を折り曲げて針で留めたものを用いることもあり【事例7-17】、モータムによって病治しの手法は異なる。いずれの場合でも、モータムの身体に内在化された仏法の力と、その力が付与された道具を駆使して、ピーや異物を体外に排出するように働きかける。またモータムの中には薬草の知識を持つ者も多く、モータムでありながら薬草師でもあるような形態も珍しくない。

8-3-3. その他の治療専門家

クワン（khwan）と呼ばれる霊魂は、身体が弱ったときに遊離すると考えられており、スークワン儀礼（su khwan）によって不安定な霊魂を身体に縛りつけたり、ソーンクワン儀礼（son khwan）によって落とした霊魂を再び取り戻したりすることもある。

【事例8-1】2010年3月・NK村

3月14日の深夜、村の男2人が木に登ってハチの巣を取ろうとしたところ、1人が木から落ちて全身を打ってコーンケーン市内の病院に入院した。転落した男のクワンが木の根元あたりに落ちてしまったと心配した家族たちは、早く具合が良くなるように、長老の1人に依頼して、翌日ソーンクワン儀礼を行なった。

午後6時すぎに、男の親族や友人ら6人が事件の起こった木の下に集まってきた。それぞれ持参したゴザを敷いて、木の付近の地面に腰を下した。親族らは2種類の供物を準備している。1つの盆には供物セット（khan ha）が載せられ、もう1つの盆には花と蠟燭のほか、砂糖を塗った1握りのモチ米、石灰付きのキンマの葉にビンロウとタバコをまとめて縛ったものを準備した。モチ米とキンマの葉が含まれた盆は、メートーラニー（mae thorani）と呼ばれる土地神に対して、供物セットはテーワダーと呼ばれる天の神に対して捧げる供物だという。

長老が「おーい、クワンやーい、ここには妻も家族もみんな来ているぞ。妻と一緒にこちらにおいで」とイサーン語で呼びかけ、テーワダーとメートーラニーへの供物を頭上に掲げる。そのあと男の妻が立ち上がって、小さい魚網を

第8章　近代医療をまとった薬草師たち

【写真8-2】テーワダーに供物を捧げる長老

手に取り、木の根元あたりで何かを掬い取る動作を行なった。魚網の中には木綿の糸が入れてあり、掬い取った動作の直後に、持ってきた男の衣服と腰巻き布も魚網の中に放り込み、ぎゅっと魚網の口を縛って儀礼は終了した。

儀礼参加者は、クワンを掬い取ったとされる魚網の口を縛って抱え、そのまま病院まで急行した。病院では、患者を魚網の中に入れた衣服に着替えさせるとともに、網の中に入れてあった木綿の糸を手首に巻きつけて、患者が落としたとされるクワンをもう一度身体に縛り付けることで、早い回復を願った。

テーワダーはこの地域全体を守護する神のような存在で、もう1つのメートーラニー[174]は土地を守護する女神である。メートーラニーは落としてしまったクワンを守るとされ、ソーンクワン儀礼は女神からクワンを譲り受けるためのものである。儀礼を執行した長老は、モータムでもある70代の男性であるが、

174　メートーラニーは東北タイに限らず、タイ全国で信仰されている土地女神である。ブッダの瞑想を邪魔しようとした悪魔を、その黒髪から絞り出した大量の水で流し去ったと伝えられている。長い黒髪から水を流している姿のメートーラニー像はタイ各地で見られる。

ソーンクワン儀礼はモータムの力とは無関係とされる。呪文を唱える必要もなく、イサーン語でメートーラニーに呼びかけるだけなので、村人から信頼される長老であれば誰でも執行できる。魂結び儀礼であるスークワン儀礼ではプラーム (phram) と呼ばれる司祭が執行することが多いが、生命力クワンをめぐる信仰は必ずしも特定の宗教専門家を要請するものではない。

ほかにも調査地域では、助産婦 (mo tamyae)、占い師、モーラムピーファーなどの治療師も見られるが、近年あまり活発に活動していない。現在のNK村周辺では、薬草師とモータムが伝統的な病治しの中核を担っている。

8-3-4. 病院・保健所での近代医療

最近は、調査地域の村人は身体の調子が悪い時には、病院か保健センターでまず診療を受ける。病院で治療を受けても予後が思わしくない時に、伝統的な治療師を頼る。

保健センターは区 (tambon) ごとに設置されており、NK村では隣村DY村に置かれている。医師と看護師が3名ほど常駐しており、症状が軽い場合はそこで治療される。病院はコーンケーン市内にいくつもあるが、村人は治療費の安い国立病院をもっぱら利用する。乗り合いトラック (song thaeo) で1時間ほど、交通費は片道15バーツほどで病院まで行くことができる。

タイではタクシン政権時代 (2001～06年) に、「30バーツ医療」(khrongkan 30 bat) という無保険者救済医療制度が導入された。[175] 保健所や病院で登録するとゴールドカード (bat thong) が発行され、1回あたり30バーツの自己負担で診療と投薬、入院治療が可能になった。この制度により、特に低所得者層は、病院が提供する近代医療にかかる経済的負担が以前と比べて劇的に軽減されている。[176]

東北タイの医療状況を概観すると、医師数あたりの人口は全国平均の2.3倍、また病床数あたり人口では全国平均の1.7倍といずれも全国平均を下回ってお

---

175 タクシン政権のポピュリズム政策の一例として、「30バーツ医療」は批判されることが多いが、クーデターで失脚後も親タクシン政党が地方で絶大な支持を受けている一因ともなっている。
176 「30バーツ医療」が適用されるのは国立病院と保健センターのみで、そのため国立病院に多くの患者が集中する。治療を受けるための待ち時間は長く、また重篤な症状であっても軽度の治療しかなされないと村人は語る。また結果として、医師にとっても国立病院での勤務は過酷なものとなり、優秀な医師ほどより条件のよい私立病院に流れて、国立病院の医療レベルの低下も指摘されている。

第8章　近代医療をまとった薬草師たち

【表8-1】タイの地域別医師数・病床数

	医者数	医師あたり人口	病床数	病床あたり人口
バンコク	7,504	779	27,879	210
バンコク近県	1,372	2,894	13,800	288
中部	755	3,984	7,241	415
東部	1,330	3,271	10,289	423
西部	858	4,263	8,285	442
東北部	2,817	7,689	27,819	779
北部	2,699	4,479	25,570	473
南部	1,612	5,273	16,814	506
全国	18,947	3,329	137,697	458

([PTF 2005] より筆者作成。データは2001年度)

り、近代医療の整備状況は全国と比べて立ち遅れている[表8-1 タイの地域別医師数・病床数]。ただし調査地のコーンケーン県では、人口175万6995人に対して、医師数660人(医師数あたり人口2662人)、病床数3345床(病床数あたり人口525.3人)と地域平均よりも高く、東北部の中ではコーンケーン県の医療状況は恵まれたものと言える。

コーンケーン県は1960年代以降、東北タイ開発の中心に位置づけられ、医学部を擁する国立コーンケーン大学が設置されているほか、30もの病院がコーンケーン市(*thesaban Khonkaen*)周辺に存在する。NK村など都市近郊農村の住民にとっては、「30バーツ医療」による安価な医療費と都市部への近接から、病院や保健センターの利用頻度は以前にも増して高まっている。

8-4. 調査村におけるモータムと薬草師の類型

調査村における医療は、病院や保健センターでの制度的医療と、薬草師やモータムによる伝統医療によって構成されている。モータムには薬草知識をも併せもつ者が多いことは第7章でも述べたが、薬草師としてのみ村人に知られる専門家はむしろ少数で、薬草師のほとんどは同時にモータムでもある[表8-2 調査地域のモータムと薬草師]。そもそも「モータム」や「モーヤー(薬草師)」という

【表8-2】調査地域のモータムと薬草師

	モータムのみ	モータム兼薬草師	薬草師のみ
NL村	2	0	1
NK村	3	2	0
DY村	4	1	0
NG村	3	1	0
計	12	4	1

(2001年の聞き取り調査により作成)

名称は、「仏法（タム）の専門家」や「薬草（ヤー）の専門家」を指すものであり、専属的な職業名称というよりは、特定の知識に詳しいことを示す役割の名称にすぎない。そのため同じ人が「モータム」でありながら「モーヤー」でもあり、また別のモーでもあることは珍しいことではない。

複数の領域の知識を持つ者の活動を見ると、仏法の知識か、薬草の知識か、どちらを活用するかは、個人によって程度の差が大きい。本節では、調査地域において観察できる、3つの類型を設定し、彼らの知識の習得過程と治療実践を記述することで、治療師の知識と実践を描写する。取り上げる類型は、(1) モータムと薬草師でありながらモータムの呪術的治療を中心に行なう医療師、(2) モータムと薬草師でありながら、薬草治療を中心に行なう医療師、(3) もっぱら薬草治療を行なう薬草師の3類型である。

8-4-1. 呪術的治療中心のモータム－薬草師

NG村のT氏（56歳・男性）は20歳の時に父親から学んでモータムとなった[177]。師匠は父親だけで、それ以外の師匠のもとで学んだことはない。薬草に関する知識も父親から学んだ。モータムは呪文を学ぶときに師匠のノートを参照して知識を習得するが、薬草についても父親のノートがT氏に伝えられている。ノートには薬草の名前と効用が書かれているが、現在NG村で日常的に知られる植物名とは異なっており、実際にどの植物を指すのかわからないものも多い。T氏が現在把握している薬草は10種類ほどに留まっている。

T氏はモータムとして、NG村のほか周辺村落にも知られており、信奉者と弟子は他県にも広がる。村人も彼を優れたモータムとして認識しているので、近隣でピーに関わる問題が生じると、祓除儀礼を任されることが多い。実際のところT氏を訪ねる病者のほとんどは、モータムとしての治療を期待している。

177　NG村のモータムT氏は第7章で検討を行なったモータムT氏と同一人物である。

第 8 章　近代医療をまとった薬草師たち

【写真8-3】呪具カトゥットを作るモータム

　つまり病者やその家族は、その病いがピーに起因するものと推測し、ピーを祓除することで治療することを期待して治療に訪れることが多い。
　T氏は病や災厄を祓うための呪具を製作し、それを患者に売ることもある。たとえば、カトゥット（katut）と呼ばれる呪具は、10cm 4方の薄い銅板にタム文字で呪文を書きつけたものである。銅板を細く丸めて円筒形にして、円筒の中空部に紐を通して腰に巻き付けたり、首にかけたりして、災厄から身を護る。また幅1cm、長さ20cmほどの細長い竹ひごに、呪文の一節を書き付け息を吹きかけたものも呪具として作られる。頭痛や膝の痛みなど、痛みのある部位をその竹の棒で軽く叩くことで、モータムが治療するのと同じ効果が現れ、痛みが和らぐという。
　呪術的な治療が多いが、薬草を用いることもある。T氏の薬草は、近くの森で採集し乾燥したものを自宅で保管している。主に自分や家族が飲むためのものだが、求められれば患者に投与することもある。薬草は、木の皮や枝、根を乾燥させて粉末にしたもので、水に混ぜて、または湯で煮出して飲む。保管している薬草は、それぞれ効果が異なり、症状に応じて薬草を選ぶ。腹痛、痛風

【写真8-4】T氏の保管する薬草

などに効くもののほか、禁酒効果のある薬草や、「AIDSにも効く」もの、コブラなど蛇毒に効くもの、惚れ薬まで含まれる。

　T氏による薬草の効能をめぐる理解はきわめて曖昧である。「四大素の平衡」理論のように体系化されたものではない。「あらゆる性病に効く」薬草や「コブラ毒を解毒する」薬草、「惚れ薬」などは、20世紀初頭に「伝統医学」が制度化される中で、非科学的として排除されてきた「土着医学」そのものであろう。T氏は、ある薬草に特定の成分を認め、何らかの統一された理論でその作用を包括的に説明することはしない。呪文の作用と薬草の作用との境界は曖昧で、T師の薬草をめぐる知識は、「正統」と「非正統」が区別されないまま保持されている。その意味で、「薬草」を治療行為の中で活用しながらも、彼の行なう治療実践は、公的に認可された「伝統医学」とは何の関連もない、「土着医学」の一例を示している。

8-4-2. 薬草治療中心のモータム―薬草師

　薬草治療を中心にしながらも、モータムでもあるような兼業のスタイルとし

ては、DY村のP氏とKS村のSA氏の2つの事例を紹介する。

DY村のP氏（53歳・男性）は自分自身の病いをきっかけにモータムを志した。25歳のころ、身体の調子を崩し、同じDY村でモータムM氏（当時65歳・男性）の治療を受けて回復したことで、彼のもとでモータムの知識を学ぶことを決意した。M氏は薬草についても詳しく、P氏は薬草の知識も多く学んだ。M氏の書いたノートを使って学び、口頭での知識の伝授はなかったという。

その後もP氏は強力なモータムの話を聞くと、直接訪ねて新たな知識を学んだ。これまでに彼が学んだモータムの師匠は5人おり、そのうち4人は他村のモータムである。

1997年にはバンコクの研究施設に勤務する研究員からも学んだ。P氏が自宅でラジオを聞いていると、偶然バンコクのドーンムアン空港近くの研究施設に薬草の研究員がいることを知った。P氏によるとキノコ栽培の研究施設で、勤務する研究員の1人がSC氏（当時62歳・男性）であった。SC氏は本業とは別に自宅の農園で薬草を栽培していて、時々患者が薬草を求めて訪れるという。P氏はこの話に興味を持ち、ラジオの情報を手がかりにSC氏を訪ねて、数種類の薬草について学んだ。

華人の血を引くSC氏はタイ国内の薬草に詳しいだけでなく、中国やアメリカにも留学経験がある、現代薬学にも詳しい研究者であった。P氏は「東北タイで学んだ薬草師はたくさんいるが、そうした薬草師は時に間違った投薬をしている。だがSC氏はアメリカで薬学を修めているので間違いがない」として、現代薬学の知識をも援用するSC氏の薬草知識を全体的に信奉している。

P氏はモータムでもあるので、仏教の五戒のほか、いくつかの厳格なタブーを遵守している。村人にはモータムとしても薬草師としても知られているが、薬草師としての治療を求められることの方が多い。P氏は治療のため自宅に大量の薬草を保管している。木の枝や樹皮、根など、近くの山林のみならずタイ東部の沿岸部にまで出向いて採集してきたものである。乾燥したのち湯で煮出して患者に飲ませるが、モータムの呪文や呪術を併用することはない。薬草は1種類だけでなく、症状に応じて何種類かを混ぜて投与する。症状が重いほど多くの種類が混合される。彼が扱う症状で多いのは結石である。膀胱結石が最も多く、腎臓結石や胆石なども治療する。1度の投薬で完治する者もいれば、

【写真8-5】貝葉を持つ薬草師P氏と家族

複数回の治療が必要な者もいる。結石以外では、糖尿病や骨折も治療する。

　いずれにしても薬草の効用を「信じる (*chuea*)」ことが、治療の成功には不可欠とP氏は語る。治療の謝礼としてP氏が受け取るのは1回あたり20〜30バーツ程度である。自分が病気になった場合にも、自ら薬草を調合して治療を行なっている。

　P氏に特徴的なのは、より多くの知識への関心や好奇心である。モータムの呪術的知識だけでなく、伝統的な薬草知識も学び、さらにラジオで薬草の知識が得られると聞くと、バンコクの研究所まで出向いて知識を習得しようとする。近代的な知識と伝統的な知識とが混在している状況は現代的ではあるが、旅をしながら知識を習得する形態は、東北タイの知識専門家モーに古くから見られる。19世紀のアメリカ人宣教師の記述によると、伝統的な医療師はより多くの処方を求めて国中を旅し、薬草の処方が書かれた貝葉を集めたという。そうした貝葉は仏教経典の貝葉と同じく崇敬され、また多く所有する治療師は人々の尊敬を集めた [Salguero 2007: 8-9]。「バンコクの研究施設」のSC氏が持つような薬学の知識が、村落の薬草師P氏に援用され、さらにその近代的な薬学の知

【写真8-6】KS村のキングコブラショー

識に拠りながら、伝統的な東北部の薬草師の活動を相対化し、時に批判的に評する。薬草治療に専念するモータムであり、知識習得の過程を見るかぎりは伝統的なやり方を踏襲しているが、そこで収集された知識は、もはや単なる村落の「土着医学」の枠を越えている。近代医学の知識をも織り交ぜながら伝統医学に則った薬草治療を実践しているのが、P氏の治療の実態である。

モータムでもあり薬草師でもある治療師が主に薬草治療を行なう事例は、ほかにも見られる。コーンケーン市から北に50kmほど離れたナムポーン郡(amphoe Namphong) SM区KS村は薬草売りで有名な村落である。このKS村は、1950年代より東北タイ一帯の村落をまわりながら薬草を販売していたが、近年では村内に設置したステージで毒蛇を使ったショーをして客を集める「キングコブラ・ヴィレッジ(muban ngu jongang)」として全国的に知られている。[178]

KS村の薬草売りの中心メンバーでもあるSA氏(60代・男性)には4人の息子

---

[178] KS村は1912年に移住により開かれた。世帯数はおよそ140世帯で、9割の世帯がコブラの飼育などのかたちで、村のキングコブラショーに関わっている。本格的に薬草を販売し始めたのは1951年以降で、キングコブラが客集めに使われるようになったのは1957年以降のことである。

がおり、息子らも全員薬草を販売している。SA氏はもともとルーイ県の出身で、結婚してKS村に転入してきた。20歳のころウドンターニー県でモータムに弟子入りし、薬草の知識を学んだ。区の保健センターに勤務して、薬草に関心があったため、その後もよく効くという薬草師の話を聞くたびに訪ねた。薬草の知識は治療師からお金で買い取ることもあれば、自分の知識と物々交換することもあった。特にKS村には毒蛇の咬傷に効果があるという薬草（wan phaya ngu）が自生していたので、それと交換して新たな知識を手に入れることが多かった。20代のころはモータムの活動もしていたが、悪霊払いは夜中にも呼び出されることが多いので億劫になり、10年ほどでやめてしまった。

　SA氏によると、モータムの治療は薬草治療とは何の関係もない単なる呪術（saiyasat）だが、薬草治療は四大素（si that）のバランスを取るものだという。人間の身体は土、水、火、風の四大素から構成されていて、病いはすべて四大素の調和の乱れから説明できるとSA氏は言う。近代医学と伝統医学では互いに語彙は異なるが、伝統医学の四大素による病いの説明は、近代医学で別の言葉で語られているにすぎないと語る。だがSA氏が熟知している四大素に関する理論は、一般の村人はもちろん、KS村にいるほかの多くの薬草売りも詳しくは理解していない。SA氏がそうした知識を持ち合わせているのは、彼自身が多くの薬草師から知識を学んだからである。

　SA氏の場合は、モータムの知識と薬草師の知識を完全に分離して捉えている点が興味深い。SA氏の薬草の知識は公認された「伝統医学」の四大素理論に沿うものであって、それはモータムの持つ呪術的な知識とはまったく別物であるとSA氏は捉えている。「近代医学」の効力を大いに認めながら、「伝統医学」の四大素論は「近代医学」によっても説明できると語るように、「近代医学」の枠組みに拠りながら「伝統医学」を正統化しているとも言える。2つの医療システムの翻訳可能性を主張する語りは、薬草治療を行なう村落の医療師に多く見られる。上述のDY村P氏も、東北タイの伝統しか知らない薬草師を間違ったものと評しているように、薬草治療を主に行なう治療師は、「近代医学」や公認された「伝統医学」を深く受容している。

　だが、同時にP氏もSA氏もモータムでもある。SA氏はモータムとしての活動をやめているが、それは「その知識が有効性を持たないから」ではなく、村

第8章　近代医療をまとった薬草師たち　　　　　　　　　　　　　　239

人に昼夜を問わず煩わされることが面倒だからである。モータムの呪術的知識が「非科学的」かどうかは、彼らにとっては問題ではない。そもそもそうした問題意識は必要ではない。呪術的な治療が対象にするものと、薬草治療が対象にするものとの区分は、「科学」を経由することなく、村落で共有されている伝統的な身体観によってなされるため、ある症状に対して競合してどちらかが捨て去られるというものではない。

8-4-3. 薬草治療中心の薬草師

　薬草師としてのみ活動する治療師としては、調査地域のうち、KS村とNL村の2事例を取り上げたい。

　薬草売りで有名なKS村についてみると、48歳のPT氏 (男性) がそれにあたる。彼は結婚してクラヌワン郡 (amphoe Kranuan) からKS村に転入した。以前からクラヌワン郡の薬草師より薬草を買うことがあって、薬草師になりたいと考えていた。薬草師になるための勉強を始めたのは2003年のことである。最初はクラヌワン郡の薬草師に2000バーツを払って、印刷された教本を買った。教本を読んで独学で勉強し、わからないことは薬草師に教えてもらった。2年間勉強して資格試験にも合格した。受験までに3度ほど模擬試験を受けて準備をした。現在は村で販売する薬草について助言をしている。

　KS村は古くから薬草売りを生業としているので、年長者を中心に薬草の知識を持つ人は多いが、公的な資格を持つ「薬草師」は少数である。そのため、PT氏の「薬草師」の資格証書は額に入れられ、KS村の薬草販売所にも、うやうやしく掲示されている。実際に販売所で薬草売りを担当する村人の多くは、四大素論など知るよしもないが、PT氏の資格証書が販売所に掲示されることで、販売される薬草は「公認された薬草」として権威づけられ、訪れた客もその薬草の効力を信頼する。KS村の薬草売り場にはPT氏らもいることが多く、詳細な説明が求められた時には、伝統医学の四大素理論を用いて客に説明する。もちろん店先での短いやりとりの中で、客が伝統医学の専門用語を含む彼らの説明を完全に理解できるはずはないが、資格を持った薬草師による、日常的語彙とは異なった四大素論の説明を聞くことによって、客もその場で売られている薬草が単なる「土着医学」ではなく、公認された「伝統医学」に属するもので

240　　　　　　　第3部　精霊を統御する呪術師たち

【写真8-7】KS村で販売される薬草

あることを得心し、KS村の薬草をめぐる状況そのものが権威づけられていく。

　しかしながら、KS村で売られるすべての薬草が四大素論で説明できるわけではない。たとえばあらゆるヘビ毒を解毒するとされる薬草は、四大素論で説明できるような「伝統医学」というより、古くから土地に伝わる「土着医学」の要素が色濃い。だが「伝統医学」の枠外に逸脱したような「土着医学」の薬草でさえも、公認された薬草師の存在によって、「伝統医学」の関連物として読み替えられ解釈されてゆく。

　KS村のPT氏の事例は、公認された「伝統医学」の権威づけによって「土着医学」が読み替えられる状況を示しているが、次のNL村のCT氏（36歳・男性）の事例はさらに異なった様相を示す。

　NL村生まれのCT氏はポー・ウォーチョー（*prakasaniyabat wichachip*）[179]を終えて、23歳からコーンケーン市内の病院で看護士として勤務した。CT氏は幼いころから体が弱く、いくつかの病院に通っていたが、病状は快復しなかった。24歳の時、同じ村に住む知人に誘われてムアン郡タープラ区（*tambon Thaphra*）に住

───
179　職業教育教員免許証のことで、中学3年終了後3年の課程修了を指す。

む薬草師（当時76歳）A氏のもとを訪ねた。病院で勤務するCT氏は、初めは薬草師の伝統的治療について疑いの目で見ていた。村に戻ったあと、一緒に治療を受けた知人は病状が良くなったが、CT氏だけが完治しなかった。ある箇所の「痛み (puat)」が消えると別の箇所の「痛み」が生じるという状態で、そのたびにタープラ区の薬草師A氏を訪ねた。

　やがて自分の病状が快方に向かっていると感じるようになり、27歳の時に薬草師のA氏に弟子入りを志願した。だがA氏は「まだ若いから35歳まで待て」と拒絶した。その後も病状は大きく変化しなかったが、30歳の時に転機が訪れた。それまで市内の病院で治療や投薬を受けながら薬草師A氏の治療も併行させていたが、A氏を信じて病院通いをやめることにした。すると「痛み」が以前にも増して厳しくなり、もはや看護士の勤務は続けられず、辞職して自宅静養することにした。A氏のもとに週1回ほど通いながら、彼の教えに従い瞑想をするなどして自己修練に励んだ。

　35歳になって改めてA氏に弟子入りを志願した。すると今度は「お前は既にすべてを学んでいる」とA氏に告げられた。A氏によると、既にあらゆる種類の病気を経験し、そのたびに治療方法を自ら体験した。それまでの病いと治療経験を通じて自ずからCT氏は学んできたと言う。さらに治療に用いる呪文と薬草の詳しい情報をA氏より教わって、CT氏自身が薬草師となった。それから1年ほど準備をして、村で薬草治療を行なっている。CT氏の薬草知識の学習には何かを暗記して修得するような過程はなく、患者としての経験がすべてであった。「通常は1つか2つの病いで治ってしまうものだが、私がありとあらゆる病いを経験できたのは天の神[180]の思し召しだったのだろう」と言う。

　CT氏が薬草師になるまでの経緯は劇的に語られるが、東北タイのその他の知識専門家モーにも共通するものがあることに気づく。第7章でモータムになる過程を検討した際、あるモータムの「患者」であった人が、やがて「弟子」となってモータムを目指すことが多いことを述べた。病いや災厄を経験し、「癒される」経験をきっかけとして、「癒す」側に憧れを持って特別な知識の習得を目指すというのは、CT氏に限らず、多くの薬草師に共通する動機である。こ

180　彼の癒しの守護神のこと。プラチャウ (phrachao 神) という一般的な名称とそれが天、空に属していることしか明かされなかった。ここでは「天の神」と訳出した。

こでは、患者と治療師の境界は連続的と言えよう。CT氏について言えば、薬草師になったあとも、彼の病いは完全には治っておらず、治療師でありながら病いを抱え続け、自らの病いの克服にもいまだ取り組んでいる。

　CT氏は敬虔な仏教徒で毎日の瞑想を欠かさない。瞑想をすることで、健康な身体を養うとともに、聖なる力を維持することができるという。食タブーも遵守しており、カエル、エビ、カニ、貝類、ドリアン、ジャックフルーツ、パイナップル、海産物など東北タイの暮らしで普通に食するものも禁じられている。これら食タブーはCT氏のもとで治療を行なう患者にも要求される。食タブーを破ると治るのが遅くなるとCT氏は言う。

　CT氏が一般的な治療で使用する薬草は3種類である。スダチ (manao) とそのほか2種類だが、植物の名称は明らかにされない。1つはショウブのような植物の細長い葉で、5mm四方の正方形に指で切り取って、ナイフの背で叩いてつぶし、葉から粘液が出てきたものを、針治療の傷口に貼り付ける。もう1つはショウガのような植物の根で、少量のかけらをすりつぶし、水に混ぜて患者に飲ませる。これら3種の薬草は自宅の農園で栽培している。それ以外にもたくさんの薬草を自宅の庭や農園で栽培して、症状に応じて患者に処方する。CT氏の治療行為は次のようである。

【事例8-2】2001年6月・NL村
　NG村から5人の患者がピックアップトラックに乗ってCT氏のもとを訪れた。前もって伝えているので、CT氏も彼らが訪ねてくることは知っている。患者の中にはCT氏のもとを訪れるのは3回目という者もいて、CT氏はその人の患部をチェックして「前より良くなっている」などと声をかけながら、自宅の離れにある治療場へと誘導する。
　まず今回初めて来た患者の名前と姓、年齢、出身村、症状を訊ね、日付とともにノートに記録する。再診の患者については、前回からの経過を聞きノートに書き付ける。患者は1人50バーツを、花と蠟燭を入れた供物盆とともに差し出し、CT氏が受け取る。CT氏は2本の蠟燭に火をつけ、供物盆の左右両端に蠟燭を立てて、頭の上に掲げる。そして口の中で聞こえない程度に呪文を唱える。患者一同、神妙な顔つきで静かに見守る。手桶に入った水にショウガのよ

うな薬草をすりつぶしたものを加えてかき混ぜる。手桶の上で、CT氏が再び呪文を唱えて息を吹き込んで、水を聖化し、聖化された水を患者たちに順番に回し飲みさせる。

　治療が始まる。切ったスダチを患部に擦りつけたあと、CT氏が患部に針を刺して出血をさせる。針を指す箇所は患部に沿った部分で、たとえば手首が痛むなら手首に3ヵ所ほど刺して瀉血する。今回の患者には腰痛を訴える者が多かったためか、主に背中から腰にかけての施療が多かった。針を刺した部位からは出血するので、その上に5mm四方にちぎったショウブのような薬草を張り付けて止血する。

　治療が終わると、使用した針を患者に渡し、次回に持参するように指示する。患者ごとに針は取り替えて、次回の来診の時に再利用される。1人あたり15～20分ほどが治療にかけられた。針治療のあいだ、CT氏と患者の間で、また患者同士の間で、リラックスした会話が行なわれ、会話の中で食べてはいけないものを患者に説明したりした。全員の治療が終わると、次回の来訪の目安を取り決めて、患者たちは帰宅した。

　CT氏の考える病因論は独特である。病いの多くは身体に入った「毒 (*phit*)」に由来するとされ、毒としては、ヘビ、サソリ、ムカデ、そのほか節足動物の毒が代表例として挙げられる。「原因不明の肝臓の病いでいくつもの病院を回っても治らない場合、それは10年前に咬まれたヘビの毒が原因だということがある」とCT氏は言う。こうした外部から体内に入った毒という語りは、タイの伝統的な医療の中では、「土着医学」に典型的に見られる病因論である。本論ではCT氏の説明を「毒病因論」と呼ぶ。CT氏の毒病因論においては、体内に取り込まれた毒に対して、基本的には上記の3種の薬草を用いた針治療で対処するが、場合によっては針による瀉血ではなく、薬草の投与だけで治療を行なうこともある。薬草の投与で治療を行なう際には公認された伝統医学の「四大素論」でも説明を行なう。CT氏は資格試験の受験に向けて、教本を購入して自宅やコーンケーン大学のセミナーに通って勉強を続けている。

　CT氏の治療実践で特徴的なのは、「病院に行ったか？　医者はどのように診断したか？　どんな薬を与えられたか？　どのように治療されたか？　病院に

行ってからどれくらい経つか？」などを患者に質問し、ノートに書き留めて、「カルテ」を作成する点である。看護師として病院勤務の経験があるCT氏はその回答を見ながら病状を把握する。自分の針瀉血や薬草で治療するよりも病院の方が効きそうな場合は病院治療を勧めるし、ピーが引き起こす病は専門外なので、モータムを紹介する。

　ここで取り上げた薬草治療をもっぱら行なうPT氏とCT氏の2つの事例を見ると、その薬草知識は、「土着」、「伝統」、「近代」が入り混じりながら構成されていることがわかる。KS村のPT氏においては、公認の薬草師の資格を得ることで、非科学的とも言える「土着医学」の薬草が「伝統医学」の薬草として読み替えられることを示しているし、NL村のCT氏においては、看護師としての「近代医学」の経験が、神を敬いタブーを守りながら薬草治療を行なう「土着医学」と混じり、さらにそこに公認の「伝統医学」としての知識が付与されていくという複雑な状況を作り出している。

　本節で紹介した治療師たちはいずれも「薬草師」であるが、彼らがいかにして薬草師となり、現在いかなる治療活動を行なっているのかは大きく異なる。ただ共通しているのは、みな「薬草師と呼ばれている」ということ、つまり「薬草についての専門的知識を持っていると村人に認識されている」ことのみであって、薬草についての知識の質と量、病気に対処する方法もさまざまであるし、いわゆる近代医学との関わり方もきわめて多様である。

　特にDY村のP氏とNL村のCT氏は、それぞれ近代医学と深く関わる中で、自らがもともと持っていた「土着的」な薬草治療の知識と技術を独自に発展させている。こうした状況の中では、「近代医学」と「伝統医学」、あるいは「土着医学」と「伝統医学」とを対比的に捉える枠組みはもはや意味をなさない。そこでは、土地に伝わる癒しの様態の中に、巧妙に「近代医学」や「伝統医学」のある部分が取り込まれているように見える。では、「近代医学」や「伝統医学」のどういった部分が、いかに解釈されながら、村落の薬草治療を構成しているのであろうか。次節ではある症例への対処法を手がかりとしながら、その解釈の多様性をめぐって分析を深める。

8-5. 「痛風」をめぐる複数の解釈

　薬草による治療は「伝統医療」として一括され、「近代医療」と対置されることが多いが、その治療実践を詳細に検討すると、個別の治療師の知識と実践のありかたによって、「近代医学」、「伝統医学」、「土着医学」の3つが入り混じって存在していることがわかる。本節では、ある患者が病む「痛風」の事例を取り上げて、近代医学による説明と、薬草師と患者それぞれの理解を併置することで、村落の医療知識の多層的な布置の中、ある病いがいかに対処されているのかを考察する。

　取り上げる事例は、前節で紹介したNL村の薬草師CT氏と、その患者NG村のWS氏である。2001年当時56歳のWS氏は、1年ほど前より痛風（rok khosuang）を病んでいる。市内の病院で診療を受け処方された薬を飲んでも良くならないので、薬草師CT氏を訪ねて、針での瀉血治療と薬草の処方を受けている[181]。

8-5-1. 近代医学による「痛風」の解釈

　「痛風（gout）」とは、尿酸の代謝障害により手足の関節に尿酸塩の沈着が生じて発作性の激痛を反復する疾患である[182]。尿酸は細胞の新陳代謝によって生じる老廃物で、体内で毎日一定量生成され、尿中に排泄される。尿酸の生成と排泄のバランスが崩れると、血液中の尿酸が増え高尿酸血症となる。高尿酸血症が続くと、血液中の尿酸が結晶となり関節に沈着し、痛風の関節炎を発症する。

　痛風を発症するのは30代から60代の男性に多い。症状は、激痛のある関節炎、手足や耳の軟骨部に生じる痛風結節、腎障害の3つが多く、合併症として腎障害、高脂血症、糖尿病を発症することがある。診断で確かなのは血液検査で、高い尿酸値が指標になる。

　痛風には発作期と間欠期があり、発作期に痛みが生じる。さらに患者にとっては発作期の前触れとなる前兆期がある。一般に治療として、発作初期にはコ

---

[181] NG村のWS氏は、多くの村人と同じく、病気になるとコーンケーン市の病院で治療を受けている。村の日常生活の中では、近代医療が第1の選択肢になっている。
[182] 以下の記述は、『医学生物学大事典』（メヂカルフレンド社, 1983年）、『症状からみた家庭の医学』（保健同人社, 1994年）などによるものである。

ルヒチン (Colchicine) が、発作極期には非ステロイド性抗炎症薬 (Non-Steroidal Anti-Inflammatory Drugs, NSAIDs) が用いられるが、これらは炎症を抑える目的のいわゆる「痛み止め」である。症状が慢性的になると、肉食を減らし、アルコールの多飲を避けるといった食餌療法や、尿酸の合成阻害や排泄促進のための薬物療法をとることが多い。

換言すると、痛風とは「体の中に尿酸が異常に溜まることにより引き起こされる病い」である。治療としては、体内で尿酸が過剰生成するのを抑える (肉食を減らす、アルコール多飲をさける)、尿酸の尿中への排泄を促進する (薬物療法)、痛みを緩和させる (対症療法) に限られる。現代医療において、根治的な治療が存在しないのが実情であり、近代医学がその対処を苦手とする「慢性的病い」の1つである [cf. クラインマン 1996: 93, 黒岩 1991: 148]。

8-5-2. 薬草師CT氏による「痛風」の解釈

薬草師CT氏によると、患者WS氏の症状は「病院で言うところの『カオ (*kao*)』」である。「カオ」という語は、痛風の英語名「gout」に由来するタイ語で、村でも「カオ病 (*rok kao*)」と呼ぶ。痛風は病院でも決定的な治療はできないが、薬草を飲めば少しずつだが治療可能とCT氏は言う。「痛風が悪化すると、腎臓を痛め糖尿病を引き起こす」とし、その原因も「尿酸が体内に蓄積されて引き起こされる」と認識しており、動物性の食事を控えるように患者WS氏に指示している。

病院の薬を飲んでも一時的に痛みを抑えるだけと薬草師CT氏は説明する。それに対して薬草は、「肝臓の機能を高め、血液を浄化して解毒し、尿酸値を引き下げるので、痛風を根本から治療することが可能」と主張する。

痛風が引き起こされるメカニズムと原因についてのCT氏の理解は、近代医療の理解とほぼ同等と言えよう。薬草の効果についても、実際にそうした効果があるか否かはともかく、一応は生化学的な身体機能の論理に従った「科学的」な説明である。既に論じたように、CT氏は身体に入り込んだ「毒 (*phit*)」が病を引き起こすという「毒病因論」で病いを説明することが多いが、痛風における尿酸を「毒」とみなすならば、CT氏のその病因論も破綻しないで維持される。

【表8-3】調査地域の3種の「痛風」観

	近代医学	薬草師	患者
原因	尿酸の蓄積	体内への毒 尿酸の蓄積	体内の毒 尿酸の蓄積
対策	痛みの緩和 尿酸の合成阻害	尿酸値の引き下げ	体内の毒の除去
治療法	薬品治療 食餌療法	呪文、食タブー 薬草、瀉血	呪文、食タブー 薬草、瀉血

8-5-3. 患者WS氏による「痛風」の解釈

「カオ (*kao*)」という病名は患者WS氏も知っている。コーンケーン市内の国立病院での血液検査では、体内の尿酸値と血圧が高かったことをWS氏は覚えている。また痛風が腎臓に悪影響を与えることも病院の医師から言われてWS氏自身が知っているが、X線検査などの結果では今のところ問題はなかった。

病院で処方される薬は痛み止めにすぎず、根治的に治療するものでないことは薬草師CT氏から聞いて知っていた。単なる「痛み止め」と聞いたWS氏は、「病院で与えられた薬を飲んだら、一時的に足の痛みはなくなるが、つま先に何かが溜まるような感覚があり、その溜まった何かが取れないので治らないのだろう」と話す。

それに対して、薬草師CT氏の治療は「つま先に溜まった何か」を外に取り出してくれるから効き目があるのだとWS氏は語る。「治療の時に針を刺した部位からは血と膿が出てくる。その血はまるで死んだような色をした血だ」と言い、CT氏の治療についてWS氏は納得し、自らその効力を説明する。

痛みの原因についても、「血液に入り混んだ毒 (*phit*) のせい」とWSは話す。この理解は薬草師CT氏の毒病因論に沿ったものであって、「20年ほど前にムエタイをして痛んでいた足を、クモに咬まれたことがあった。その毒が今も残っているのだろう」と毒の由来をWS氏は推測していた。

ここでひとまず近代医療、薬草師CT氏、患者WS氏のそれぞれの解釈をまとめると [表8-3 調査地域の3種の「痛風」観] のようになる。

8-6. 薬草師の医療知識の可変性

8-6-1.「痛風」の解釈の重なり合いとずれ

　まずは前節で見た「痛風」の症例に対する3者の解釈についてまとめてみよう。近代医学においては、身体を生化学的なシステムとして理解し、体外から摂取された過剰な尿酸によって引き起こされる身体の異常が「痛風」であり、過剰な尿酸の体外への排出を促進し、新たな尿酸の生成を抑制することで対処する。そこでの病いとは、身体内での生化学的プロセスである。

　次に、薬草師CT氏においては、近代医学と同様に、生化学的システムとして身体を捉えている。だが毒病因論のような近代医学の枠内に収まらない説明も同時に許容する。原因の理解は近代医学の説明と重なりながらも、実際の治療は呪文の詠唱を伴う薬草治療と、針による瀉血である。薬草に含まれる何らかの薬効を除けば、治療行為の多くの要素は近代医療の枠組みから外れたものである。CT氏の解釈においては、「痛風」の原因でも対処法でも、近代医学の要素とそこに含まれない要素（毒病因論）とを、区別しないまま同時に受け容れている。病いは、彼の解釈のある断面においては生化学的プロセスであり、別の断面では「毒」によって説明される。

　第3に、患者WS氏は、病院での診療経験から近代医学の説明枠組みを、薬草師CT氏の治療過程から毒病因論を、患者WS氏なりに解釈し、ともに理解している。ただし、彼は病院での血液検査の経験から、「高い尿酸値と高血圧」が痛風に関連することを知っているが、近代医療に基づく治療法に効果がなく、薬草師を頼ることになった現在では、近代医療の語彙によって病いを理解しているわけではない。むしろ病因も対処法も、薬草師CT氏の毒病因論に従うことで、自らの病いを受け容れ、語り出している。

　薬草師CT氏も患者WS氏もともに、それぞれの病院での医療経験から近代医学の説明について「知っている」。また毒を原因として病いを説明する毒病因論についても両者はともに「知っている」。だが薬草師CT氏と患者WS氏が対照的なのは、CT氏が近代医学と毒病因論の2つの枠組みを曖昧なまま区別しないで共存させているのに対して、WS氏は説明枠組みが二者択一的である。

WS氏にとっては、病院での治療と薬草による治療は、2つのうちどちらか1つを選択するような二者択一的な説明枠組みである。病院治療を見限ってCT氏の薬草治療に頼っている時点においては、WS氏は毒病因論を採用している。患者WS氏は、近代医学の説明も毒病因論も話としては「知っている」が、近代医学の説明に対してはリアリティが欠落している。針治療の際につま先から流れ出てきた血を「死んだような色」と評し、それを20年前に咬まれたクモの毒と同一視して語っているように、WS氏が納得し、それによって自らの病いの体験を語り出しているのは毒病因論の方である。

　ここに2種の医療をめぐって異なる「理解」が現れている。WS氏にとっての病院の検査結果（高い血圧と尿酸値）のように、ある情報を単に「知っている」ことと、同氏にとってのクモ毒の説明（20年前に痛めていた足を咬まれた）のように、ある情報について知り、それに納得して、新たに自らの物語を紡ぎ出すのとは、まったく異なった「理解」の様態と言える。近代医学の説明も、毒病因論もともに「理解」されているのだが、WS氏が「納得」して、日常生活に即した説明枠組みを構成し、それによって自らの世界を構築しているのは現時点では毒病因論であり、それに従って新たな語りを生み出すことで、身体をめぐるWS氏にとってのリアリティがさらに創り出される。

8-6-2.「近代的なもの」と「伝統的なもの」の曖昧な統合

　では、薬草師CT氏がリアリティを感じている説明枠組みとはどのようなものか。近代医学の説明と毒病因論の双方についてCT氏は語るが、患者WS氏のようにそれらを同列に置いて、二者択一的に捉えているわけではない。薬草師CT氏は看護師の経験から、近代医学の有効性と限界を同時に強く感じている。

　CT氏は「病院の医師なら、薬草と呪文で治そうとするのは馬鹿げていると思うだろう。だが近代医学にも限界がある」と言う。「近代医学の薬には即効性があり、痛みを即座に消せるが、それは一時的なもので完治するわけではない。一方、薬草は病院の医薬品より効果を発揮するのに時間がかかるが、結果的には根本的な治療が可能」として近代医学の医薬品と彼が用いる薬草の効果の違いを対比的に説明する。病気の原因についても、「毒 (*phit*)」と「病原菌 (*chuearok*)」の2種類のうち、近代医学は「病原菌」を対象にするだけで「毒」に対する効能

は期待できないが、伝統医療はその両方に効き目があると言う。

　副作用についても、薬草師CT氏は現代の医薬品を批判する。病院の医薬品は、化学的に合成され、工場で大量生産されている。そのため副作用を持ち、人体に害を及ぼすこともある。だが、薬草は自然の産物で副作用はなく、すべてが人体に良いように機能するという。薬草を用いて治療した方が安全で安価であるのに、薬草治療が広く普及すると既存の製薬業界が立ち行かなくなるため、化学的に生成された医薬品が病院で大量に用いられているのだろうと推測する。CT氏は新たな薬草を求めて彼のもとを訪ねてくる製薬業界の人間や研究者に強く警戒感を示すが、そういった人たちが薬草師の知識を利用して不当に大きな利益を上げていると考えるからである。[183]

　しかしCT氏は近代医学の有効性を疑ってはいない。自身の病院での勤務経験からも、感染症や外科手術については近代医学が圧倒的に有効であることを肌で感じている。近代医学を完全に否定するわけではなく、場合によっては病院での診療を勧める。訪れた患者の情報をカルテのようにノートに記入して次回の治療時に参照し、病院での医師の診断や処方薬について患者に訊ねて判断材料にする様子など、病院での実践を応用する姿は、独特の経歴を持ったCT氏ならではのものである。だが同時に、近代医学の効果が弱い領域があることも認識しており、そうした領域でこそ古くから伝承されている薬草知識が役立つと主張する。

　既に述べたように、薬草師CT氏が持つ病いの説明枠組みは、患者WS氏のように、近代医療か伝統医療かどちらかを選ぶというよりは、近代医療の知識と伝統医療の知識の双方を彼なりに総合させたものと言える。CT氏の伝統医療の知識も、毒病因論という「土着医学」に限られるわけではない。近年では「伝統医療師」の資格試験の準備のため、四大素論を中心にした公認の「伝統医学」についても詳しく知識を習得している。「近代医学」に加えて、「土着医学」と「近代医学」を織り交ぜながら、治療師と患者が治療の現場において納得できるように、適用する知識が即興的に変化する。CT氏の説明枠組みは、何か

183　近くのコーンケーン大学医学部や薬学部の教員と学生の中にもインタビュー調査に訪れる者がいるが、CT氏は彼らをあまり受け容れようとはしない。筆者自身も製薬会社のスパイではないかと疑われたことがあった。

1つのものとして構築されているのではなく、そのたびごとに可変的に編み直されるものであり、利用可能なものを次々と取り込んでいくような可変性を持つ。異なった複数の知識を曖昧に統合させること、つまり多種の知識の〈不調和な共受容〉こそがCT氏の説明枠組みの強みと言えるだろう。

8-7. 相容れない複数の知識の共存

　本章では、タイにおける伝統医療について、単純に「近代医療」と「伝統医療」を二分して捉えるのではなく、具体的な事例から両者の重なり合いとズレを描き出した。

　タイにおける「伝統医学」の概念は19世紀半ば以降に西洋近代医学が導入されてから創出されたものである。王宮医による医療知識を核にして「伝統医学」が精錬されるなか、非科学的、呪術的とされた伝統的な医療知識は「土着医学」として分離した。その結果、タイの医療は、西洋の生物医学を基礎とする「近代医学」、中央によって公認された「伝統医学」、非公認だが地方村落において持続した「土着医学」の3つに分かれて継承されてきた。

　だが現実の村落での医療実践を見ると、それらは複雑に混淆して実践されている。モータムなど呪術的な医療専門家では、近代医学など他の要素が関与することはあまりないが、薬草治療を中心とする医療師においては、近代医学と伝統医学が、もとの土着医学と混じり合いながら実践されている。特に「近代医療」の説明枠組みを経由しながら、自らの伝統的な医療実践（伝統医学・土着医学）を説明するような語り口がしばしば見られる。KS村のSA氏が「四大素論は近代医学によって認められている」と主張するように、近代医学の知識を援用することで、自らの医療知識を権威化する者もあれば、NL村のCT氏のように、近代医学が不得手とする部分についての補完物として、自らの医療実践を位置づけるものもいる。いずれもが、何らかのかたちで近代医学の視点を経た上で、自らの医療実践を理解している。これらはすべて複数の知識をめぐる〈不調和な共受容〉のひとつのあり方である。

　自己を相対化して捉えるために「近代的なもの」を持ち出す語り口は、モー

タムの呪術的治療においては出現しえないだろう。モータムの呪術について、科学的な説明を経由することで自らを正統化するような言説は聞いたことがない。とはいえ、近代医学の説明枠組みを内面化している薬草師自身も、こうした呪術的実践を否定しているわけではない。DY村のP氏、NL村のCT氏ほか、薬草治療を中心とする医療師も、治療効果を「信じること」の重要性を説いているし、生化学的なプロセスとは関係がないような食タブーを、治療師自身だけでなく患者にも遵守させる。聖水の作成や薬草の投与の際に、呪文の詠唱を行なう医療師が多いことも忘れてはならない。多くの薬草師が同時にモータムでもある。

最近では市内の病院や薬局でも薬草が処方されることが増えている。その点では近代医学が伝統医学のある部分を取り込みつつあるように見える。だがこうした試みを薬草師CT氏は否定的に語る。「病院でも患者に薬草を処方することがある。彼らは薬草の『薬効成分』を患者に投入すれば治療できると考えるが、それだけでは本当の効果は得られない」。そうではなく、薬草は「天の神」の守護と呪文を用いることで、本来の力を発揮することができるとCT氏は言う。CT氏がNL村の自宅で、患者から供物を受け取り、呪文を唱え、聖水を飲ませた上で薬草治療を施すという一連の作業と、村落の自宅という場そのものが、治療に最適な状況を作りだしており、いくら病院の診察室で、抽出した薬草の有効成分を投与しても、十分な効果は発揮できないと言う。実際に患者である村人の多くは、呪術的な実践が日常的に見られる世界に生きており、神秘的な力への期待を抱きながら、薬草を飲むからこそ、治療に効果があると言う。こうしたCT氏の考え方は、「信じる」ことが治療の前提であるというDY村の薬草師P氏らの立場にも通じる。「信じる」ことを重視する立場と、「近代医学」を経由して自らの医療実践を正統化する立場とは、一見相容れないが、これは多くの薬草師に見られる特徴でもある。

CT氏のように、相容れない異なった種類の知識を、曖昧に区別しないまま即興的に適用させる様子は、社会学者アルフレッド・シュッツ（Alfred Schutz）の「実践的知識（practical knowledge）」を想起させる。シュッツによると、日常の生活世界において行為し思考する人間の知識はけっして均質なものではない。「その知識はまとまりを欠き、部分的にのみ明瞭であるにすぎず、常にいくら

かの矛盾を含んでいる」[シュッツ 1980: 33-34]。薬草師CT氏が、患者WS氏の痛風に対して、近代医学の説明枠組みと毒病因論の説明枠組みのあいだを自由に往還しながらの治療実践に用いている知識は、まさにシュッツの言う「実践的知識」であり、近代医学のような「科学的知識」[184]ですら、それを構成する一要素として取り込まれている。

　治療現場において近代医療が圧倒的な影響力を持っているのは事実だが、CT氏にとって、あるいは多くの村人にとって、近代医学の知識は合理性や論理性によって認められているわけではない。そうではなく、痛みが軽減するという現実的な有効性が経験されるからこそ、それが「実践的知識」を構成する一要素として取り込まれているにすぎない。シュッツに従えば、「実践的知識」はその土地や集団の文化パターンに結びついたものであり、その社会のあらゆる状況に適合する解釈図式で、不明な事柄を自明の事柄へと置換させるものでもある[シュッツ 1980: 38-39]。伝統医療は安価でアクセスが容易であるから現代でも利用されているというよりは、その医療の知識と実践が文化に根ざした特性を持つからこそ継承される[波平 1990: 86-87]。共有する世界観に即したかたちで治療師が実践を行ない、患者も治療師の説明を受け容れ、「納得」することができる。現代の薬草師の医療実践に見られる〈不調和な共受容〉の微細なプロセスをここに指摘できる。

　前節では薬草師CT氏の知識が可変性を持ち、「近代医学」や公認の「伝統医学」との曖昧な統合がなされていることを指摘した。CT氏は「近代医学」や「伝統医学」の知識をそれぞれ固有の論理のもとで受け容れるというよりは、薬草師としての医療知識と矛盾しないかたちで、「近代医学」や「伝統医学」を「実際的知識」として取り込んで、治療実践の中で活用している。CT氏は、薬草師の師匠から受け継いだ呪文と薬草を駆使しながら、同時に病院での勤務経験で得た知識を活用し、さらに四大素論について学んだ知識も併用する。特定の1つのシステムとして知識が統合されるのではなく、曖昧に共存する複数の論理が実際の治療現場で自由に活用される。

　薬草師に限らず、モー（*mo*）と呼ばれる村落の知識専門家は東北タイに多く

184　実際的知識に対して、科学的知識あるいは哲学的知識は、純粋に知的な関心に奉仕し、統一性や一貫性の原理により統制を受ける[シュッツ 1980: 367]。

存在するが、モーと呼ばれる人びとには物覚えが良く、好奇心の強い人が多い[185]。現在多くのモーの年齢は50代以上であり、制度的には4年間の初等教育しか受けていない者がほとんどである。そんな彼らに聞くと、「学校で習った歌は一度聞いたらすぐに覚えてしまった」（DY村P氏）、「民俗歌謡劇（molam）の台詞や言い回しはすぐに頭に入った（NG村T氏）など、「子どものころから頭が良かった」という話を頻繁に耳にする。モーには「まわりのものを細かく観察するのが好き」で、好奇心の旺盛な人が多い。学校で成績が良かったというよりは、日常生活のさまざまな事象を積極的に学び、そこで得られた断片的な知識を自分なりに総合し、自己の知識の総体を膨らませていくような「頭の良さ」がモーと呼ばれる人の特性である。ここでの「頭の良さ」とは、異なった論理を持つ知識群を自在に取り込んで、自らの知識を拡大させていくような、知識の拡張性に優れていることを意味する。東北タイでは古くから、知識専門家モーは、優れた効果があるという知識の噂を聞くと、旅をしてその知識を求め、自らの知識のストックを広げていった。こうした傾向は伝統的な知識の獲得過程のみに限るのではなく、きわめて現代的な文脈においても変わらずに持続している。薬草師の持つ知識が、相容れない多様な要素を同時に内包しているのは、あらゆる種類の知識を自らの文脈に取り込んでいくモーの知識特性にあると言えるだろう。

185　第7章ではモータムの人物特性としても好奇心旺盛であることを挙げた。

第9章
呪術師の確信と葛藤
――呪術的リアリティの類型論――

　第3部では、東北タイの知識専門家モーによる精霊と呪術の捉え方を検討するため、モータムと薬草師に焦点を当てて議論を展開してきた。第7章では、ピーという対象が普通の人びとには見えない存在でありながら、モータムによる呪文の詠唱とそれを宿した息と道具などの感知可能なものを通じて具象化され、そこに呪術的なリアリティが発生することを指摘した。第8章では、伝統医療の専門家としてモータムと薬草師を取り上げ、近代医療の思考枠組みを利用しながら自らの治療実践について説明する様子を考察した。モータムと薬草師はいずれも伝統的な知識を保持する専門家である。それぞれが伝承された知識を駆使してある行為を実践し、それに関わる人びととの現実を変容させる。彼らの呪術的行為は常に何らかの結果を導くという意味で、日常とは別種のリアリティ、いわば呪術的なリアリティを現出させる。だが他の類型の呪術師を視野に入れると、彼らが関わる現実が一様ではないことがわかる。本章では、呪術師にとっての呪術的リアリティとは何かを問うことで、現代の東北タイ村落において呪術的な諸実践が持つ意義を考える。

9-1. 複数の呪術的リアリティ

　「呪術 (magic)」という語は人類学の勃興期から長く関心を集めてきたが、近年は「呪術」の指し示すところが拡散し疲弊して、もはや正面から「呪術」を論じることは時代遅れとみなされることすらある。人類学の学説史において、最初期には「呪術」は宗教の前段階として進化主義的に把握され［フレイザー 1951］、機能主義的なアプローチの導入以降は、不確実な世界に安心感を与えるという

心理的機能 [マリノフスキー 1997]、あるいは呪術が当該社会の秩序維持に果たす機能などが主題化された [Evans-Pritchard 1965 ほか]。さらに呪術の社会的機能の分析が洗練されると、不幸の原因の説明をめぐる「災因論」[長島 1987] などの物語論的な研究が登場した [浜本 1985 ほか]。予測困難な現代世界における不確実な事態の説明原理として呪術の再活性化を捉える近年の「呪術とモダニティ」をめぐる議論 [近藤 2007 ほか] もこの延長線上に位置づけられよう。

　これらのアプローチは、呪術を取り巻く社会的環境や言説的側面に焦点を合わせたものであり、「呪術とは何か」「呪術はいかにしてリアリティを獲得するのか」といった呪術の本体への問いを回避したかたちで問題設定を行なったものである。しかし呪術を対象に論じる際、忘れてはならないのは、「呪術が実感されるのは、それがリアリティを伴った時以外にはありえない」[池田、奥野 2007: 4] ということである。「参与者の切迫感や真実感の経験」というリアリティがなければ、そもそも呪術が理解可能であるはずがない。もちろん呪術について本質主義的に語ることは非現実的であるが、「呪術」の周辺へと迂回することなく、呪術の持つ現実、リアリティを正面から論じることは果たして不可能なのだろうか。

　呪術そのものを直接に論じることを避けるアプローチの背後には、「呪術」を剰余カテゴリーとして位置づける視線が見え隠れする。たとえば「呪術と宗教」の境界を考える際に、それを「普遍主義的宗教と呪術の関係」[阿部 1997: 344] とみなすことがある。普遍主義的宗教が、土着の伝統宗教と競合しながら浸透する過程で、前者が自らを「宗教」と名乗りながら、後者を「非宗教」たる「呪術」と名指すことで、自らの優越性を確保するという歴史的過程に着目し、「呪術を発明したのはいわゆる普遍主義的宗教」とする論法である。こうした視角は、「呪術と宗教」のみに見られるわけではなく、たとえば前章で見た「近代医療と伝統医療」の二者関係にも指摘できるものである [池田 1995: 202-205]。伝統と近代の二分法を前提にした語り口のもとでは、呪術は「近代的なるもの」から排除された信仰と行為の一群としてカテゴリー化される。

　もちろん「呪術と宗教」の関係性を歴史的過程のもとに配置するならば、こうした見方も間違いではあるまい。むしろ過去の遺物と捉えられてきた呪術が持つ近代性をあぶりだす意味では、きわめて有効な研究アプローチと言える。

第9章　呪術師の確信と葛藤

だが、ひとたび「○○ならざるもの」として「呪術」を捉えてしまうと、「呪術」はその対立項の呪縛から逃れることが困難になり、結果的に、呪術の中核を迂回した議論に向かわざるを得なくなる。ここではそうした迂回路をあえて選ばずに、呪術とは何かをなるべく正面から問うてみたい。

　出発点として、マリノフスキー（B. Malinowski）の古典的だが重要な指摘に目を向けたい。マリノフスキーは「呪術が行なわれるとき、かならずあることばが発せられたり歌われたりし、ある行為が行なわれる。そしてかならず儀礼をつかさどるものがいる」[1980: 303] とし、呪術の本質的側面として、「呪文、儀礼、儀礼を行なうものの身分」の3つを挙げる。呪術においては、呪文を駆使し、儀礼を執行する主体が不可欠であるという至極まっとうな指摘である。儀礼を執行する主体とは、呪術の専門家たる呪術師、または呪術の知識に通暁した者、あるいは本書の言に従えば知識専門家がそれに当たる。ここでは、「呪術」とは「知識専門家の知識と行為」を一義的に指すものと措定し、呪術師とその他の一般の人びととの差異に着目しながら「呪術」について考察を行なう。呪術師における知識と行為を具体的な事例を通じて分析し、「呪術はいかにしてリアリティを持つのか」を検討する。

　取り上げるのは、NK村周辺に多く見られるモータム、モーヤー（薬草師）、モーパオ（毒吹き消し師）の3種の知識専門家である。モータムは仏法の力で病治しなどを行なう専門家（第7章）、薬草師は呪文や薬草を駆使して病治しを行なう専門家（第8章）、モーパオは呪文や聖水の吹きかけによって病治しを行なう専門家である。当事者の語りを素材にしながら、知識専門家モーにおける行為と知識の関係性を検討する。

　モーパオを除く2種のモーについては、既に詳しく論じてきた。いずれのモーにおいても、知識専門家を志す動機と学習過程、また知識専門家になるためのヨッククルー儀礼と、神秘的な力を維持するためのタブーの遵守が共通している。彼らの知識ウィサーは、単なる情報の集積ではなく、行為との関わりの中で捉えられる身体化された知識であり、ウィサーは行為を通じて世界に発現する。師匠から弟子への限定的な伝授や、厳格なタブーの存在によって、モーの持つウィサーなる知識は、身体性、秘匿性を帯び、村落の普通の日常から離床した非日常性を帯びる。

ウィサーは多くのモーのあいだで共通性を有するが、いかにして現実の行為と結びつき、知識専門家にとって理解され、リアリティを発生させるかはそれぞれに異なる。本論で焦点化するモータム、薬草師、モーパオの三者を見ても、呪術的実践は大きく異なり、実践が生成する現実も多様である。次節以降は、知識ウィサーが共通性を持ちながらも、それらが「行為」の次元に浮上した際に生じる現実の差異に着目する。

9-2.「不問の呪術師」としてのモータム

　第6章では、多くの村人にとってピーが持つ意味を考える中で、日常の中での「わからなさ」がピーの「直接経験」と合わせて語られることで「恐怖」を生成し、理解不能なまま受け容れられて現実を構築していることを指摘した。また、第7章では、聖なる力が身体と道具に具象化されることで、呪術的な力という不可視のものが操作可能なものとして現実の中で表現されることを論じた。本節では、こうした議論をモータムにとっての呪術的リアリティという切り口から整理したい。
　序論でも紹介したが、筆者は調査地域で頻繁に訪ねられる。「ピーは本当にいるのか？」この問いかけは単なる1つの質問ではなく、2つの立場がどっちつかずの状態で潜んでいる奥深い謎かけである。1つは「ピーなどという非科学的なものは存在しないはず」という立場で、もう1つは「ピーはいるかもしれないので怖い」というものである。前者は、近代科学、テクノロジーのあふれる現代世界には、科学で証明できないものはあり得ないとする近代至上主義の側からピーを眺めたもので、それを日本からきた「研究者」に問いかけることで再確認したいという立場である。後者は、信じがたいことではあるが、身のまわりではピーの話が頻繁に語られることを根拠に、いくら村落が近代化しようともピーの存在についての疑いを捨て去ることはできないという立場である。ピーについてどちらの立場に立つべきか、判断しきれずにいることを示す問いかけが「ピーは本当にいるのか？」である。
　そもそもピーは「わからなさ」「理解不能性」を中核に持つ概念であるので、

第9章　呪術師の確信と葛藤　　259

「いるか／いないか」という捉え方にはそぐわない。多くの人にとって不可視の存在なので、ピーは「本当にいるか？」の問いの対象とはなり得ない。「いる」でも、「いない」でもなく、そういった問題設定の俎上には乗らないものとして、村落の中でピーが語られ、儀礼が実践されてきたはずである。第6章で論じたとおり、無造作に繰り返されているかのようなピーをめぐる語りの繰り返しこそが、ピーをめぐる社会的現実を作り出し、ピーと共に生きる日常が構築されている。しかしながら、現代の東北タイ村落に生きる同じ人びとが「ピーは本当にいるのか？」と筆者に問いかける。ピーを語る一方で、彼らが持つ科学主義的な思考が、こうした理念と現実の、あるいは知識と行為の不一致を含み込んだ問いかけを生成させている。

　だが、すべての村落住民がこうした問いを発するわけではない。ピーの祓除など精霊を統御する力を持つ知識専門家モータムは「ピーは本当にいるのか？」と問うことはない。「ほら、そこの棟木の上に髪の長い女が座っているだろう」とあるモータムは筆者に語った。当然私の目には何も見えないが、ピーの専門家にとっては「いる／いない」の問題ではなく、それはまさに「いる」のである。

　モータムが他のモータムを批判的に語ることが多いことは、第7章でもモータムの人物特性として挙げた【事例7-7〜7-9】。村で語られる他のモータムの治療や悪霊祓除の成果を気にして、他のモータムの能力がどれほどのものかを自分なりに把握する。さほど活動が活発でないモータムは未熟だと考えられるし、弟子やクライアントの多い高名なモータムはそれだけで優れたモータムと捉えられる。そもそも見えない精霊を対象とする以上、行為の効果は人びとの語りを通してしか判断できない。そのため、自らの知識と力を時に傲慢なまでに語りながら、他のモータムの噂を気にかける。

　モータムにおいては、彼の持つ知識ウィサーがそのまま呪術的行為のリアリティを創り出している。その行為の効果や、なぜその行為が卜占や祓除などの目的を達成できるのかという行為のメカニズムについて問う必要はない。他の人びとの目には見えない精霊を、「見る」ことができるというモータムは、自身の持つ知識を駆使した儀礼によって、いわば自己撞着的に精霊を統御すると主張する。知識と行為の関係性について言うなら、村人の多くがピーをめぐる知識と行為のあいだに不一致を感じるのに対し、モータムという呪術師は、自身

の知識と行為の同一性を前提とする地平の中で、非日常的な現実を創造している。いわば、自己の知識の有効性についてけっして問うことのない、「不問の呪術師」である。

9-3.「納得の呪術師」としての薬草師

　では第8章で取り上げた薬草師における知識と行為の関係性はどうか。薬草師の中には、呪術を駆使しながらも、薬草をも投与して病いを癒すものがいる。「薬草は本当に効くのか？」。薬草師の答えは「もちろん効く」であろう。薬草師にとっての使命は病いを癒すことにあり、「効かない」のであれば、薬草師である意味はない。では薬草師の駆使する「薬草が本当に効く」とすれば、その根拠はどこに求められるのか。

　第8章の事例で示したとおり、現代に生きる彼らは自らの実践の正当性を語る際に、しばしば「近代医療」に言及する。バンコクのキノコ栽培センターで学んだDY村の薬草師PN氏は、バンコクの研究員が持つ知識を援用し、近代薬学の知識に依拠しながら、東北タイの薬草師の実践を時に相対化し批判する。またKS村の薬草師SA氏は、伝統医療の四大素理論が近代医療でも認められているとして、近代医療を経由しながら、薬草治療を権威づける。どちらの立場においても、「近代医療」なるものが彼らの知識を正当化する際の参照点となっている。

　これら薬草師たちは、「近代薬学」や公認された「伝統医療」と関わりを持つ中で、もともとの「土着的」な薬草知識を独自に発展させている。こうした状況においては、「近代」（あるいは公認された「伝統」）と「土着」、または「科学」と「呪術」とを対比させる見方は意味をなさない。第8章で論じたとおり、土地に伝わる癒しの様態の中に、「近代的なるもの」が巧妙に取り込まれながら治療行為が現出する。

　病院や保健センターへのアクセスが容易になった現代のNK村周辺においては、たとえ村落の土着医療の専門家であっても、もはや近代医療を無視することはできない。近代医療の技術や医薬品が大きな有効性を発揮する中で、薬草

師が他の呪術師と異なるのは、薬草というモノを駆使して病治しを目指す点にある。彼らは病いに対処する際に、患者にタブーを課したり、呪文を詠唱したりもするが、同時に薬草を処方する。薬草の処方は、近代医療における医薬品の処方と類似した行為である。両者ともに患者の身体に「薬」を投入することで癒しを試みる。その意味では、薬草師が伝統的な知識によって行なう治療実践は、近代医療の投薬行為と併置して捉えることが可能である。ある場合には、「薬草」を中心とする自らの知識の有効性を近代医療の語彙で語り、薬草の知識がある種の効果を生むことは、生物医学的な説明によっても理解可能だと主張する。薬草師自身が、「近代医療」を積極的に参照しながら自らの知識の有効性を主張する。

モータムが呪術によって日常から離床した次元で自己完結的に精霊に対処すると語るのとは異なって、薬草師は、自らの行為の効果の正当性を、近代医療の枠組みを介して説明する。薬草師の知識には薬草だけでなく、聖なる力を維持するためのタブーや呪文も含まれるので、すべてを「近代医療」に還元することはできないが、類似した実践を行なう「近代医療」の言葉を経由することで、彼らの知識の聖性が理解され受け容れられる。その意味で、薬草師というモーは、自己の知識と行為の関係性について、たとえ現代的な思考枠組みで問いかけても答えうると考え、それによって自らの知識の正当性を強く主張する、「納得の呪術師」と呼ぶことができるだろう。

モータムに見られた「不問の呪術師」とは異なったかたちで、薬草師という「納得の呪術師」においても、「いる／いない」、「ある／ない」の問いはそもそも成立しない。モータムと異なるのは、薬草師が、自身のものとは次元が違う別種の知識（近代医療）を援用することによって、治療の有効性というリアリティを生成させる点にある。だがモータムも薬草師もともに、自らの知識と実践によって構築される現実に疑いを持たないことに変わりはない。では、呪術師モーにおいて、常に知識と行為、理念と現実との一致が図られ、自分自身の知識についての確信が呪術師とそうでない人びとを区分しているのだろうか。

9-4. モーパオの葛藤

9-4-1. モーパオという知識専門家

　上の問いを考えるために、もう1つの呪術師モーパオを検討したい。モーパオの知識は、「呪術（saiyasat）であって仏教ではない」とされることもあれば、「呪術であり、ウィサーでもあり、仏教とも関係する」とも説明される。パオとは、「呪文や聖水を患部に吹きかけることによって病いを癒す行為」であり、モーパオの知識とは、その呪文の知識と、呪文や聖水の吹きかけについての技術的な知識である。

　モーパオが治療するのは、調査地域では、目の充血・腫れ・痛み（ta daeng）、耳の腫れ（khangtum）、乳児の口の腫れ（penklang）、帯状疱疹（ngu sawat）、食物アレルギー（phit samdaeng）のほか、火傷や骨折、ねんざ、切り傷と、ヘビやクモ、ムカデ、犬などの咬傷である。多くに共通しているのは、身体の中に入った毒（phit）を体外に排出するため施術するという点で、タイの伝統的医療が持つ病因論の1つに従ったものである。それぞれ患部に対して、呪文や聖水を吹きかけて治療する。

　毒の治療が多いことから、多くのモーパオは毒蛇の専門家とみなされている。「ヘビのまわりに円を描いて、そこに呪文を吹きかけると、ヘビは円の中から出られなくなる」、「夜道を歩く時は、自分のまわりにいる7人まではヘビに咬まれることなく守護される」（NK村・男性モーパオ・70代）と語られるように毒蛇の呪術的な操作に関する知識も持つとされる。

　ここでモーパオという治療師を取り上げるのは、その治療実践が、これまでに論じたモータムや薬草師とは異なった特徴を持つためである。知識と実践の関係性を考えると、モーパオは他の伝統医療師とは少しずれた位置に措定できる。モータムとモーパオを比較すると、前者が腰痛などの慢性的な疼痛を抱え、ピーに憑かれた人を治療するのに対して、後者が治療するのは、原因が明確な

186　モータムが持つ知識もウィサー、ウィチャー（wicha）と呼ばれ、学問や知識一般を指す語である。
187　古代インドにおいても毒蛇咬傷には、呪文の詠唱、儀礼などが用いられた。その他、止血、瀉血、焼灼、吸引なども行なわれた［ジスク 1993: 152-155］。

【写真9-1】モーパオの治療風景

毒蛇咬傷などを負った者である点が異なるし、薬草師とモーパオを比較すると、薬草師が薬草という具象物を「近代科学」的な視点を交えながら投与することで治療するのに対して、モーパオは呪文と聖水という「非科学」的な方法のみで治療を行なうという点が相違点として指摘できる。

　モーパオの扱う毒蛇咬傷は、モータムや薬草師が対処する慢性的な疼痛とは異なり、それに対する治療効果は一目瞭然である。調査地域周辺では、コブラやキングコブラ、グリーンスネークなどが棲息しており、咬まれると病院で適切な処置を迅速に取らなければ、細胞が壊死し、該当部位を切除しなければならず、死にいたることも珍しくはない。モータムや薬草師が主に対処する慢性的な病いとは異なって、毒蛇咬傷は、20世紀以降、近代医療、特に血清療法がその治療効果を大いに発揮してきた症例である。一見したところ、毒蛇咬傷の処置として伝統的な呪術的方法が生き残る余地はないように思える。

　だがそれでもモーパオは治療実践を現在も継続させており、人びとは時にモーパオによって治療を受ける。モータムのように呪術の持つ不可視の力を操作することで現実を生成させるわけでもなく、また薬草師のように近代医療の言

説を経由することで自己の効果の正当化を行なうわけでもないモーパオは、自らの知識と実践をどのように位置づけているのだろうか。

9-4-2. モーパオの治療実践

まずはモーパオによる毒蛇咬傷の治療実践について、モーパオ自身の語りからその特徴を検討したい。

【事例9-1】2005年9月・NK村・70代モーパオ

ヘビに咬まれたら、まず止血する。咬まれた箇所より心臓に近い部分を紐などで固く結んでおく。

治療に際しては患者から2バーツ50サターン[188]しか受け取らない。患者が用意するのは、カンハーとカンペートの供物盆[189]で、それ以外は禁じられている。

3種の薬草[190]をすりつぶして、酒とスダチ(*manao*)に混ぜ、水に溶かして用いる。吹きかけるほか、飲ませたり、塗ったりすることもある。水に呪文を唱え息を吹きかけて聖水を作り、それを口に含んで3回吹きかける。これを3回繰り返す[191]。そのあと、直接患部に呪文を唱えて3回息を吹きかける。吹きかけの方向は決まっている。たとえば手だと肩から肘、肘から手首、手首から指先という順に、毒(*phit*)を身体の外に追い出すように吹きかける。

治療を受けた患者は生のものを食べてはならない。2、3日経過すれば何を食べてもかまわない。

【事例9-2】2009年9月・KS村・50代モーパオ

ヘビに咬まれると、水と呪文と石灰を用いてパオをする。患部に呪文を唱えて聖水を吹きかける。また毒が広がらないように、石灰で線を書いておく。た

---

188 サターン(*satang*)は通貨単位。1バーツ＝100サターン。
189 花と蠟燭の他に、栄養ドリンクの小瓶も添えられる。もと酒の小瓶であったものが、仏教化される過程で、栄養ドリンクに置き換わったのであろう。
190 NK村のモーパオが使用する薬草は、*chiang puen*、*ka lak*のつぼみ、*ton muknoilak*の3つで、これらを粉末状にして、スダチ(*manao*)を絞ったものと混ぜる。また塗り薬として塗布することもある。
191 このモーパオが使用する呪文は「ヘビが咬んだところを吹く呪文(*khata pao ngu kat*)」で、「*pha-sa-sa-rang-su ka-wa-rang-kang sa-mor-hi ra-cha-kha-pha-ya khang-khat-sa-wa-rang-ang*」と、パーリ語文である。

とえば指先を咬まれたら、腕の真ん中に白い輪を石灰で書いて、それより上に毒が広がらないようにする。

　ヘビ以外の毒の時は、ビンロウの実を嚙んで、水を含み、呪文を唱えて吹きかける。

【事例9-3】2009年9月・KS村・60代モーパオ
　ヘビ毒の場合は、聖水を使って治療を行なう。水に向かって、呪文を49回唱えて吹き込んで聖水を作る。治療は、まず患者に聖水を7回飲ませたあと、聖水を身体にかけて、水浴びさせる。最後に患部に呪文と聖水を吹きかける。

　モーパオの中には、呪文に加えて薬草を併用する者もおり、第8章で見た薬草師の治療実践との類似が指摘できる。だが薬草師の処方する薬草の有効性と、モーパオの利用する薬草の有効性のあいだには大きな差がある。慢性病への薬草の対処は効果が緩慢で、村人には薬草治療の有効性の判断が容易には行なえない。多くの場合、実際に薬草が「効いたかどうか」が判断しづらいのに対して、毒蛇咬傷は、現代医学では血清治療しか有効な手段はないと考えられている。モーパオの薬草や呪術の効能はけっして認められない。その意味では、薬草師のように「近代医療」を参照し、それによって自らの実践を正当化することは難しい。モーパオの「薬草」や「パオ」の力の正当性は、「近代医療」を媒介にして説明することはきわめて困難である。両者をともに受け容れることは難しい。
　モーパオの力は、彼が学ぶウィサーという聖なる知識からもたらされる。治療がうまくいくと、患者が「ヨックウィサー」(ウィサーを崇める, yok wisa)、あるいは「ヨックカン」(カンを崇める, yok khan)[192]という儀礼を行ない、聖なる知識ウィサーもしくはカンに供物を捧げ、モーパオに謝礼を支払う。

【事例9-4】2007年3月・NK村・70代モーパオ
　治ったあとで、「呪文」に対して供物を捧げるのがヨックカンである。カンハー、カンペートの供物盆に加えて、卵1つ、米で作った酒 (lao khao)、25サターン硬貨1枚、巻きスカート (pha thueng) 1枚、4本の造花 (suai) と蠟燭を準備する。

192　カン (khan) とは「聖なるもの」のこと。モーパオの流派によって呼び名が異なる。

これらを盆に盛り呪文を唱える。

　モーパオは最初に「ナモータサ、パカワトー、アラハトー、サムマー、サムプッタサ」を3回唱え[193]、次に「ヘビに咬まれたところを吹く呪文」を3回誦える。次に患者の姓名を詠み上げて、早く全快するように祈る。患者は、治った場合には1000バーツから数千バーツを謝礼としてモーパオに渡すが、多くても少なくてもかまわない。治らなかった場合は、ヨックカンの必要はない。

【事例9-5】2009年9月・KS村・60代モーパオ
　治ったあとで、ヨックウィサーに訪れる。早い場合は咬まれてから2～3日後、長くても1週間ほどでよくなるので、そのころにモーパオを訪れる。患者が準備するのは、カンハーの供物盆と、卵1個、酒1瓶、白い布1枚、25サターン硬貨1枚で、供物として捧げる。
　そのほか100バーツから数千バーツを謝礼としてモーパオに渡すことが多い。額は患者による。患者が貧しくてお金を持っていなくても治療するのがモーの務めである。

　「ウィサーを崇める儀礼」あるいは「カンを崇める儀礼」というように、モーパオの力の源泉はウィサーにあると考えられている。もちろん、ウィサーは目に見えるものではなく、その意味ではモータムが仏法を、自らの身体やモノに宿らせて呪的行為を行なうのと同様に、モーパオもその行為の中で、ウィサーなる聖なる知識を具象化させることで、癒しの現実を自己充足的に生成させているとも言える。しかし、そのウィサーは吹きかけの行為（パオ）の中で1つの呪術的な現実を生成させながらも、毒蛇咬傷という状況の特異性がもう1つの現実、つまり体内への毒液の混入という逃れられない現実と併存している。この点は、精霊という不可視のものを対象とするモータムとは状況が大きく異なる。モーパオは「不問の呪術師」ではいられない。

---

[193] 「*namotasat phakawato arahato sammasamphutthatsa*（阿羅漢であり正自覚者である世尊に帰依します）」という経文で三帰依文と呼ばれる。仏教儀礼では必ず最初に唱えられるものである。

9-4-3. モーパオによる毒排出の理解

　モーパオの聖なる知識ウィサーは、「目に見えないけれども、あることは確か」と言われる。「どこにあるかと訊かれても答えられないが、ただ身体とともにあることは確か」とNK村のモーパオは語る。「学校で学んだ『知識 (khwamru)』がどこにあるのかうまく説明できないのと同様」に、その所在はわからないが、モーパオはウィサーを保持するという。

　だが一方で、ウィサーは物質的にも語られる。モーパオには、独自のタブーが流派ごとに設定されている。KS村のあるモーパオでは、他人に食事を誘われてもけっして食べてはならない、食べものを噛みちぎってはならない、また同村の別のモーパオでは、蛇の通ったあとや落ちている木の枝、自然に水が湧き出ているところを跨いではならない、NK村のモーパオでは、他人が盛りつけたものを食べてはならない、他人が残したものを食べてはならない、食べものを噛みちぎってはならない、ヘビを殺してはならない、ヘビを食べてはならないなどがタブーである。タブーを破ると、「ウィサーがくっつかない (wisa bo tit)」状態になる。「くっつかない」とは、「モーパオの身体とうまく接合できない」という意味で、息を吹きかけても呪術的な効果が弱ってしまうとされる。[194]

　モーパオの聖なる知識ウィサーは目に見えないが、身体とともにある何らかのモノのように語られる。知識であって、なおかつモノのようでもあるウィサーが咬傷に作用して傷を癒すと考えられている。では、ウィサーが駆使される治療の場面では、その作用はどのように捉えられているのか。まずはモーパオによる治療をめぐる語りを取り上げる。

【事例9-6】2007年3月・NK村・70代モーパオ
　効果があったかどうかは即時にわかる。たとえばコブラに咬まれると、その箇所は緑色に変色して腫れあがる。だが息を吹きかける（パオする）とすぐに腫れと痛みが引いていく。

【事例9-7】2008年8月・NK村・70代モーパオ
　モーパオの治療は、毒を外に排出させるものである。蛇に咬まれると、その

194　同じ状態を「ウィサーが悪くなり、聖なる力を失う (wisa bo di bo khan)」とも言う。

箇所が熱く感じられる。実際触ってみると他の部位より熱を帯びている。どこまで熱を帯びているかを触って判断する。咬まれたところから最も離れた熱い箇所から、順番にパオして毒を徐々に身体の端に追いやっていく。そうすると、熱い部分はだんだん小さくなって、最終的に咬まれた箇所だけが熱を帯びる。最後に咬まれた場所をパオすると、毒は身体の外に追い出される。毒はどこかに消えてしまうのではなく、体外に追い出される。

　モーパオによるウィサーの駆使は、体内に侵入した「毒」を体外に排出するために用いられる。ウィサーが、呪文と息を介して、咬傷患部の周辺に働きかけ、体内に侵入した毒を食いとめ、最終的には咬まれた箇所から体外に吹き出してしまう【事例9-6】【事例9-7】。時には【事例9-2】のように身体の上に線を引くことで視覚的に治療効果を示し、また患者の身体の表面を触って状態を見極めながら、身体の内側から外側に向かって、息を吹きかけることで治療を行なう。患者もまた、モーパオがある方向に向かって毒を追い出していく様子を眺め、またモーパオが吹きかける息を皮膚で感じる。モータムの悪霊祓除においても視覚と触覚を通じた感覚が祓除を具象化する過程として患者やその見物人に受容されたのと同じように[195]、モーパオにおいても、視覚と触覚を通じて、「毒」に対する治療行為とその効果とを1つの現実として体感する。

　モーパオの治療を体験した患者の語りを見ると、患者が自らの痛みに対するパオの効果を、視覚と触覚とを総合させながら理解していることが一層明らかになる（【事例9-8】【事例9-9】）。体内に入り込んだ「毒」は目にすることはできないが、モーパオが治療過程で息を吹きかけていくと、不可視であった「毒」は体外に押しやられ、咬傷の腫れが収まっていくことを直に体験する。

【事例9-8】2009年9月・KS村・70代男性
　ヘビに咬まれると、咬まれた場所がとても熱くなる。たとえば手を咬まれると、咬まれた部分から熱い感覚が徐々に上に上がってくる。だがパオされると、熱いのがそれ以上広がってこない。逆にどんどん手の先の方に熱い感覚が抜けていく。それと同時に腫れも引いていく。見ていればわかる。

---

[195] これについては第7章の7-6-4で詳述した。

第9章 呪術師の確信と葛藤

【事例9-9】2008年8月・NK村・50代女性
　家の庭で、草むしりをしていたらヘビに咬まれた。何のヘビに咬まれたかは見ていない。手には2つの小さな穴が開いていて、血が出てきた。しばらくすると手が腫れてきた。村に戻ってパオしてもらった。4、5回パオしてもらうとパオしたところから腫れが引いていった。

　モーパオが身体の表面に息を吹きかけることで、患者の触覚を刺激し、身体の表面をなぞりながら毒の拡がりを狭めてゆくことで、パオの効果を体感する。息を吹きかけられるという触覚と、それが身体内をある範囲内で移動していくことを見るという視覚の2つの感覚刺激が入り混じることで、パオの治療効果が現実化される[196]。パオが持つ神聖な力について、あるモーパオは次のように語る。

【事例9-10】2009年9月・MG村・70代モーパオ
　パオはただ息を吐くのとは違う。息はただの空気にすぎないが、舌と歯のあいだを通過することでその空気が特別な効果を持つ。舌と歯は呪文を唱える。呪文を発する舌と歯に直接接触しながら空気が通り出ることで、パオは聖なる力を持つのである。

　タイの呪術的実践の中では護符や仏像を聖化するときに息を吹きかけることが多い［Pattaratorn 1997: 71-72, Swearer 1981: 15］。第7章でモータムの実践についても同様のことを指摘したが、モーパオの実践でも、息の吹きかけ（パオ）は知識と力を具象化する1つの経路となっている。その点では、モーパオもモータムも変わりなく、ある儀礼実践を行なう中で、知識がそのまま現実を生成させる。
　ただし毒蛇の咬傷という症例の持つ特異性を忘れてはならない。必ずしも多くの村人にとって実効性が明らかではない悪霊祓除や、すぐには効果が判明し

196　視覚はしばしば触覚と結びつきながら、ある事象が「本当だ」という真実感が生み出される［大森 1982: 57-58, 佐伯 2004: 148-149］。

ない慢性病の治療とは異なり、血清注射を打たなければ死にも直結しかねない毒蛇咬傷に対して、モーパオはただ呪文と息を吹きかけるのである。モーパオも、現代の村落で生活する1人の人間である以上、現代医学の有効性を強く実感していることは紛れもない事実である。血清注射によって毒を中和するという近代医学の考え方と、息を吹きかけることによって毒を外に排出するという2つの考え方のあいだには大きな齟齬が存在するはずだが、その齟齬を現代世界に生きるモーパオはいかにして説明するのか。両者のあいだに横たわる大きな〈不調和〉をいかに乗り越えるのか。

9-4-4. 葛藤する知識専門家

　注意しておかなければならないのは、実際のところ、ヘビに咬まれた村人が、治療をモーパオのみに頼ることはほとんどないという点である。病院の血清療法が毒蛇咬傷に対する劇的な効果を体験している村人たちは、他の病いと同じく、治療の第1の選択肢は現在では近代医療である。毒蛇咬傷は致死的であり、自ら応急処置をしてまずは病院で受療し、症状が落ち着いたあとでモーパオを訪ねるのが一般的である。病院で血清を投与することが多いので、事後に施されたモーパオの治療効果の判定はもはや難しい。逆に言えば、モーパオの神聖なる力の有効性が疑われることはない。

　現在では多くの村人が第1に病院を訪ねる状況について、モーパオは次のように語る。

【事例9-11】2009年12月・NK村・70代モーパオ
　ヘビに咬まれたらまずは病院で処置を受けて、腫れが引かない場合にモーパオを訪ねる。逆に、まずモーパオを訪れ、そのあとで病院に行くことはあまりない。モーパオさえ訪ねておけば、それで治ってしまうので病院になど行く必要はないからだろう。

【事例9-12】2009年9月・KS村・70代モーパオ
　KS村が位置するナムポーン郡の病院には血清は置かれていない。血清を打つには、遠方のムアン郡の病院まで行く必要がある。だがあらかじめパオして

おくと、遠方の病院まで行かずに、郡の病院の処置だけで済むことがある。郡の病院での処置だけで治ったのは、血清を打つ必要がないと判断されたということ。それはパオの成果である。

あるモーパオは先にモーパオの治療をしておけば近代医療に頼ることなく治癒できると主張し【事例9-11】、また別のモーパオは、モーパオの治療のおかげで重篤な症状から救われたと自らの力を誇示する【事例9-12】。過剰なまでに自己のパオの力を信じているように見えるが、同時にモーパオは次のような懐疑心も筆者に語る。

【事例9-13】2009年9月・KS村・50代モーパオ
　パオすることでなぜ毒が追い出されるのかはわからない。私にはさっぱりわからない。

【事例9-14】2009年12月・NK村・70代モーパオ
　パオするだけで頭痛が治る。不思議だろう。なぜそうなるかわからない。でも治るんだ。

多くのモーパオは自らの治療実践で得られる効果について絶大なる自信を持つ。ウィサーを体現したモーパオが、呪文と息、聖水の吹きかけによって、聖なる力を患者に付与し、癒しを実現することへの強い信念が見られる。この信念は、治療儀礼の中で、触覚と視覚を通じて、患者とも共有され、そこにパオによる治療の現実が構築される。目に見えない超自然的力を駆使するモータムが、身体とモノを介して、ピーや呪術を具象化するのと同じ論理である。すなわち、前節での議論に従って表現するなら、そこでは知識と行為が現実そのものを生成させている。

しかし【事例9-13】や【事例9-14】で表現されているのは、自らの知識と力への過剰な信念とは相容れない懐疑心、あるいは疑念である。モーパオ自身も、体内に侵入したヘビ毒には近代医療で用いられる血清療法が有効であることを経験上知っているし、血清治療がモーパオの治療儀礼に見られる呪文の吹きか

けとは根本的に異なるものと自覚している。薬草師は、近代医療の医薬品と、自らが用いる薬草のあいだに類似性を見出し、「近代医療」を経由することでその知識の正当性を主張するが、モーパオの場合には、血清の投与とパオの実践のあいだに、何らかの類似性を見出すことは難しい。病院での血清療法という近代医療を日常的に経験するからこそ、モーパオの持つ知識と近代医療の論理とのあいだの乖離が余計に鮮明になって、その乖離をモーパオ自身が自覚せざるを得ない状況が生まれている。近代医療の経験がモーパオ自身の生活世界の中に組み込まれているからこそ、呪術的行為と近代医療の言葉とのあいだの埋められない空隙が意識化される。自らの知識に疑念が生まれ、そこに「わからない、でも治るのだ」というどっちつかずの表明が現れる。モーパオは、先述の「不問の呪術師」や「納得の呪術師」とは異なる「葛藤の呪術師」と位置づけられよう。

9-5. 非日常性と現実の多様態

　本章で論じてきたモータム、薬草師、モーパオは、いずれも相容れない複数の知識や行為を含みもつ現実を生きるための、それぞれ異なった方策を示している。モータムにおいては、呪術的行為の対象が不可視だからこそ、その行為の有効性が保証され、日常的な思考や科学的な論理が深く入り込むことのないまま、非日常のピーをめぐる現実がもっぱら呪術的経験に基づいて構築される。薬草師においては、呪術的な薬草の利用とそれがもたらす効果のあいだに、「近代医療」が置かれる。逆説的ではあるが、近代医療の権威に依拠しながら薬草を用いた呪術的行為の効果が語られる。だが、モーパオにおいては、「近代医療」が存在することによって、逆に、呪術的行為とそれがもたらす現実とが、言葉を介して乖離してしまう。

　現在の東北タイ農村においては、近代医療、あるいはより広く「近代的なるもの」は生活世界を構成する大きな要素となっている。そうした「近代的なるもの」がモーパオの生活世界の前提となった途端に、もともと何の疑いもなく結びついていたモーパオの実践と日常世界の現実とのあいだに乖離が意識され

る。モーパオは自らのウィサーがもたらすパオの効果を信じながらも、「近代医療」を前提にするとパオの治療効果はまったく説明できず、パオをめぐる現実について猜疑心が芽生えてしまう。

　では、モーでない一般の人びとは、葛藤の呪術師モーパオといかに関わるのか。病院に行けば血清療法を受けることができるのに、村落ではまったく違ったたぐいのモーパオの呪文と息の吹きかけによる治療を求める。相容れない2つの技術をどう両立させるのか。もちろんモーパオのパオは「非科学的」として切り捨ててしまう村人がいることも事実である。しかし病院を信頼しながら、同時にモーパオも捨てきれないという村人も大勢いる。こうした人びとはその矛盾にどのように折り合いをつけているのか。

【事例9-15】2009年12月・SK村・50代女性
　モーパオの術は効く時と効かない時がある。それは、ヘビが強く咬んだか、弱く咬んだかの違いだ。少ししか咬まれていない時は、パオすると良くなるが、強く咬まれている時には、パオでは治らない。

【事例9-16】2009年12月・コーンケーン市・40代女性
　パオすることでコブラに咬まれた傷が治るとは思えない。でもコブラじゃなくて、もっと毒の弱い蛇ならパオでも治る。目の充血なんかはパオで治るんだから。

　知識専門家はタブーの遵守によって知識と力を維持するのに苦心するが、知識専門家でない一般の人びとは、それほどまで特定の知識の有効性には関心がない。パオが効けばそれでよいし、効かなくても病院で治療を受けられる。強く咬まれた場合はパオが効かない【事例9-15】とみなしたり、弱毒性のヘビならパオで治る【事例9-16】と考えたりするのは、パオの効果を信じながらも、同時にそれを信じなくてもよいという立場の現れである。

　知識専門家でない多くの人びとにとっては、その知識の有効性への信頼が揺らいだところで、毒蛇咬傷の治療にはそれ以外の手段が保証されているので、パオが本当に効くかどうかを真摯に問いかけることはない。生活世界に「近代

医療」が深く浸透することによって、それ以外の従来の手段の重要性が相対的に薄れ、パオへの信仰が揺らいだとも言える。

　現代の東北タイにおける呪術師をめぐる状況は、病院や医薬品など近代医療の日常生活への浸透という社会状況を抜きには考えられない。パオによる毒蛇咬傷の治療をめぐるモーパオと患者の語りには、常に「近代なるもの」を経由した視線が反映されている。そもそも近代医療の経験がなければ、上で見たようなモーパオの葛藤は生じ得なかったと言えよう。前節で抽出したモーパオの葛藤は、「近代医療」が生活世界の前提と化した現代の東北タイ村落の中で、モータムや薬草師など他の呪術師とは異なったかたちで、呪術的行為が創り出す現実との関係を組み直そうとする苦心の表明である。そこに見られた「わからない」という知識専門家らしからぬ立場の表明は、現代的な文脈の中に、聖なる知識を再配置させる苦渋の言葉であろう。

　「不問の呪術師」や「納得の呪術師」も同じく「近代なるもの」が前提となった生活世界を生きる同時代人である。だが「不問の呪術師」たるモータムは、精霊を呪術的行為の対象とすることから、「近代なるもの」と一線を画して別の次元での実践を行ないうる。モータムの知識と行為によって自己言及的に創り出された現実であり、モータムは自己の知識を確信する。また「納得の呪術師」たる薬草師は、その知識が、時に呪術的なものを含むにもかかわらず、「近代医療」の言葉を参照しながら自らを再定位することで、むしろ「近代医療」によって自らへの信念はより強化される。

　モーパオは、呪術的知識と技術を駆使しながら、「近代医療」が得意とする症例を解決しようと試みる。だが自らの呪術的実践を説明しうるような概念や言葉はなく、新たな猜疑を抱え込む。本来は説明的な言葉の媒介を必要としない、呪術的な知識と実践に、近代という日常世界が求める「言葉の領域」による理解可能性の追求に苦心するモーパオの姿は、現代世界における呪術の脆弱さとそれをなんとか補修しようとする知識専門家の真摯なあり方を象徴している。

第10章
結論

10-1. これまでのまとめ

　本書のこれまでの議論を整理したい。本論はタイの精霊ピーから出発した。「ピーとはいったいなんなのか」を問うため、タイの人びとに典型的に見られる「わからない、でも怖い」という語りが持つ意味の検討を「第1章　序論」で提示した。ピーと同じく、人びとがその存在に確信を持てないものに呪術があるが、そうした確信が持てない存在を多く含み込みながらタイの調査地域の日常世界は構成されている。本当に「いる」のか、それとも「いない」のかをめぐる不確信、「わからなさ」が、いかにして人びとによって受容可能なものへと転換され、日常世界の中にどのように配置されて、現実が構築されているのかについて問題設定を行なった。

　あとに続く議論の歴史的社会的背景を示すために最初に論じたのが「第1部　物語に表象される精霊信仰」である。ピーに関連した物語を取り上げて、タイ王国のピー信仰をめぐる歴史的状況を素描するとともに、その表象について分析を行なった。

　「第2章　ナーン・ナークの語るもの」では、ナークというバンコクの悪霊の物語を素材に検討した。徴兵された夫を待つあいだに産褥死した女性ナークが悪霊と化して人びとを煩わせ、最終的に高僧によって調伏されるという全国的に有名な悪霊譚で、これまで何度も映画やテレビで物語られてきた。物語の背景に見られる歴史や民俗文化の分析から、タイの近代化過程の中での仏教の国教化とピー信仰の周縁化が物語の成立と深く関わっていることを指摘し、現在までのタイにおける仏教と精霊信仰の関係を描き出した。

　次の「第3章　ピーポープの語るもの」では、ピー映画が人気のタイで1990

年代以降に多く作られた東北タイ固有の悪霊ピーポープに関する映画を取り上げて分析を行なった。ラオ族が多く居住する東北タイが、19世紀末以降タイ中央政府によって「劣った他者」として描かれてきたことは、1989年以降制作された映画『ピーポープの村』シリーズに色濃く反映されていた。だが2000年以降のピーポープ映画では、「タイ国を構成する一地方」として新たな位置づけが現れていることを論じ、ピーポープ映画の表象から、中央と東北タイとの関係の変遷を分析した。

タイのピー信仰と仏教との関係、また東北タイと中央政府との歴史的関係を踏まえた上で、「第2部　精霊を語る人びと」では、現在の東北タイのピー信仰に焦点を当てて、フィールドデータにもとに、ピーをめぐる現実が村落でいかに生成しているかを考察した。

「第4章　村落生活と調査の方法」で、コーンケーン県ムアン郡に位置する主要な調査村NK村の歴史や生業、文化を描き、東北タイの都市近郊農村の典型例としてNK村を位置づけた。特に村落住民の多くがコーンケーン市で賃金労働をするなど、村落での生活が都市域との関わりを深めていく中で、ロケット花火祭りなど年中行事のあり方が変容している様子を描き出した。

「第5章　善霊と悪霊のはざま」では、調査地域に見られる村落守護霊チャオプーとラックバーンを取り上げ、「善霊」と「悪霊」に二分して捉えることの多かったピー信仰を再考した。ピーに関わる2種の専門家、精霊祓除師モータムと守護霊司祭チャムとの役割の相違と、彼らによる守護霊の位置づけの違いの検討から、村落内の信仰実践をめぐる2つの規範、「仏教規範」と「共同体規範」を抽出した。守護霊ラックバーンが仏教化される一方、2つの規範の関係のもと、善霊と悪霊の位置づけが揺らいでいる守護霊チャオプーについて分析を行なった。

既存のピー研究の多くは守護霊祭祀を分析の対象としてきたが、東北タイのピーは村落の守護霊とは限らない。守護霊以外の多くのピーを視野に入れて考察を行なったのが「第6章　ピーの語りが伝えるもの」である。ピーと呼ばれる超自然的存在の総体に対象を拡大して、ピーとは何かを問うた。ピーポープという悪霊の事例群を見る限りは、「村落のモラル維持」という機能主義的な分析が可能だが、同時に機能主義的な分析には必ずしも沿わないピーの語りが多く

存在することを指摘した。そうしたピーとは、何かを説明するための装置というよりは、あるものの原因や存在意義が究極的には「わからない」、「理解不可能であること」を表現したものでる。ある状況が「理解不可能」でありながらも、それが「直接経験」として語ることによって、理念と現実がズレを含みながらも、そういった状況そのものを受容し、そこに「恐怖」という感情が生成することを指摘した。ピーという目に見えない存在が日常的な語りを通じて、恐怖を伴う社会的現実を構成するにいたる経路を分析した。

　ピー概念の持つ曖昧さや、村落のモラル維持に果たす役割、さらにピーが究極的には「理解不能」の存在であり、語りの中で恐怖を喚起しながら発現する様子については、第2部で検討を行なったが、同時にピーは、ある種の知識専門家にとっては「既知」の存在であり、操作の対象でもある。その意味で、ピーはそれに関連した知識専門家なしには存在し得ない。こうした問題意識から「第3部　精霊を統御する呪術師たち」では、東北タイの知識専門家モーを中心的に論じることで、彼らの専門的知識が、それを持たない多くの村人の知識といかに関わりながら、ピーと呪術をめぐる日常世界を構成しているかについて検討した。

　悪霊は多くの村人にはけっして見えない不可視の存在であるが、仏法の力を背景とする呪術専門家モータムはその姿形のない悪霊に対して、呪文や呪具を駆使しながら直接的に働きかける。ある種の知識職能者が、いかにしてピーを可視化し、祓除するかについて、モータムの知識と諸実践をもとに考察を行なったのが「第7章　悪霊を可視化する技法」である。そこではブッダを源泉とする聖なる力が、連綿と続く師弟関係を通じてモータムに身体化されるとともに、呪文と息の吹きかけにより道具の中に具象化され、具体的に触知可能なものを介してピーや呪術の存在が現実の中で認識される局面を明らかにした。

　続く「第8章　近代医療をまとった薬草師たち」では、前章までに取り上げたモータムの呪術的実践と比較するために、伝統医療師である薬草師の知識と実践をめぐって議論を展開した。タイでは、歴史的に2種の伝統医療、公認された「伝統医療」と非公認の「土着医療」が創られてきたが、現在の村落の医療実践においては、「伝統医療」と「土着医療」に加え「近代医療」までもが混在し、多様な医療実践が行なわれるとともに、医療をめぐる知識には、治療師ごと、

また治療師と病者のあいだでも大きなズレがあり、個々の医療師や患者によって、自在に異種の知識が組み合わされながら、病いと癒しをめぐる現実が認識され生成している様子を分析した。

　さらに「第9章　呪術師の確信と葛藤」では、第7章のモータム、第8章の薬草師に加えて、毒蛇咬傷を呪文の吹きかけで癒すモーパオを取り上げて、3種のモーに見られる現実との関わり方の相違を類型化した。ピーの祓除を主に行なうモータムは、自己の語りと実践によって自己完結的にモータムの超自然的な現実を作り出し、一方、薬草というモノを用いて病いを治療する薬草師では、近代医療の語り口を経由しながら、自らの薬草治療を正当化することで日常的な現実との折り合いをつけている様子を示した。両者と異なるのがモーパオであり、近代医療が同じ症例を治療可能でありながら、近代医療では説明のできない呪術的な実践が存在し続けることの意味を考察した。

　第1部で論じたように、マクロな歴史的視点から見ると、中央にとっての周縁であった東北部におけるタイのピー信仰は、近代以降制度化された仏教によって劣位に置かれてきたことは明らかであるが、同時にピー信仰は衰亡することはなく、現在も東北部村落の中で彼らの信仰世界の大きな部分を構成している。そもそもピー信仰は、従来の研究が描いてきたように、截然と区分けできるような1つのカテゴリーを形成する類の概念ではないし、日常世界の多様な領域に現出するものであって、単純に仏教の逆像として描けるものでもない。村落守護霊をめぐる信仰は、歴史的な仏教や中央政府との関係の中で位置づけを変えうるものであり、「伝統的な価値観の維持」という一断面で捉えきれないピーの語りは無数に存在する。そうしたピーについての不安定な語りの全体を捨象することなく汲み取って分析することを目指したのが第2部であった。さらに第3部では、理解が不可能な存在たるピーと呪術専門家モータム、また知識専門家モーの知識と実践を取り上げることで、村落住民と知識専門家とのあいだの知識のズレを描き出し、現実世界に散在する「わからなさ」が「受容可能なもの」へと変換される多様な過程を多くの事例から明らかにした。呪術師のさまざまな実践を通じて、複数の「現実」が、多様な知識群を介しながら、村落世界に散在する様子を豊富な事例をもとに描くことができただろう。

10-2. 〈不調和な共受容〉の現代世界

　ピーという超自然的存在がいかにリアリティを獲得するかという問題から出発し、ある状況について「よくわからない」ということ、理解が困難であることが、恐怖や不安を発生させ、その「わからなさ」、「理解不能性」こそがピーの本質であることを第6章で指摘した。そもそもピーは「わからない」ことを中核にした概念なので、それに対して「本当にいるのか？」と問いかけても、ピーの本質を揺るがすことはできない。その問いへの答えはけっして得られないことから、「本当にいるのか？」を問いかけることこそが、さらにピーをめぐる不安や恐怖を増幅させるに違いない。

　「いるか、いないか」を問うことにさほどの意味はなく、ピーを前提としながら、物語を紡ぐことによって、ある状況の理解不能性が表現される。ある日常的な経験について、「究極の部分がわからない」ということを表明することによって、逆に、その「よくわからない」状況が、日常世界の中に再編され、わからないままに受け容れられる。

　ただし、調査村周辺ではピーの語りがあふれているとはいえ、そこに住む人びとも、ある状況について、その原因を知りたいだとか、経緯を詳しく把握したいという思いを持っている。すぐには受け容れられない状況を目の前にすると、その状況に対して、さまざまに思いをめぐらす。だが、常に多くの人間が納得できるような答えが得られるわけではない。いやむしろ、そうした答えが得られることの方が現実には少ないだろう。しかし、原因探求の努力が行き詰まったとき、さまざまな原因や経緯の語りの候補の中から、社会的に同意されたピーの概念が立ち現れる。ピーを通してある状況を表現することで、その状況が理解不可能なままそこを生きる人びとによって許容される。こうして「わからなさ」を含みもつような世界の理解が存立しうるのである。

　ピーの語りは、東北タイ村落に住む多くの人びとによって発せられるが、すべての人びとが同程度にピーの語りに関わっているのではなく、ピーやそのほかの超自然的存在に対処する呪術的諸実践に積極的に関わる人びとがいる。それが第7章から第9章で詳しく論じたモータムや薬草師などの知識専門家モー

である。彼らは、師匠のもとで学習し、師を崇める儀礼を経て、タブーを遵守することによって、特殊な知識を身にまとい、その知識を儀礼的な実践を通じて社会の中に発現させる。語りの中で描かれた理解不可能なものが、現実世界の中に再び像を結ぶ際の焦点となるのが、これら知識専門家である。

たとえばモータムは悪霊祓除の儀礼の中で、ピーが取り憑いたとされる人の身体に呪文を書き付けながら鉄筆で指し示すことによって、見ることができないピーの所在を明らかにする。聖水を吹きかけながらピーに詰問することで、ピーの本体である生身の人間の居場所を現実の近隣の村落に定位する。古くブッダから伝えられる特殊な知識に由来する聖なる力を、自らの身体と呪文と息を通じて道具に付与し、具体的な物体を通じて、不可視で理解不可能な存在を、現実世界に移行させて対処する。モータムという呪術師においては、彼の知識と実践そのものが、ピーという「わからなさ」、いわば日常世界の中の理解できない状況を、受け容れ可能なものへと変換させる。

だが、知識専門家のあらゆる実践が、理解不可能性を現実世界のもとに容易に置き換えることができるわけではない。とりわけ「医療」をめぐる領域においては、知識専門家の世界理解に新たな動揺が見られることを第8章、第9章で指摘した。医療の領域が特殊であるのは、生命を左右するような深刻な領域だからというよりは、種々の伝統的知識がきわめて身体と深く関わりを持っているからである。師匠を崇める儀礼の中での聖なる力の分与、知識の神聖性を保持するための厳格なタブーの存在など、伝統的な知識は多くのモーにとって身体と深く結びついたものであるが、「近代医療」の身体観は、伝統的な身体性と相容れることは難しい。また、病院や保健センターでの治療が、東北タイ村落でも一般化しており、もはや病治しの局面において、モーによる「伝統医療」と「近代医療」とが競合状態にあるとは到底言えない状況にある。「近代医療」が伝統的な癒しの様態を圧倒的に凌駕している都市近郊農村において、治療行為と関わりのある知識専門家は、自らの知識と実践の理解そのものを再編させずにはいられない。

たとえば薬草師では、近代医療の説明を意図的に利用して、自らの医療実践の正当性を主張する。薬草師が対象にする慢性的な病いは、近代医療でも決定的な対処法が存在しないため、薬草師の治療実践と近代医療とが正面から競合

第 10 章 結論

する状況は生まれない。そうした状況のもと、近代医療の説明枠組みを取り込むことによって、自らの知識と実践をより拡大するような動きがある種の薬草師に見られることを指摘した。一方、毒蛇咬傷を呪文の吹きかけで癒すモーパオは、病因論および治癒のメカニズムの説明体系が近代医療とは根本的に異なる。そのため、薬草師のように近代医療を援用することで、自らの実践を強化することはできない。だがそれでも、「なぜだかよくわからない」と語りながら、自らの治療実践を説明し、村落の人びともその治療実践の利用を継続する様子を示した。

医療に関わる知識専門家の世界理解に変化が生じつつある状況を視野に入れるなら、近代医療なるものが影響力を浸透させながらも、伝統的な知識専門家は、けっして単純に衰微するわけでも、また逆に彼らのある実践が過剰に卓越するわけでもないような、いずれの知識群もともにあり続ける状況が浮かび上がる。

必ずしも相容れない異なった複数の世界理解がともにあり続ける状況を、本書では〈不調和な共受容 (inharmonious co-believe)〉と呼んできた。〈不調和な共受容〉とは、2つ以上の異なった論理や説明が必ずしも調和されたり統合されたりすることなく、ともに並列的に存在して受け容れられる状況を表す。本論では、東北タイのピー信仰と、それに関連する知識専門家の知識と実践をめぐって議論を展開してきたが、いずれも複数の異なった要素の〈不調和な共受容〉とその様式の可能態であった。

現代世界は、単一化と複数化が同時に進行する世界と言われる。グローバルな社会変化が導く価値観の単一化と並んで、近代という大きな物語の喪失と小さな物語の併存というポストモダン的状況が併存すると言われる。

だが、本論で描いた東北タイの〈不調和な共受容〉の社会状況は、単一化のみが進行するものでも、単純に小さな物語が個別に新たな価値を持ち始めたというものでもないだろう。いくつもの相反する論理が互いを排除しきることなく、共にあり続けるという、不徹底な論理の重なり合いをそこに見ることができる。

たとえば、国家仏教によって調伏されたナーン・ナークの祠がマハーブット寺で現在も信仰を集め続けている様子、東北タイの地域の仏教伝統から生まれ

出たモータムという仏教の守護力を持つ知識専門家がタブーを破ると悪霊へと読み替えられる様子、村落守護霊が悪霊に読み替えられる可能性を持ちながら仏教的装いのもと存続している様子を見ると、近代において仏教化の過程が進行し、ピー信仰が周縁的なものと位置づけられて排除されながらも、日常的には元来のピー信仰として許容されていることがうかがえる。また薬草師の実践では、近代医療が伝統医療を排除しきることなく、むしろ伝統医療を強化するものとして位置づけられていたし、モーパオにおいては、近代医療は呪術的な論理との折り合いを図ることは困難でありながらも、「わからないけど治る」と語ることによって、呪術的な実践を捨て去らずに存続し続ける様子を論じてきた。

こうした〈不調和な共受容〉の状況を、本書を通じて取り上げてきた。この複数の相容れない論理をめぐる〈不調和な共受容〉を可能にしているのが、ピー信仰の分析から浮かび上がった「わからなさ」の許容という相互了解であり、相容れないものを共に信じ受け容れる技法が、モータムなどの知識専門家の知識と実践の基盤を形成している。

もちろん東北タイの生活世界のある部分は、近代化と総称される一連の社会変化の中で価値の一元化という巨大な動きに飲み込まれざるを得ない。実際に村落生活が過去30年のあいだに大きく変化をこうむっているのも事実である。

とはいえ、ピーの語りが頻繁に見られるNK村を初めとする調査村周辺では、ピーに代表される「わからなさ」という世界理解の様式が許容され、複数の日常的現実の論理が不調和なまま共存している。「理解不能性」を表明することは、けっして理解を放棄することではない。ある状況での原因の追及が頓挫したからといって、その状況が悲劇的なまでに混乱するわけではない。そうではなく、「理解不能性」を表明するということは、現実をありのままのかたちで受容するということであり、互いに相容れないように見える複数の論理を共にあり得るものとして、生活世界の中に再配置する戦略でもある。

本書では、東北タイにおけるピーという精霊とのあいだで編まれる日常生活、またモーの持つ知識や実践を基点として、東北タイの社会的現実のある特性を描いてきた。精霊や呪術にいろどられた東北部の村落の情景は、近代化されゆく農村社会の残像ではけっしてない。現代世界の中で多様な社会変化を経験し

つつも、ピーを語ることで「わからなさ」をそのままに受容し、相容れないようにさえ見えるいくつもの論理を不調和ながらも共に受け容れることによって、逆に社会の一貫性をしなやかに保持し続けるのである。

おわりに

「夢を見たか？　お前なら夢を見ただろう？　なぁ、夢を見たか？」

2001年9月に長期の調査を終えて、日本に帰国してからも、現在まで毎年2回ほどタイに渡って、調査村の人たちを訪ね続けている。2003年2月にNG村を訪れた時のことである。NG村には、本書に多く登場するモータムT氏が居住する。T氏は、モータムの呪術や呪文の詳細を知りたいと懇願した筆者を弟子として迎え入れ、モータムやピーについての多くの事柄を教授してくれた師匠であった。その日も何か新しい話を期待しながら、T氏の自宅を訪ねたところ、彼は不在であった。家にいない時は、ミニマートでだらだらと四方山話をしていることが多いので、バイクを走らせたがT氏の姿はそこにもなかった。どうしたものかと村の中を歩いていると、知り合いの村人の1人が、筆者の顔を見るなり、「夢を見たか？」と声を掛けてきた。

数ヵ月ぶりに訪ねてきたというのに、「元気か？」ではなく、いきなり「夢を見たか？」。何のことやらさっぱりわからず戸惑っていると、別の人が説明してくれた。

「Tに会いに来たんだろ。Tは去年の年末に亡くなったよ。お前はTの弟子だったから、きっと日本にいても師匠のTの夢を見たと思ったのだが。Tはよく外国人の弟子がいるって自慢していたよ」

T氏と最初に会ったのは2001年1月のこと。50代半ばであったが、とても聡明で好奇心があり、日本の様子もしきりに知りたがっていた。日本語の挨拶を教えたこともあったが、日本に帰国後数ヵ月経ってから訪ねた時にも、「今は朝だから『オハヨー』だよな」などと言われ、その記憶力に驚嘆したこともあった。

そんな彼との出会いから10年以上が経つ。この間にコーンケーンは大きく変わった。最初に訪れた時には、コーンケーン大学の学生食堂も掘っ立て小屋が並んだような造りだったが、いまやその面影すらうかがえない。街にはセントラルプラザという東北タイ最大のデパートがオープンし、村では70歳を超

えた長老ですら携帯電話を持っている。政治的にも大きな変動をタイ社会は経験している。2006年の軍事クーデターによってタクシン政権は幕を閉じたが、その後も、東北部や北部を中心に支持を集めた親タクシン派と、都市住民を中心にした反タクシン派との対立が継続し、2010年4月には親タクシン派の反独裁民主同盟（UDD）のデモ行為をめぐって流血の事態が生じた。10年前に比べるとタイの民主主義体制は大きく後退し、混迷の度合を強める一方である。2010年3月に訪ねた折には、NK村の70代のモーパオは嬉しそうに赤シャツを着て、UDDの支持と現政権への不満を熱く語っていたが、本書ではそうした近年の社会・政治変化までをも視野に入れることはできなかった。今後の課題は尽きそうにない。

　現地での調査にあたっては、まずはモータムT氏に謝辞を記したい。また多くの時間を過ごさせていただいたNK村の方々、特にスッチャイとソムピット夫妻は、筆者を本当の子どものように扱ってくれ、村の暮らしのいろいろについて教えてくださった。タイでの滞在中は、ラタナー・トサクン先生（現タマサート大学）、マリワン・ブラナパタナー先生をはじめとするコーンケーン大学の先生方から厳しいタイ語のレッスンと研究上の得難いアドバイスをいただいた。同時期にコーンケーン大学に留学していた佐藤貴之氏、コーンケーン大学で教鞭を執っておられた伊東忠洋氏との会話からも多くの示唆を得ることができた。厚く謝意を記したい。

　本書は2012年3月に東京大学大学院総合文化研究科に提出した博士論文をもとにしたものである。日本での論文執筆にあたっては、多くの方々にご指導とご助言を賜った。東京大学大学院総合文化研究科での指導教官である船曳建夫先生からは、折に触れて貴重なご助言を数知れずいただいた。心よりお礼を申し上げたい。大学院在籍時の研究室の朋輩との刺激的なやりとりは、常に自分の未熟さを実感させ、新たなモチベーションを与えてくれた。とりわけ樫永真佐夫氏、西本陽一氏、大川謙作氏は博士論文の草稿に丹念に目を通して、深いコメントを多く寄せてくださった。山下晋司先生、箭内匡先生、名和克郎先生、関一敏先生はご多忙ななか博士論文の審査委員を引き受けてくださり、厳しくも温かいご指摘を数多くくださった。川田牧人先生、白川千尋先生をはじめとするみんぱく共同研究「知識と行為の相互関係からみる呪術的諸実践」（代

表者：白川千尋）(2007～2009年度）や、杉島敬志先生を代表とする科学研究費補助金基盤研究(A)「東南アジアにおける複ゲーム状況に関する人類学的研究」(2009～2012年）などの研究会でも本書の草稿の一部について、貴重なご意見をいただいた。勤務先の福井県立大学の教職員の方々のご協力とご支援にも感謝したい。

　本書のもととなる現地調査は、日本学術振興会　特別研究員 (1999～2001年度）、笹川科学研究助成 (2002～2003年度）、科学研究費補助金若手研究(B) (2003～2004年度）、科学研究費補助金若手研究(B) (2008～2010年度）などの助成を得て遂行することができた。長期のフィールドワークが不可欠な文化人類学の研究は、研究助成なしには実現不可能である。心より感謝したい。

　本書の出版は、独立行政法人日本学術振興会平成26年度科学研究費(研究成果公開促進費・課題番号：265114）の助成により可能になった。また、出版を快く引き受けてくださった出版社めこんの桑原晨氏をはじめ関係の方々に厚くお礼を申し上げたい。

　本書の一部は、既発表の原稿をもとに大幅に加筆修正したものである。全体の流れを明確にするともに、その後に収集したフィールドデータを新たに加えるなど大きく改編を加えている。それらの初出は以下の通りである。

第2章　2002「ナーン・ナークの語るもの——タイ近代国家形成期の仏教と精霊信仰——」『アジア経済』43 (1)：25-43。

第5章　2011「善霊と悪霊のはざま——タイ東北部の村落守護霊をめぐって——」『東南アジア——歴史と文化——』40：54-78。

第6章　2009「タイの精霊信仰におけるリアリティの源泉——ピーの語りにみる不可知性とハイパー経験主義——」『福井県立大学論集』33：1-24。

第8章　2005「伝統的薬草師の現代的様態——タイ東北部村落における専門的知識の研究」『福井県立大学論集』26：13-32。

第9章　2012「呪術の確信と疑心」『呪術の人類学』、白川千尋・川田牧人（編）、pp.233-267、人文書院。

最後に、常に笑顔で支えてくれる両親と妻に謝辞を述べたい。ありがとう。

2015年2月1日

用語解説

本文中で言及したタイ語の事項について、日本語表記の五十音順で簡単な語彙の解説を示した。『タイ語大辞典』［冨田（編）1997］、『タイ学士院 タイ語辞典』［Ratchabanditsathan 2003］、『イサーン語－タイ語－英語辞典』［Preecha 1983］ほかを参照。

アジャーン *achan*
　師匠。モータムなどの知識専門家のうち、特に優れた名声を持つ者は、弟子や信奉者からアジャーンと呼ばれる。また学校教育では、教師一般の総称はクルー（*khru*）が用いられるが、大学教員など学士号以上の資格のある教師への敬称にはアジャーンが用いられる。

ウィサー *wisa*
　知識。特に本論では知識専門家の師匠のもとで学ぶ神聖な知識。タイ標準語ではウィチャー（*wicha*）。知識専門家モーが師匠のもとで学ぶ知識を指し、具体的には特定の呪文を指すこともある。学校教育における学問知識も同様にウィチャーと呼ばれる。

ウィンヤーン *winyan*
　サンスクリット語起源の霊魂を指す語で、生きているものの内部にあり、死んだあと身体から抜け出して、新たな生を迎えるとされるもの。

オーボートー *o bo to*
　行政村行政委員会（*onkan borihan suan tambon*）の略。行政村（*tambon*）レベルでの行政組織。

オークパンサー *okphansa*
　出安居。雨季の3ヵ月間、僧侶が寺院に籠もって修行に専念する期間である雨安居（*champhansa*）が終了する日。旧暦11月の白分の第15日。

カオパンサー *khaopahsa*
　入安居。雨季の3ヵ月間の雨安居を開始する日で公休日。陰暦8月の黒分の第1日。

カーター *khatha*
　呪文。

カトゥット *katut*
　呪具の1つ。呪文の書かれた金属板などを丸めて、それに紐を通して身につけられるようにしたもの。悪霊や凶事から身を守るとされる。

カラム *khalam*
　超自然的な知識を駆使するモーなどが、自らの知識の神聖性を保持し、その力の効力を維持するために守るべきとされるタブー。内容はモーの種類や流派によってさまざまに異なる。

カンハー *khan ha*
　モータムなどに関わる儀礼を執行する際に、依頼者が捧げる供物セット。「カン」は供物皿、「ハー」は5を指す。白い花と蠟燭、線香を5組と、それぞれの儀礼で要請される少額の硬貨やキンマの葉などを同じ皿に載せる。

カンペート *khan pet*
　カンハーと同様で、儀礼の際に依頼者が捧げる供物セット。「ペート」は8を指し、白い花と蠟燭と線香を8組準備する。

クルー *khru*
　師匠。学校教育での教師もクルーと呼ばれる。

クワン *khwan*
　生きているあいだ身体にとどまる霊魂。驚いたり、病いで衰えると、身体から抜け出ることがあるため、身体にクワンをつなぎ止めるスークワン儀礼を行なう。

クンプラ *khunphra*
　仏（*phra*）の加護（*khun*）。ある種の呪文もクンプラと呼ばれる。

ケーボン *kae bon*
　お礼参り。「ケー」は解く、「ボン」は「願掛け」のこと。村の守護霊チャオプーなどに掛けた願いが叶った際に、守護霊の司祭であるチャムを伴って、お礼参りを行なう。

サイヤサート *saiyasat*
　呪術。仏教とは直接の関係がないことが示唆される。また非科学的なことをも含意する。

サーラークラーン *sala klang*
　村の中心におかれた簡易の休憩所。村落行事に関する掲示が張り出されるほか、日中は時間をもてあました村人が集まって、雑談をして過ごす。

サーンプーター *san puta*
　村落守護霊チャオプーの祠のこと。「サーン」とは祠を指す。

シアンコーン *siang khong*
　卜占の1つ。コーンと呼ばれる魚籠に神体を宿らせて、魚籠の動きによって占う。

シアンモー *sian mo*
　卜占の1つ。呪術師が竹の棒を折って、折り目の数を見て占う。

スークワン儀礼 *phithi sukhwan*
　クワンと呼ばれる霊魂を強化し、生者の身体に留めおく儀礼。中部タイではタムクワン（*thamkwan*）と呼ばれる。

ソンクラーン *songkran*
　タイ正月。新暦4月13日から15日で公休日。最も暑い季節で、水を掛け合って新年を祝うため、「水掛け祭り」としても知られる。

ターイタンクロム *tai thang klom*
　出産時などに、妊婦が胎児もろとも死ぬこと。異常死の中でも特に凶悪な死に方とされ、死者は悪霊になりやすいと怖れられる。

ターイホーン *tai hong*
　異常死。通常死（*tai tammada*）とは異なり、交通事故死、溺死、殺人、悪霊によってもたらされた死など通常でない死。葬儀の方法も、火葬を行なう通常死と異なって、土葬される。

タキアン *takhian*
　フタバガキ科の樹木。直立する巨木で40メートルにもなる。特に古い巨木にはナーン・タキアン（*nang takhian*）と呼ばれる女性の精霊が宿るとされる。

タムブン *tambun*
　積徳行。功徳（*bun*）を積む行為や儀礼。自分自身が出家をすること、寺院や僧侶に寄進を行なうことなど。タムブンで多く徳を積むことで、来世でのより良き転生が期待される。

タムブンウティットスワンクソン
　　　　　tambun utehit suan kuson
　追善供養の儀礼。家族や親族、親しい友人などの死者に対して、功徳を転送する儀礼。死者のより良い転生を願って、生者の功徳を死者に送る。

タンマ *thamma*
　仏法。ダルマ。ブッダの教え。

チャオプー *chao pu*
　東北タイの村落守護霊の呼称。「チャオ」は神体への敬称で、「プー」は父方祖父を指すが、一般的には特定の先祖霊を指すものとは考えられていない。ピープーターとも呼ばれる。

チャム *cham*
　東北タイの村落守護霊チャオプーを祀る祠を管理する役職。祠を持つ村落ではたいてい1名が選ばれる。村の寄り合いで話し合いによって選ばれたり、シアンコーンなどの卜占によって選ばれたりする。

テーワダー *thewada*
　神。善なる存在で、村落や人びとを守護するとされる。

トートカティン *bun hot kathin*
　カチナ奉献祭。陰暦11月黒分の第15日から12月白分の第15日までのあいだに僧侶に黄衣（カチナ布）を献じる行事。

用語解説

ナート nat
タカサゴギク（Blumea balsamifera）。黄色い花は臭いが強烈で、幽霊が退散すると信じられている。

ナムプリック nam phrik
辣醬。エビ味噌（kapi）、ニンニク、トウガラシ、ライムなどで作った食べ物。野菜や魚、ごはんに付けて食べる。

ナーン・タキアン nang takhian
古いタキアンの巨木に宿るとされる女性の精霊。

ナーン・ナーク nang nak
バンコクのプラカノーン地区を舞台に語り継がれる幽霊譚の主人公の女性ナーク。女性の敬称「ナーン」を付けて、ナーン・ナーク、また母の敬称「メー」を付けて、メー・ナークなどとも呼ばれる。

ノーンターイ non tai
眠りに就いたまま死んでしまうこと。夢に現れた悪霊（phi maemai）によって引き起こされると語られる。

バイラーン bailan
貝多羅葉。タラパヤシなどの葉を用いて作った伝統的な筆記媒体。

バープ bap
悪業。悪事して積み重ねると、来世での生まれ変わりの状態が悪くなると考えられ、善徳であるブンを多く積むことが望まれる。

ヒートシップソーン hit sipsong
東北タイに見られる年中行事。古くは月ごとに12の行事が実践されたため「12（sipsong）」の「儀礼（hit）」と呼ばれたが、近年は簡略化されている。

ピー phi
精霊。悪霊。善霊。

ピーアム phi am
夢魔。睡眠中に金縛りや息苦しさを生じさせる。

ピークラスー phi krasue
タイ北部の女性の悪霊の1つ。女性に取り憑き、糞などの汚物を喰うと考えられている。夜間、緑色の光を発しながら空を漂うと語られる。

ピークラハン phi krahan
タイ北部の悪霊の1つ。ピークラスーと対で語られ、男性に取り憑く男性の悪霊。呪文を深く学びすぎるとピークラハンになるとされる。

ピーコーンコイ phi kong koi
森に住む精霊。人が眠っているあいだに、足の親指から血を吸い取る。

ピーターイホーン phi tai hong
異常死（taihong）によって発生する悪霊。

ピーターヘーク phi ta haek
田圃に住む精霊で、田植えを始める前と稲刈り後に供物が捧げられる。

ピットバーン phit ban
村（ban）のしきたりに違反する（phit）こと。

ピット・ピー phit phi
ピーに違反する（phit）こと。

ピーディー phi di
善霊一般。「ディー」は良いを意味する。

ピーナー phi na
田圃に住むとされる自然霊。

ピーパオ phi pao
東北タイの悪霊の1つ。人に宿るが夜になると抜け出して、光を放ちながら犬の糞を食べあさる。

ピーバンパブルッ phi banphaburut
先祖（banphaburut）の善霊。

ピーファー phi fa
天空（fa）の霊。テーワダーと呼ばれる天の神とも同一視される。

ピープーター phi pu ta
村落の守護霊。「プーター」は父方の祖父（pu）と母方の祖父（ta）を指すが、特定の先祖の霊を意味するというよりは、村落全体の守護霊を意味する。チャオプーとほぼ同義に用いられる。

ピープラーイ *phi phrai*
鳥の姿で語られることの多い悪霊。産褥死や交通事故現場など大量に血が流れるところに発生するとされる。

ピープレート *phi pret*、ピーペート *phi phet*
餓鬼。背が高く、胴は細い。口が小さいので、いつも空腹だとされる。

ピープローン *phi phrong*
悪霊の1つ。深夜に雨が降ると出歩いて汚物をあさる。強力な呪力を持つ植物の持ち主に生じる。

ピーフアン *phi huean*
家屋に住む善霊。多くはその家屋で死んだ近い親族がピーフアンとして想像される。

ピーポープ *phi pop*
東北タイの悪霊の1つ。ウィサーを持つ知識専門家モータムがタブーを守れなかったときに、ウィサーが変質して発生する。持ち主から抜け出て、まわりの人びとの肝臓を喰うなどして危害を加えるとされる。

ピーメーマーイ *phi maemai*
夢に現れる女性の悪霊。「メーマーイ」とは寡婦のこと。性欲が旺盛とされ、寝ている男性の夢に現れて誘い、命を奪ってしまうとされる。

ピーヤート *phi yat*
家族、親族の善霊。「ヤート」とは家族、親族。

ピーラーイ *phi rai*
悪霊一般。「ラーイ」は悪いを意味する。

プラーイ油 *namman phrai*
産褥死の妊婦の死体から採取するとされる呪的な油。惚れ薬に使用される。

プラクルアン *phra khrueang*
お守りとして身につける小仏像。素焼きや金属などでできており、由緒あるものは高値で取引される。

プラパリット *phra parit*
僧侶が唱える護呪の経文。

ブン *bun*
功徳。善徳。積徳行を行なうことで、功徳を積み、来世でのより良き生まれ変わりを願う。

ブンカオサーク *bun khao sak*
クジ飯供養祭。東北タイの年中行事ヒートシップソーンの1つで、旧暦10月に開催される。カオトム（*khao tom*）やカオモック（*khao mok*）などのモチ米で作ったお菓子を寺院に奉献する。

ブンカオチー *bun khaochi*
焼き米献上祭。東北タイの年中行事ヒートシップソーンの1つで、旧暦3月に開催される。カオチー（*khao chi*）という蒸したモチ米を焼いたお菓子を寺院に献上する。

ブンチェークカオ *bun chaek khao*
追善供養の儀礼で、タムブンウティットスワンクソンと同じ。

ブンパウェー *bun phrawet*
ジャータカ誕生祭。東北タイの年中行事ヒートシップソーンの1つで、旧暦4月に開催される。寺院では、ジャータカ物語の1つであるヴェッサンタラ太子本生譚が朗読される。

ブンバンファイ *bun bangfai*
バンファイ雨乞い儀礼祭。東北タイの年中行事ヒートシップソーンの1つで、旧暦6月に開催される。バンファイ（*bangfai*）と呼ばれる巨大なロケット花火を空に打ち上げ、降雨を願う。

ポー・ウォーチョー *po wo cho*
職業教育教員免許証（*prakasaniyabatwichachip*）の略。中学3年終了後の3年の職業教育の課程を終了すると得られる。

ボンバーン *bonban*
村の守護霊チャオプーなどに、もし願いが叶えばお礼をすると言って願掛けをすること。

マハーニカイ *mahanikai*
タイの仏教宗派のうち多数派。1833年、ラーマ4世が厳格なタンマユットニカイ

(*thammayut nikai*) を創設したが、それ以前から存在する派を指す。大部分の寺院、僧侶がマハーニカイに属す。

ムアン *mueang*
東南アジアのタイ系民族に広く見られる伝統的な小国家。現在の行政単位のうち、県庁所在地の町を有する郡 (*amphoe*) の多くはムアンである。

メートーラニー *mae thorani*
大地母神。長い髪を絞って洪水を引き起こし、修行中のブッダを救ったとされる。

モー *mo*
ある特定の領域における専門的知識を駆使して病治しや悪霊払いなどを行なう知識専門家。専門とする知識に応じて、さまざまなモーが存在する。近代医療の医師も口語では同じくモーと呼ばれる。

モークワン *mo khwan*
霊魂クワン (*khwan*) の宗教専門家。驚いたときや身体が弱ったときに、身体から離れたクワンを呼び戻す儀礼を執行する。

モーソン *mo song*
神や精霊を憑依させて、占いなどを行なう宗教専門家。コンソン (*khon song*) とも呼ぶ。

モータム *mo tham*
仏法 (*thamma*) を背景とした超自然的力を駆使して、悪霊払いや病治しを行なう宗教専門家。

モータムイェー *mo tamyae*
伝統的な産婆。かつて村落部で活躍したが、現在は多くの人びとが病院で出産を行なうため、その活動は衰退している。

モードゥー *mo du*
占師。特殊な技術を駆使して、占いなどを行なう。憑依やト占など用いる技法は流派によって大きく異なる。

モーヌワット *mo nuat*
伝統的なマッサージ師。

モーパオ *mo pao*
伝統医療師の1つ。パオ (*pao*) という息を吹きかける行為によって、体内の毒を排除することで、病などを癒す。

モーピー *mo phi*
精霊ピーに関する専門家。人に取り憑いた悪霊を払うほか、精霊を駆使した儀礼を行なう者もいる。

モーヤー *mo ya*、
モーヤーサムンプライ *mo ya samunphrai*
薬草 (*ya samunphrai*) に関する専門家。薬草を処方するほか、呪文や呪術をともに駆使する者が多い。

モーラム *molam*
東北タイの伝統歌謡、歌謡劇。またその演者。村の年中行事などの際にモーラム劇が広場などで上演され、東北部の村人の伝統的な娯楽の1つとなっている。

モーラムピーファー *molam phi fa*
伝統医療師の1つ。ピーファーと呼ばれる精霊を憑依させて、踊ることによって病者を癒す女性の専門家。

ヨッククルー *yok khru*
師 (*khru*) を崇める (*wai*) 儀礼。伝統的な知識は師匠-弟子関係を通じて継承され、弟子は師匠に対して敬意を示す儀礼を行なう。

ラックバーン *lak ban*
村 (*ban*) の柱 (*lak*)。テーパーラック (*thephalak*) などと呼ばれる精霊が宿るとされる、村落の居住域の中心に設置された柱。

ラープディップ *lap dip*
ウシやスイギュウの生肉や生血を、トウガラシやハーブなどと和えた料理。結婚式や葬式などの際に食される。

リアンバーン儀礼 *phithi liang ban*
田植え前に行なわれる村ぐるみの農耕儀礼。チャムを中心に、村落の守護霊チャオプーに対して供物を捧げて、農事の成功を願う。

リアンピー儀礼 *phithi liang phi*
田植え前に行なわれる農耕儀礼。村ぐるみ

でのリアンバーン儀礼のあとで、世帯ごとに自分の田でピーターヘークと呼ばれる精霊に対して供物を捧げる。リアンナー儀礼とも呼ばれる。

ルークシット *luksit*
 弟子。伝統的な知識は師匠（*khru*）のもとで、弟子として習得された。

レックチャーン *lekchan*
 鉄筆。木の棒の先に尖った金属を埋め込んで作る。伝統的な筆記媒体のバイラーンに刻みを加えるための筆記具。

参考文献

【日本語文献】
青木　保
　　1980　「タンブンの儀礼」『社会人類学年報』6: 1-43。
赤木　攻
　　1987　「村落構造」『タイ農村の構造と変動』、北原淳（編）、pp.27-62、勁草書房。
　　1989　『タイの政治文化：剛と柔』勁草書房。
アヌマーン・ラーチャトン、プラヤー
　　1979a　『タイ民衆生活誌（1）：誕生・結婚・死』井村文化事業社。
　　1979b　『タイ民衆生活誌（2）：祭りと信仰』井村文化事業社。
　　1981　『回想のタイ　回想の生涯（上巻）』井村文化事業社。
阿部　年晴
　　1997　「日常生活の中の呪術：文化人類学における呪術研究の課題」『民族学研究』62(3): 342-359。
綾部　恒雄
　　2000　「東南アジア概説」『世界民族事典』、綾部恒雄ほか（編）、pp.816-820、弘文堂。
飯島　明子
　　1998　「ラーンナーの歴史と文献に関するノート」『黄金の四角地帯』、新谷忠彦（編）、pp.104-146、慶友社。
　　2001　「タム文字」『言語学大事典　別巻　世界文字辞典』、河野六郎、千野栄一ほか（編）、pp.588-592、三省堂。
飯田　淳子
　　2006　『タイ・マッサージの民族誌：「タイ式医療」生成過程における身体と実践』明石書店。
生田　滋
　　1998　「東南アジア史の曙」『世界の歴史　第13巻　東南アジアの伝統と発展』、石澤良昭・生田滋（編）、pp.25-64、中央公論社。
池田　光穂
　　1995　「非西洋医療」『現代医療の社会学』、黒田浩一郎（編）、pp.202-224、世界思想社。
　　2001　『実践の医療人類学：中央アメリカ・ヘルスケアシステムにおける医療の地政学的展開』世界思想社。
池田　光穂、奥野　克巳
　　2007　「呪術：理不尽な闇あるいはリアリティか？」『医療人類学のレッスン』、池田光穂、奥野克巳（編）、pp.55-75、学陽書房。

石井　米雄
　　1975　『上座部仏教の政治社会学』創文社。
　　1977　「タイ国における組織論」『講座・比較文化　第2巻　アジアと日本人』、伊東俊太郎ほか（編）、pp.3-32、研究社。
石澤　良昭
　　1998　「歴史の大転換：十三世紀以降のインドシナ半島世界」『世界の歴史　第13巻　東南アジアの伝統と発展』、石澤良昭・生田滋（編）、pp.249-286、中央公論社。
伊藤　泰信
　　2000　「知の状況依存性について」『社会人類学年報』26: 97-127。
岩田　慶治
　　1991　『草木虫魚の人類学』講談社。
エヴァンズ＝プリッチャード、E. E.
　　2001　『アザンデ人の世界：妖術・託宣・呪術』みすず書房。
江馬　務
　　1976　『日本妖怪変化史』中央公論社。
大木　昌
　　2002　『病と癒しの文化史』山川出版社。
大森　荘蔵
　　1982　『新視覚新論』東京大学出版会。
小田　亮
　　1986　「災因論と法・占い・モノ語り」『社会人類学年報』12: 169-184。
小野澤　正喜
　　2000　「タイ」『世界民族事典』、綾部恒雄ほか（編）、pp.826-829、弘文堂。
オング、W-J.
　　1991　『声の文化と文字の文化』藤原書店。
香川　雅信
　　2005　『江戸の妖怪革命』河出書房新社。
加藤　眞理子
　　1999　「東北タイのモーラム・ピーファー：上座仏教社会における土着の宗教的概念」『東南アジア――歴史と文化――』28: 104-130。
岸本　英夫
　　1961　『宗教学』大明堂。
木島　正男ほか
　　1973　「タイ国の民間医と民間薬」『東南アジア研究』11(2): 238-255。
クラインマン、アーサー
　　1996　『病いの語り：慢性の病いをめぐる臨床人類学』誠信書房。
クリフォード、ジェイムズ＆ジョージ・マーカス（編）
　　1996　『文化を書く』紀伊國屋書店。
黒岩　卓夫
　　1991　「病と癒し」『宗教学と医療』、黒岩卓夫（編）、pp.146-174、弘文堂。

ケレーニイ、K. & C. G. ユング
　　1975　『神話学入門』晶文社。
小池　誠
　　1990　「知識の社会人類学」『社会人類学年報』16: 193-208。
後藤　晴子
　　2009　「民俗の思考法：『とわかっている、でもやはり』を端緒に」『日本民俗学』260: 35-65。
小松　和彦
　　2006　『妖怪文化入門』せりか書房。
近藤　英俊
　　2007　「瞬間を生きる個の謎、謎めくアフリカ近代」『呪術化するモダニティ』、阿部年晴、小田亮、近藤英俊（編）、pp.17-110、風響社。
桜井　由躬雄
　　1994　「東南アジアの生態的枠組み」『変わる東南アジア史像』、池端雪浦（編）、pp.22-46、山川出版社。
　　1997　『緑色の野帖：東南アジアの歴史を歩く』めこん。
櫻井　義秀
　　2008　『東北タイの開発僧：宗教と社会貢献』梓出版社。
佐伯　胖
　　2004　『「わかり方」の探求』小学館。
重冨　真一
　　1996　「タイ農村のコミュニティ：住民組織化における機能的側面からの考察」『アジア経済』37(5): 2-26。
ジスク、K.G.
　　1993　『古代インドの苦行と癒し：仏教とアーユル・ヴェーダの間』時空出版。
シュッツ、アルフレッド
　　1980　『現象学的社会学』紀伊國屋書店。
新谷　尚紀
　　2003　『なぜ日本人は賽銭を投げるのか』文藝春秋。
杉島　敬志
　　2008　「複ゲーム状況について」『社会人類学年報』34: 1-23。
関　一敏
　　1997　「呪術世界の描き方」『アジアの宗教と精神文化』、脇本平也、田丸徳善（編）、pp.347-366、新曜社。
　　2006　「呪術とは何か──実践論的転回のための覚書」『東南アジア・オセアニア地域における呪術的諸実践と概念枠組みに関する文化人類学的研究』（平成16年〜平成17年科学研究費補助金（基盤研究（C））研究成果報告書　課題番号16520512）、pp.84-105。
竹内　隆夫、赤木　攻
　　1987　「信仰と儀礼」『タイ農村の構造と変動』、北原淳（編）、pp.109-131、勁草書房。

田辺　繁治
　　1993a 「実践宗教の人類学：上座部仏教の世界」『実践宗教の人類学』、田辺繁治（編）、pp.3-32、京都大学出版会。
　　1993b 「供犠と仏教的言説」『実践宗教の人類学』、田辺繁治（編）、pp.35-70、京都大学出版会。
　　1993c 「稲魂（クワン・カオ）の行方」『農耕の技術と文化』、佐々木高明（編）、pp.625-647、集英社。
　　2013 『精霊の人類学――北タイにおける共同性のポリティクス』岩波書店。
津村　文彦
　　2000 「モータムとピー信仰の現在的布置――タイ東北部における周縁的宗教実践の研究――」『南方文化』27: 43-69。
　　2004 「東北タイにおける家畜飼養の変容：牛と水牛から見た農村経済」『福井県立大学論集』24: 85-104。
　　2014 「『足るを知る経済』と『タクシノミクス』のあいだ――家計簿調査からみる東北タイの農村経済――」『福井県立大学論集』42：27-44。
トゥアン、イー・フー
　　1991 『恐怖の博物誌』工作舎。
冨田竹二郎（編）
　　1997 『タイ日大辞典』めこん。
トンチャイ・ウィニッチャクン
　　2003 『地図がつくったタイ：国民国家誕生の歴史』明石書店。
長島　信弘
　　1987 『死と病いの民族誌：ケニア・テソ族の災因論』岩波書店。
中村　雄二郎
　　1979 『共通感覚論』岩波書店。
波平　恵美子
　　1982 「医療人類学」『現代の文化人類学2　医療人類学・映像人類学・教育人類学』、伊藤亜人ほか（編）、pp.19-84、至文堂。
　　1990 『病と死の文化』朝日新聞社。
バーガー、P. L. & H. ケルナー
　　1987 『社会学再考』新曜社。
バーガー、P. L. ほか
　　1977 『故郷喪失者たち：近代化と日常意識』新曜社。
バーガー、P. L. & T. ルックマン
　　1977 『日常世界の構成：アイデンティティと社会の弁証法』新曜社。
バーク、ピーター
　　2004 『知識の社会史』新曜社。
パースック・ポンパイチット & クリス・ベーカー
　　2006 『タイ国：近現代の経済と政治』刀水書房。
浜本　満
　　1985 「呪術　ある『非－科学』の素描」『理想』628: 108-124。

1989 「不幸の出来事：不幸の語りにおける『原因』と『非・原因』」『異文化の解読』、吉田禎吾（編）、pp.55-92、平河出版社。
2001 『秩序の方法：ケニア海岸地方の日常生活における儀礼的実践と語り』弘文堂。
2007 「妖術と近代——三つの陥穽とあらたな展望」『呪術化するモダニティ』、阿部年晴ほか（編）、pp.113-150、風響社。

浜本　満・加藤　泰
1982 「妖術現象の新展開について」『人文科学科紀要第76輯　文化人類学研究報告3』、東京大学教養学部人文科学科文化人類学研究室（編）、pp.55-93、東京大学教養学部人文科学科。

林　行夫
1984 「モータムと『呪術的仏教』」『アジア経済』25(10): 77-98。
1985 「東北タイ・ドンデーン村：葬儀をめぐるブン（功徳）と社会関係」『東南アジア研究』23(3): 349-370。
1989 「ダルマの力と帰依者たち」『国立民族学博物館研究報告』14(1): 1-116。
1991 「仏教儀礼の民族誌」『講座仏教の受容と変容2　東南アジア編』、石井米雄（編）、pp.127-161、佼成出版社。
1993a 「森林の変容と生成：東北タイにおける宗教表象の社会史試論」『農耕の技術と文化』、佐々木高明（編）、pp.648-670、集英社。
1993b 「コーンケーン」『タイの事典』、石井米雄・吉川利治（編）、pp.129-130、同朋社出版。
1994 「モータムの語るもの」『アジア読本タイ』、小野澤正喜（編）、pp.99-108、河出書房新社。
1998 「ラオの所在」『東南アジア研究』35(4): 684-715。
2000 『ラオ人社会の宗教と文化変容』京都大学学術出版会。

原川　順男
2001 『映画で読むタイランド』デジタルパブリッシングサービス。

ブルア, D.
1985 『数学の社会学』培風館。

フレイザー
1951 『金枝篇（一）～（五）』岩波書店。

マクナミー、シーラ & ケネス・J・ガーゲン
1997 『ナラティヴ・セラピー』金剛出版。

マッケロイ, アン & パトリシア・タウンゼント
1995 『医療人類学』大修館書店。

マリノフスキー
1980 「西太平洋の遠洋航海者」『世界の名著71　マリノフスキー　レヴィ＝ストロース』、泉靖一（編）、pp.55-342、中央公論社。

マンハイム, K.
1973 「マンハイム　知識社会学」『現代社会学大系　第8巻　知識社会学』青木書店。

水野　浩一
　　1981　『タイ農村の社会組織』創文社。
村上　忠良
　　1997　「タイ・ヤイ（シャン）村落における「守護霊」と「村の柱」の二重性」『族』（筑波大学歴史人類学系民俗学研究室）29: 2-20。
村嶋　英治
　　1993　「宝くじ」『タイの事典』、石井米雄・吉川利治（編）、p.199、同朋社出版。
　　1996　「タイにおける民族共同体と民族問題」『思想』863: 187-203。
モルガン, L. H.
　　1958　『古代社会』、岩波書店。
山田　真茂留
　　2010　『非日常性の社会学』学文社。
四方田　犬彦
　　2009　『怪奇映画天国アジア』岩波書店。
渡辺　照宏
　　1974　『仏教［第二版］』岩波書店。

【外国語文献】

ANAKE Nawigamune
　　2000　*Poet tamnan Mae Nak Phrakhanong*［メー・ナークの歴史を読み解く］. Nora.
ANUMAN Rajadhon, Phya
　　1961　*Life and Ritual in Old Siam*. HRAF Press.
　　1969　*Essays on Thai Folklore*. Editions Duang Kamol.
　　1986　*Popular Buddhism in Siam*. Thai Inter-Religious Commission for Development & Sathirakoses Nagapradipa Foundation.
　　1987　*Some Traditions of the Thai*. Thai Inter-Religious Commission for Development & Sathirakoses Nagapradipa Foundation.
BARTH, Fredrik
　　2002　An Anthropology of Knowledge. *Current Anthropology* 43 (1): 1-18.
BRUN, Viggo & Trond SCHUMACHER
　　1994　*Traditional Herbal Medicine in Northern Thailand*. White Lotus.
CHATTHIP Nartsupha
　　1999　*The Thai Village Economy in the Past*. Silkworm Books.
CONDOMINAS, GEORGES
　　1975　Phiban Cults in Rural Laos. In *Change and Persistence in Thai Society*. G. William SKINNER and Thomas KIRSCH (eds.), pp.252-273. Cornell University Press.
COOMBS, Andrew
　　1994　*Folktales from the Land of Smiles*. Editions Duang Kamol.
DANIELS, Christian
　　2009　Script as the Narrator: Oral Tradition and Literacy in Tay Maaw Chronicles. In

Written Cultures in Mainland Southeast Asia (Senri Ethnological Studies 74). Masao KASHINAGA (ed.), pp.1-14. National Museum of Ethnology.

DHAWAT Poonotoke (THAWAT Punnothok)
  1995   A Comparative Study of Isan and Lanna. In *Thai Literary Traditions*. MANAS Chitakasem (ed.), pp. 248-264. Chulalongkorn University Press.
  1997   *Aksonboran Isan* [イサーンの伝統文字]. Siam Press Management.
  1999   Tua Tham: Akson [タム文字]. In *Saranukrom wathanatham thai isan lem 4* [イサーン文化辞典vol.4]. pp.1381-1397. Tuamunnithi saranukrom wathanathamthai-Thanakhan thaiphanit.

DOME Sukwong & SAWASDI Suwannapak
  2001   *A Century of Thai Cinema*. Thames & Hudson.

ENFIELD, N. J.
  1999   Lao as a National Language. In *Laos: Culture and Society*. Grant Evans (ed.), pp.258-290. Silkworm Books.

EVANS-PRITCHARD, E. E.
  1965   *Theories of Primitive Religion*. Oxford University Press.

FAVRET-SAADA, J.
  1980   *Deadly Words: Witchcraft in the Bocage*. Cambridge University Press.

GOLOMB, Louis
  1993   The Relativity of Magical Malevolence in Urban Thailand. In *Understanding Witchcraft and Sorcery in Southeast Asia*. C. W. WATSON & Roy ELLEN (eds.), pp. 27-45. University of Hawaii Press.

GUELDEN, Marlane
  1997   *Thailand: Into the Spirit World*. Asia Books.

HAYASHI Yukio
  2000   Spells and Boundaries in Regional Context. In *Dynamics of Ethnic Cultures across National Boundaries in Southwestern China and Mainland Southeast Asia*. Yukio HAYASHI & Guangyuan YANG (eds.), pp. 169-188. Ming Muang Printing House.

HEM Wechakon
  2003   *Phisat khong thai* [タイの悪霊]. Samnakphim wiriya.

HOLT, John Clifford
  2009   *Spirits of the Place: Buddhism and Lao Religious Culture*. University of Hawai'i Press.

IIDA Junko
  2010   The Sensory Experience of Thai Massage: Commercialization, Globalization and Tactility. In *Everyday Life in Asia: Social Perspectives on the Senses*. Devorah Kalekin-fishman & Kelvin E. Y. Low (eds), pp.139-156. Ashgate.

IRWIN, A. J.
  1907   Some Siamese Ghost-lore and Demonology. *The Journal of the Siam Society* 4(1): 19-33.

JACKSON, Peter A.
   1999   Royal Spirits, Chinese Gods, and Magic Monks: Thailand's Boom—time Religions of Prosperity. *South East Asia Research* 7(3): 245-320.
KASHINAGA Masao
   2009   Introduction. In *Written Cultures in Mainland Southeast Asia (Senri Ethnological Studies 74)*. KASHINAGA Masao (ed.), pp. 1-14. National Museum of Ethnology.
KC (Khanakamakancatkan)
   1997   *Thiraluek phithi phukphat sima pitthong phang luk nimit ubosot* [布薩堂境界石設置儀礼を記念して]. Sapphasokanphim.
KEYES, Charles F.
   1966   Ethnic Identity and Loyalty of Villagers in Northeastern Thailand. *Asian Survey* 6(7): 362-369.
   1967   *ISAN: Regionalism in Northeastern Thailand*. Cornell University.
   1991   State Schools in Rural Communities. In *Reshaping Local Worlds*. Charles F. KEYES (ed.), pp. 1-18. Yale University Southeast Asia Studies.
KIMTHONG Matsuwan
   1990   Muban phi pop [ピーポープの村]. *Sinlapawathanatham* 11(5): 34-37.
KIRSCH, Anthony Thomas
   1977   Complexity in the Thai Religious System: An Interpretation. *The Journal of Asian Studies* 36(2): 241-266.
KORET, Peter
   1999   Books of Search. In *Laos: Culture and Society*. Grant Evans (ed.), pp. 226-257. Silkworm Books.
LORD, Donald C.
   1969   *Mo Bradley and Thailand*. William B. Eerdmans Publishing.
MILLS, Mary Beth
   1996   Attack of the Widow Ghosts: Gender, Death, and Modernity in Northeast Thailand. In *Bewitching Women, Pious Men, Gender and Body Politics in Southeast Asia*. Aihwa ONG & Michael G. PELETZ (eds.), pp. 244-273. University of California Press.
MULHOLLAND, Jean
   1979   Thai Traditional Medicine: Ancient Thought and Practice in a Thai Context. *The Journal of the Siam Society* 67(2): 80-115.
PARINYAPORN Pajee
   1999   Ghost in Love. *The Nation*, 8 Jun. 1999: C1.
PATTARATON Chirapravati
   1997   *Votive Tablets in Thailand*. Oxford University Press.
PELEGGI, Maurizio
   2007   *Thailand: The Worldly Kingdom*. Talisman and Reaktion Books.
PHAETSANGAN Suwannaloet
   1986   *Phi pop phi khao* [ピーポープ 取り憑くピー]. Bophit Kaanphim.

PHONGPHIT, Seri and Kevin HEWISON
    1990   *Thai Village Life: Culture and Transition in the Northeast*. Mooban Press.
    2001   *Village Life: Culture and Transition in Thailand's Northeast*. White Lotus.
PREECHA PHINTHONG
    1989   *Saranukrom phasa isan-thai-angklit* ［イサーン語－タイ語－英語辞典］. Siritham Press.
PTF (Pocket Thailand in Figures)
    2005   *Pocket Thailand in Figures 8th ed. 2005*. Alpha Research.
RATCHABANDITSATHAN
    2003   *Phochananukrom chabap ratchabanditsathan pho. so. 2546* ［タイ学士院　タイ語辞典　仏暦2546年版］. Nanmi Book Publications.
SALGUERO, C. Pierce.
    2007   *Traditional Thai Medicine: Buddhism, Animism, Ayurveda*. Hohm Press.
SOMBAT Phlainoi
    1990   *Tamroi Nang Nak Phrakhanong* ［ナーン・ナーク・プラカノーンの歴史］. Phi Vathin Publication.
    2000   *Tamnan phi thai* ［タイのピーの物語］. Samnakphim Namfon.
SONGYOT Weaohong
    1999   Nang Nak: rue tamnan khong phi thua sutthai ［ナーン・ナークあるいは最後の幽霊の歴史］. *Sinlapawathanatham* ［芸術と科学］ 21 (1): 64-71.
SPIRO, Melford E.
    1967   *Burmese Supernaturalism: a study in the explanation and reduction of suffering*. Prentice-Hall.
SRISAKRA Vallibhotama
    1983   Study on Spirit Cults in Thailand. *Journal of Thai-Australian Technological Services Center* 1 (1): 52-60.
STRONG, John S.
    2004   Buddhist Relics in Comparative Perspective. In *Embodying the Dharma*. David GERMANO & Kevin TRAINOR (eds.), pp.27-49. State University of New York Press.
SUKANYA Sae-Lim
    1990   Winning is easy, just rub any tree. *The Nation* 16 Sep. 1990: A1&A6.
SUNTHORN Na-rangsi
    1984   The Significance of Buddhism for Thai Studies. In *Buddhism and Society in Thailand*. B. J. TERWIEL (ed.), pp. 1-9. Centre for South East Asian Studies.
SUVANNA Kriengkraipetch
    2000   Folksong and Socio-Cultural Change in Village Life. In *Thai Folklore: Insights into Thai Culture*. SIRAPORN Nathalang (ed.), pp. 143-168. Chulalongkorn University Press.
SWEARER, Donald K.
    1981   *Buddhism and Society in Southeast Asia*. Anima Books.

TAMBIAH, S. J.
   1968a   The Ideology of Merit and the Social Correlates of Buddhism in a Thai Village. In *Dialectic in Practical Religion*. E. R. LEACH (ed.), pp.41-121. Cambridge University Press.
   1968b   Literacy in a Buddhist Village in North-east Thailand. In *Literacy in Traditional Societies*. Jack Goody (ed.), pp.86-131. Cambridge University Press.
   1970   *Buddhism and the Spirit Cults in North-east Thailand*. Cambridge University Press.
TANNENBAUM, NICOLA
   1996   Households and Villages: The Political-Ritual Structures of Tai Communities. In *State Power and Culture in Thailand*. E. Paul DURRENBERGER (ed.), pp.139-165. Yale University Southeast Asia Studies.
TCDC (Thailand Creative & Design Center).
   2010   *Nithasakan "Phi: Kwamklua...Chatkandai duai chintanakan sansan* [ピー：恐怖を想像力で創り出す]. TCDC.
TERWIEL, Barend J.
   1994   *Monks and Magic, 3rd ed.*. White Lotus.
TYLOR, Edward B.
   2010   *Primitive Culture*. The British Library.
VEIDLINGER, Daniel N.
   2006   *Spreading the Dhamma: Writing, Orality, and Textual Transmission in Buddhist Northern Thailand*. University of Hawaii Press.
WANICH Charungkitanan
   1999   Phi Thai [タイのお化け]. *Sinlapawathanatham* [芸術と科学] 20(11): 68-69.
WIROT Sisuro & THADA Suthitham
   1991   *Lakban nai pak isan* [イサーンのラックバーン]. Khana sathapatyakam Khon Kaen University.
WONG, Ka F.
   2000   Nang Naak: the Cult and Myth of a Popular Ghost in Thailand. In *Thai Folklore: Insights into Thai Culture*. SIRAPHON Nathalang (ed.), pp.123-142. Chulalongkorn University Press.
WRIGHT, Michael
   1989   Nang Nak Phrakhanong: Phi kap satsanaphut [ナーン・ナーク・プラカノーン：精霊と仏教]. *Sinlapawathanatham* [芸術と科学] 10(10): 34-39.
   1990   Sacrifice and the Underworld: Death and Fertility in Siamese Myth and Ritual. *The Journal of the Siam Society* 78(1 & 2): 43-53.

索引

あ

悪霊……9-12, 21-23, 37-40, 51, 58-59, 79, 82, 112-120, 123-124, 131, 133-140, 142-144, 155, 157-158, 160, 180, 182, 185, 205, 207, 215-216, 225, 227, 268, 275-277, 280, 282

アニミズム……21

アヌマーン・ラーチャトン……22, 38

アユタヤ……70-71, 74-75, 220-221

い

池田光穂……219

イサーン……58, 72-76, 79, 82, 86, 88-89, 96, 111, 166, 192-193, 196, 198, 228, 230

稲作……69-70, 97-102, 136

入れ墨……47, 124, 150

う

ヴィエンチャン……71, 73-75

ヴェドリンガー, D.M.……210

ウィサー……49, 87, 143, 150, 160, 182-184, 189, 191, 195, 198-201, 213-215, 257, 267-268, 271, 273

え

映画……33, 39, 40, 45-46, 57-67, 76-89, 143, 168, 275-276

エヴァンズ=プリチャード, E.E.……161

お

オーボートー……97, 106-107

お礼参り……118, 125

音声……192-197, 210-211

か

カーシュ, T.A.……23

カーラシン……71

開村記念祭……128, 135

開発……69, 72-75, 77-78, 80-81, 85, 88, 96-97, 109, 231

科学……11, 80-81, 84, 88, 162, 169, 173, 222-223, 234, 239, 244, 246, 251-253, 258-260, 263, 272-273

香川雅信……162, 170

き

機能主義……21, 148, 151, 154-163, 173-174, 255, 276

教育……47, 72-73, 96, 193, 195, 211, 220, 223, 254

恐怖……58, 84, 158, 160-164, 169-174, 179, 258, 277-279

極端な経験主義……170, 173

キリスト教……22, 55, 173

近代医療……27, 78, 216-220, 230-231, 245-253, 256, 260-265, 270-274, 277-282

近代化……23-24, 47-49, 55, 72, 77, 142, 148, 201, 258, 282

く

クメール……69-71, 74-76, 115, 184, 192, 214

供物……100, 118, 122, 125, 127, 151-153, 187, 198, 202, 205-206, 213, 228, 242, 252, 264-266

クワン……112, 225, 228-230

クンプラ……191, 197-199, 210-211, 214-215

け

血清療法……263, 270-273

こ

小池誠……19-20
好奇心……189, 236, 254, 285
コーム文字……192
コーンケーン市……77-78, 102-103, 108-110, 131, 145, 148-149, 172, 196, 212, 225, 228, 230-231, 240, 245, 247, 276
国家……24, 47-51, 55, 70-77, 79, 81, 85, 96, 117, 180, 281
後藤晴子……161
小松和彦……164-165
コラート高原……68-71
近藤英俊……154

さ

サーンプラブーム……114
災因論……161, 256
在家総代……104, 132, 135
サイヤサート……179, 211-216
サリット・タナラット……77, 93, 96
サンガ……24, 47-49, 51, 55, 72, 117, 135, 201, 222
30バーツ医療……230-231
産褥死……34, 37, 39, 49, 52, 155, 275

し

視覚……163-169, 174, 269, 271
呪具……203, 209-211, 216, 233, 277
シュッツ, A.……252-253
呪的入れ墨……124, 150
商品作物……72, 74, 93, 226
触覚……174, 268, 269, 271
シンクレティズム……23, 32

す

水牛……69, 98, 101-102, 106, 127, 129, 153, 199, 213-215

スークワン儀礼……112, 225, 228, 230
スコータイ……70
スパイロ, M.E.……23

せ

聖糸……35, 38-39, 80, 83, 115, 146, 149, 151, 153, 167, 184, 187, 206-208
聖水……35, 39, 115, 149, 153, 184, 206-208, 214, 252, 257, 262-265, 271, 280
積徳……10, 37, 50, 107, 116, 122, 155, 196, 213
善徳……10, 104, 116, 155, 213
善霊……22-23, 112-115, 119-125, 131, 133, 135-142, 153, 205, 227, 276

そ

ソムバット P.……33, 40, 44-46

た

ターイホーン（異常死）……37-39, 114, 155, 159
タイ語……33, 70, 73, 82, 88, 96, 110-111, 192-193, 246
タイ文字……72-73, 96, 192-194
タイラー, E.B.……21, 25
宝くじ……44, 53, 145
田辺繁治……24
タブー……87, 115-116, 124, 129, 134, 143, 150, 182, 185, 188, 190-191, 199-201, 215-216, 227, 235, 242, 252, 257, 261, 267, 280
タム文字……96, 192-195, 233
タンバイア, S.J.……9-10, 23, 116, 118, 120, 144, 179-181, 192, 201

ち

知識専門家……13-14, 17-18, 24-27, 110-111, 179, 189, 191, 236, 241, 253-254, 257-259, 270, 273-274, 277-282
チャオプー……46, 47, 117-119, 125-139, 144, 153, 276
チャム……104, 117-118, 120, 125-140, 204, 276

長老……97, 104, 132-133, 135, 188, 228-230
直接経験……169-174, 179, 258, 277
治療儀礼……121, 144, 181, 183, 185, 198, 200, 209, 212, 215, 271
賃金労働……101-102, 107-108, 157, 226, 276

つ

追善供養……156
痛風……233, 245-248, 253

て

出稼ぎ……72, 74, 88, 103, 157-158
鉄筆……195-196, 208-209, 213, 280
伝統医療……115, 178, 189, 217-227, 250-253, 256, 260, 262, 277, 280, 282
伝統文字……96, 192, 211

と

ドーンチャオプー寺……126, 144-145, 147-148
毒蛇咬傷……262-266, 270, 273-274, 278, 281
土着の知恵……88, 223-224

な

ナーンタキアン……53, 82, 114
中村雄二郎……168
『ナンナーク』(映画)……33, 39, 46, 60

ね

年中行事……59, 97, 102, 104-106, 130, 136, 138, 147, 190, 276

の

ノーンターイ……123, 155, 157

は

バーガー. P.L.……15, 20
貝葉……195-196, 211, 236
浜本満……142, 154, 161
林行夫……48-49, 75, 116, 119, 133, 144, 160, 179-181, 185, 199

『パラサイトデビル』(映画)……78, 79, 80, 81, 82, 85, 88, 168
バルト, F.……16, 20, 169
バンコク……33, 36, 39-41, 44-45, 47, 51, 59-61, 67, 71-81, 86, 88-89, 117, 135, 201, 214, 220, 226, 235, 260

ひ

ピークラスー……58, 63, 115, 142
ピークラハン……58, 63
ピーコーンコイ……114
ピーソン……123
ピーターヘーク……99-100, 127, 152-153, 168
ヒート・シップソーン……104-105
ピーナー……123
ピーハー……115
ピーパオ……114-115
ピーファー……113, 123, 167, 184, 187, 208
ピーファン……158-159, 168, 172
ピープーター……117, 132-134
ピープラーイ……37-39, 63, 114-115, 123-124, 152-153, 166-168, 172, 204-205, 210
ピープラーイターニー……82, 85, 114
ピープローン……115
ピーペート……114-115
ピーポープ……12-14, 58-59, 63-67, 76-89, 114-115, 123-124, 142-153, 163, 165-172, 182, 184, 188, 190, 200-201, 204-208, 210, 227, 275-276
『ピーポープの村』……63-67, 76-81, 87, 276
ピーポーン……82, 85, 114
ピーメーマーイ……155, 157-158
ピーヤート……121
ピット・バーン……124, 129
ピット・ピー……152-154, 159, 163
病院……108-109, 122, 184, 212, 219, 222-223, 226-231, 240-253, 260, 263, 270-274, 280
病因論……220, 224-226, 243, 246-250, 253, 262, 281

ふ

フィールドノート……14, 154, 158, 160
吹きかけ……122, 191, 198, 202, 204, 206-207, 209-210, 213, 233, 257, 262-273, 277-278, 280-281
複ゲーム状況……113
〈不調和な共受容〉……17-18, 219, 251, 253, 279, 281-282
仏教化……23-24, 48, 51, 55, 117, 133, 135, 180, 276, 282
ブッダ……10, 117, 191, 197-200, 210-211, 215, 220, 229, 277, 280
ブッタジャーン師……43, 45, 51
仏法……10, 49, 115-117, 137-139, 180, 187, 190-191, 212-214, 228, 232, 266, 277
ブラーム……112, 230
プラカノーン……33-35, 39-46, 51-52
ブンカオサーク祭……196
ブンカオチー祭……104-105
ブンパヴェー祭……104-105, 196
ブンバンファイ祭……106, 138

ほ

保健センター……108, 223, 226, 230-231, 238, 260, 280

ま

マハーブット寺……33-36, 40-42, 51-55, 82, 281
マリノフスキー, B.……257
漫画……46, 60-61, 168
マンハイム, K.……19

み

ミルズ, M.B.……157-158

め

メートーラニー……155, 228-230
メコン川……68-71, 73-75, 93, 189

も

モークワン……115, 178
モータム……12-13, 38-39, 48-49, 115-124, 131-140, 143-145, 149-153, 179-216, 227-228, 230-239, 257-263, 271, 274, 276-278, 280, 282
モードゥー……115, 178, 190
モーパオ……191, 204, 257-258, 262-274, 278, 281-282
モーピー……34, 37-40, 43, 48-49, 66, 80-81, 87-88, 115, 178
モーラム……73-75
モーラムピーファー……123, 178, 192, 208, 230

や

薬草師……178, 189, 219-220, 225-228, 230-254, 257-258, 260-263, 265, 274, 279-282
ヤソートン……106-107

よ

妖怪……22, 162, 164-165, 167-168
ヨックウィサー……265-266
ヨッククルー儀礼……191, 197-200, 257
四方田犬彦……58, 61, 67, 80-81, 86-87
四大素……224-226, 234, 238-240, 250-253, 260

ら

ラーマ1世……48
ラーマ2世……42
ラーマ3世……42, 45, 53, 221
ラーマ4世……23, 71, 222
ラーマ5世……45, 47, 71, 211, 222
ラーマ6世……42-43, 45, 47, 48, 51
ライト, M.……49-50
ラオ……23, 69-76, 81, 88-89, 93, 96-97, 111, 112, 169, 179, 189
ラックバーン……117-119, 127-132, 135, 276

り

リアリティ……37, 40, 160, 162-165, 168-174, 178-179, 181, 216, 249, 255-261, 279
リアンバーン儀礼……100, 118, 127, 132, 136-137, 139
リアンピー儀礼……99-100, 127
理解不能性……161-163, 169-174, 177-179, 201, 258, 279-282

る

ルックマン, T.……15, 20

ろ

ローイエット……71, 73, 212
『ローン』(映画)……82-85, 88, 114

わ

わからなさ……11-12, 18, 27, 162-163, 169-170, 174, 181, 258, 275, 278-283
ワットポー寺……45, 221-223, 226

津村文彦（つむら・ふみひこ）
福井県立大学准教授、博士（学術、東京大学）。
1974年、大阪府生まれ。1997年、東京大学教養学部卒。2003年、東京大学大学院総合文化研究科博士課程単位取得退学。
2003年、福井県立大学講師。2009年、現職。
1999年より2001年まで、東北タイ・コーンケーン県を主たるフィールドにして、村落の宗教実践や伝統医療、書承文化などを研究。その後も毎年数回タイを訪問しフィールド調査を継続中。現在は呪的タトゥー（サックヤン）に関心を寄せる。

【主な著作】
『呪術の人類学』（共著、人文書院、2012年）
『タイを知るための72章（第2版）』（共著、明石書店、2014年）
『複ゲーム状況の人類学――東南アジアにおける構想と実践』（共著、風響社、2014年）

東北タイにおける精霊と呪術師の人類学

初版第1刷発行　2015年2月25日

定価4000円+税

著者　津村文彦©
装丁　臼井新太郎
発行者　桑原晨
発行　株式会社 めこん
〒113-0033　東京都文京区本郷3-7-1
電話03-3815-1688　FAX03-3815-1810
ホームページ http://www.mekong-publishing.com

組版　字打屋仁兵衛
印刷　株式会社 太平印刷社
製本　株式会社 三水舎

ISBN978-4-8396-0287-1　C3039　¥4000E
3039-1502287-8347

JPCA 日本出版著作権協会
http://www.jpca.jp.net

本書は日本出版著作権協会（JPCA）が委託管理する著作物です。本書の無断複写などは著作権法上での例外を除き禁じられています。複写（コピー）・複製、その他著作物の利用については事前に日本出版著作権協会（http://www.jpca.jp.net　e-mail : info@jpca.jp.net）の許諾を得てください。

もうひとつの「王様と私」

石井米雄・飯島明子（解説）
定価2500円＋税

19世紀、英明王モンクットとフランス人宣教師パルゴアの交友がタイの「維新」に果たした役割とは。碩学石井米雄師の絶筆に精緻な解説を加えました。タイ研究に新しい1ページを開く名著です。

オリエンタリストの憂鬱
―― 植民地主義時代のフランス東洋学者とアンコール遺跡の考古学

藤原貞朗
定価4500円＋税

★サントリー学芸賞受賞★
★渋沢・クローデル賞受賞★

19世紀後半にフランス人研究者がインドシナで成し遂げた学問的業績と植民地主義の政治的な負の遺産が織り成す研究史。

国境と少数民族

落合雪野編著
定価2500円＋税

中国雲南省とミャンマー、ラオス、ベトナムの国境域に生きる少数民族は、それぞれの国家から政治・経済・文化的影響を受けながら、いかにして自らの生業と生活を能動的に変化させてきたのか。国境の両側からの最新研究。

ディアスポラの民モン
―― 時空を超える絆

吉川太惠子
定価3500円＋税

ベトナム戦争でCIAに軍事訓練を受けて「特殊部隊」として組織された山岳民族モンは、戦争終結後、国を追われて四散。現在はラオスに残ったモン以外に、約30万人が海外に暮らしています。この「流浪の民」をアメリカ・フランス・オーストラリアに追って6年。徹底した面接調査をもとに彼らの特性をまとめあげた文化人類学の力作。

フェアトレードの人類学
―― ラオス南部ボーラヴェーン高原におけるコーヒー栽培農家の生活と協同組合

箕曲在広
定価2800円＋税

★第12回アジア太平洋研究賞（井植記念賞）受賞★

フェアトレードは本当に生産者に恩恵をもたらすのか？ 人とコーヒー、金をめぐって繰り広げられるドラマチックな民族誌。